U0482597

走进广州好教育丛书·好教师系列

ZOUJIN GUANGZHOU HAOJIAOYU CONGSHU
HAOJIAOSHI XILIE

肖彩芳 ◇ 著

一江明月一江秋

肖彩芳 与 她的"情采教学"

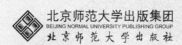

北京师范大学出版集团
BEIJING NORMAL UNIVERSITY PUBLISHING GROUP
北京师范大学出版社

图书在版编目(CIP)数据

一江明月一江秋：肖彩芳与她的"情采教学"/肖彩芳著. —北京：北京师范大学出版社，2020.7

（走进广州好教育丛书·好教师系列）

ISBN 978-7-303-25849-9

Ⅰ.①一… Ⅱ.①肖… Ⅲ.①小学语文课－教学研究－文集 Ⅳ.①G623.202-53

中国版本图书馆 CIP 数据核字（2020）第 088138 号

营　销　中　心　电　话　010-58802135　58802786

北师大出版社教师教育分社微信公众号　京师教师教育

出版发行：北京师范大学出版社　www.bnupg.com

北京市西城区新街口外大街 12-3 号

邮政编码：100088

印　　刷：北京玺诚印务有限公司

经　　销：全国新华书店

开　　本：787 mm×1092 mm　1/16

印　　张：21.75

字　　数：277 千字

版　　次：2020 年 7 月第 1 版

印　　次：2020 年 7 月第 1 次印刷

定　　价：66.00 元

策划编辑：郭　翔　冯谦益　　责任编辑：王　强　吴纯燕

美术编辑：李向昕　　　　　　装帧设计：李向昕

责任校对：张亚丽　　　　　　责任印制：马　洁

　　《国家中长期教育改革和发展规划纲要(2010—2020年)》提出："办好每一所学校,教好每一个学生。"几年来,各地涌现出了一批好学校、好校长、好教师。总结和推广他们的经验,是推动我国教育改革和发展,提高教育质量,促进教育现代化的强大动力。广州市是我国改革开放的前沿,不仅有着深厚的文化积淀,而且在改革开放中敢为天下先,在教育领域积累了许多新经验。广州市教育局在《广州市教育事业发展第十二个五年规划》文件"办好让人民满意的教育"的要求下,决定组织编写"走进广州好教育丛书",实在是适逢其时。这是对广州市多年来教育改革创新的一次总结,也是对广州市今后教育改革的一次推动。

　　根据编委会的设计方案,丛书拟从广州市1000多所中小学校、10多万名教师中选出10所"好学校"、10名"好校长"、10名"好教师"列入首批出版计划。他们有的是已有100多年建校历史,积淀了深厚文化内涵,至今仍然在不断创新中继续勃发着育人风采的老学校;有的是办学时间不长,但在全校教职工磨砺创业、共同耕耘下办出水平的新学校。他们有的是办学理念先进、充满活力、管理经验丰富的好校长;有的是师德高尚、业务精湛、热爱学生的好教师。总之,他们热爱教育事业、热爱每一个学生,创造了卓越的成绩,是好学校、好校长、好教师队伍中的典范。

当前，我国教育正处在由数量发展转向质量提高的转折点上。到2020 年，我国要基本实现教育现代化。教育现代化的实质就是要培养现代化的人。教育要回到原点，立德树人，培养具有为国家、为人民服务的责任心，具有创新精神和实践能力，并且具有国际视野和国际交往能力的人才。教育大计，教师为本。我们的校长和教师要立足中国，放眼世界，转变教育观念，改变人才培养方式，促进教育现代化的进程。

我希望广州市在编写"走进广州好教育丛书"的过程中继续挖掘先进人物和新鲜经验，率先实现教育现代化。

2016 年 7 月

2014 年的教师节前夕，我写了一篇《广州教育赋》，后来这篇文章在《中国教育报》上刊登了。在这篇赋中我有这么几句话："大信不约，好校长何止十百；大爱无疆，好老师何止百千；大成不反，好学生何止千万；大道不违，好学校就在此间。"中心意思是说，广州好教育是由十百千万的好校长、好教师、好学生和好学校共同铸成的。正是有着他们的大信大爱和大成大道，广州作为国家重要中心城市之一，在教育，尤其是基础教育方面，才能卓有建树，我们也才有可能推出一套"走进广州好教育丛书"。

在这篇序言中我想表达三个朴实的想法。

第一个朴实的想法是，一座城市的教育发展单靠一两所名校，几位名师、名校长是支撑不起来的。能够为这座城市源源不绝地提供人才智力资源的应该是有那么一大群校长、一大批教师和一大拨学校。他们形成一个个各具怀抱的优秀群落，为这座城市辈代不绝地做着贡献，那我们就要为这一个个优秀群落树碑立传。对于广州这样有着将近 1500 所中小学的特大型城市而言，我们特别有理由这样做。正是有着他们的大信不约（《礼记·学记》）——真正的信义不需要盟约，他们才会在每一所学校不断坚守；正是有着他们的大爱无疆——博大的仁爱无边无际，他们才会为每一个学生殚精竭虑；正是有着他们的大道不违（原为"大道无

1

违"，《晋书·嵇康传》)——不违背教育的使命与历史发展的规律，他们才会为每一个进步中的时代进行着生动的背书。有了他们，才会有一座城市的教育；有了他们，才会有一座城市的发展。有人要问，这套"走进广州好教育丛书"出齐会有多少册？老实说，我也不能确定。这第一批推出的30册只是一个开始，但我相信，只要这座城市在发展，属于这座城市的教育大赋就一定不会有画上句号的时候，它一定会以这样或那样的形式展现出来。

第二个朴实的想法是，对于基层教育工作者来说，我们真正需要掌握的教育规律和教育法宝就那么几条，如果我们钻进教育思潮的各种主义与模式的迷宫中不得而出，那就容易忘记教育最基本的追求。几年前，广州一个区的教育论坛请来了顾明远先生，顾先生在论坛上说："没有爱就没有教育，没有兴趣就没有学习。"我们深以为然。教育理论当然有很多，都值得我们认真学习，其他不讲，仅"因材施教"和"有教无类"两条，在我们的教育实践中是否做到了？我相信，如果我们做到了，那我们就有可能进入好教师、好校长、好学校的序列。所以，在这套丛书中，我们特别看重的是重返教育现场，讲好教育故事，今往兼顾，名特相谐。丛书所列既有杏坛前辈，也有讲台新秀；既有百年老校，也有后起名品；各好其好，好好共生。早在100多年前，广州教育就已经在现代化进程中开风气之先。比如说鼎鼎有名的万木草堂，20世纪20年代开辟新学堂；再比如说最早在广州推行开来的六三学制。在当下的教育大格局中，广州教育自然也不能落后，要有广州的好教育。

第三个朴实的想法是，好教育需要有一个好的教育生态。习近平总书记说："我们的人民热爱生活，期盼有更好的教育。"我们要努力办好让人民满意的教育，那这个教育上的"好"应该体现在哪些方面？除了上面提到的好学生、好教师、好校长、好学校之外，好的教育生态应该是一个必不可少的要素，这其中的一个重要标志就是能够形成尽可能多的教育共识。我们组织编写这套"走进广州好教育丛书"，一个目的就是通过展示我们的教育实践来推动形成更多的教育共识：原来在我们这座城市，在我们身边，就有这些好的教育，值得我们称赞，值得我们珍惜。我们的教育要全面上水平、走前列，这行进过程中积累起来的好教育基础就是我们不断奋力前行的保证。

最后，作为这套丛书的策划者，我要特别感谢北京师范大学出版社，我仍记得三年前，时任北京师范大学副校长的杨耕同志领着北京师范大学出版社的朋友们和我们讨论这套丛书编写出版规划时的热烈情景；另外，我要特别代表广州市教育局感谢顾明远先生为本套丛书作序；还要感谢总主编吴颖民先生以及华南师范大学、广东第二师范学院、广州大学的分册编委的专家团队，正是有他们的认真组织和每一位分册作者的孜孜以求，这套丛书才得以和各位读者见面。

2016 年 7 月

题 记

TIJI

一江明月一江秋

（一）

学生时代的我没有细看过刘勰的《文心雕龙》，那时觉得古文晦涩难懂，除了考点不愿多看。后来许多年过去，我也不曾翻阅过这本书，因为忙忙碌碌，一直没有沉下心来与之结缘。当人生走过而立奔向不惑，忽然间就有了静下来细读的心境，体会其"体大思精，笼罩群言，隐括千古，包举宏纤"，感受与古希腊亚里士多德之《诗学》齐名的这部世界文化珍品的魅力。

我果然从中得到启发。在末篇《序志》中，刘勰做了这样的说明与总结："文心"，意谓"为文之用心"；"雕龙"，即要像驺奭那样精细入微地论述"为文之用心"。"文心"是"为文"的内容，"雕龙"是"为文"所采用的形式，只有内容与形式结合，才可谓"质文并茂""华实相扶"。"内容与形式要结合"的观点，在第三十一篇《情采》中说得最明显，"情"是指文章的内容，"采"是指文章的形式。而整部《文心雕龙》的后二十五篇，都

1

是在"剖情析采"。

写文章时要"质文并茂""华实相扶",而我们的教学何尝不是如此呢!我们的人生又何尝不是如此呢!

于是,我斗胆借用了"情采"二字,学习了"内容与形式"要相辅相成、和谐共生的观点,来反思与指导自己的教育教学,来反思与指导自己的课堂与人生。

于是,在错过很多年后,我终于走近了一千五百多年前的这部皇皇巨著,感受这部"显示了在经学、史学、哲学、美学、修辞学、文化学等多方面的价值和意义"的书。这部"典型的写作理论著作""完整的文学理论专著",窥得其"冰山一角",已深觉受用无穷。

(二)

我一次次翻阅着林语堂先生著、张振玉先生译的《苏东坡传》,大声朗读着林语堂写的序:

像苏东坡这样富有创造力,这样守正不阿,这样放任不羁,这样令人万分倾倒而又望尘莫及的高士,有他的作品摆在书架上,就令人觉得有了丰富的精神食粮。

一提到苏东坡,在中国总会引起人亲切敬佩的微笑……苏东坡的人品,具有一个多才多艺的天才的深厚、广博、诙谐,有高度的智力,有天真烂漫的赤子之心……他保持天真淳朴,终生不渝。

今日吾人读其诗文,别无理由,只因为他写得那么美,那么道健朴茂,那么字字自真纯的心肺间流出。

从他的笔端,我们能听到人类情感之弦的振动,有喜悦,有愉快,有梦幻的觉醒,有顺从的忍受。

他的一生载歌载舞,深得其乐,忧患来临,一笑置之。

苏东坡过得快乐，无所畏惧，像一阵清风度过了一生。

我只能引用林语堂先生的评价，因为面对苏仙，我只觉词穷。作为一名日日耕耘在小学课堂的语文教师，我深深仰慕着他，钦佩于他"传承千年的理想人格"，如同仰望闪亮的北斗。我们只是在宇宙中刹那间显现的一颗微粒，而生命的永恒是不朽与美好的，所以，如果我们能用东坡给予的精神食粮稍稍涵养自己，我们的心灵，该会增添多少的自由与快乐。

如果从"内容与形式"（即"情采"）的角度来看苏东坡，那么不管是他的人生，还是他那些不朽的作品，都是"质文并茂"的。哪怕身处流离的逆境，"身如不系之舟"，飘零黄州路远、惠州地偏、儋州天涯，他都一直不乏潇洒快意、干净磊落。他倚杖听江声，看风叶转回廊，让"料峭春风吹酒醒"，"一蓑烟雨任平生"，他自有"竹杖芒鞋轻胜马"，"此心安处是吾乡"。他在山头斜照下的且行且吟，是最具"情采"风骨的一个背影，让多少人在凄清中充满希望地仰望。

因知自己浅陋，所以我忐忑着，甚至羞愧着，唯常以东坡居士的词句自勉。

（三）

当我尝试用"情采"来反思与指导我的语文教育教学的时候，我发现"内容与形式"几乎能包含我所有的教学理念、教学方式、教学思考。我提炼的"因情施采，情采圆融"八个字，几乎就能代表我所有的教学追求以及人生追求。

教与学，课堂与人生，不过都求得一"情采圆融"而已！

当我悟得此道的那一刻，我刚刚接手一个六年级班，在开学初的调查问卷"你对新的语文老师有什么话想说吗？"一栏上，还有学生写着"祝你好运"。而两个月过后，我与他们之间已经有了许多愉快的互动，让我觉得每一堂课的 40 分钟，都是无比享受的美好时光。我回忆起了两个月来的一个个教学"瞬间"：

那天上着课，教室里飞来一只蜜蜂，旋绕在小琥同学上方。我说："都道'踏花归去马蹄香'，我们小琥同学难道是'踏花归来头项香'?"小琥腼腆地笑笑，学生们也都笑了。我说："小琥不要动，蜜蜂也不会蜇你。其他同学干脆观察一下，展开想象。我们今天的作业，就布置一个小练笔，题目叫《蜜蜂悄悄来过》。"学生"啊……"地喧哗了，瞬间又安静了。

那天我问了个问题，教室里冷场了。好一会儿未见举手，再过一会儿还是未见举手。于是我说："此刻教室里的氛围，非常匹配深秋的飕飕凉意。这样，我们都回去琢磨琢磨，明天把春意带来。"学生笑了。第二天一上课，果然观点鲜明，妙语连珠。学生说："老师，冬天快来了，春天还会远吗?"

那天，病休几日的一位学生返校，补交了一篇周记，但是没有写题目。内容大体是写十字街头的红绿灯，很多年都不亮了，每天就看着守规则的和不守规则的人来来往往。很有新意的文章。我征得这孩子的同意让他读给同学们听，然后大家一起讨论怎么拟题让主旨更明确。学生们思考讨论交流后，最后最受认可的题目是"当你老了"。

那天上《穷人》这课，我们还在分享着"省略号体现了桑娜怎样的心理"，铃声就响了。同学们说，这是上课铃声吧。我问怎么没有人提醒我下课，他们说，自己也忘了。

那天测试卷发下去，部分学生字词答得不好，丢了些分。我满脸沮丧："怎么办呢? 我是哪个环节没有做到位呢?"学生马上安慰："老师不用急，我们一般都是要家里默一次，课堂默一次。您像炒豆子一样把我们多炒几次，我们就会了，这个不难的。"

"语文园地"也有故事。第一单元后,"日积月累"练习里有一句"今夜偏知春气暖,虫声新透绿窗纱"。我说,作者是用心感知春,我是用心感知秋,"出门忽觉秋气冷,寒风直钻薄衣袖"。学生兴奋了,纷纷化身感知自然变化的小诗人。

那天课上,学生们正兴致盎然,小霖却睡着了。我们刚好说到细节描写,于是让孩子们观察了一下小霖,包括他细微的神态动作变化。几分钟后,小霖醒了。我问:"我们刚才观察了一下你睡觉的样子,介不介意我们描述一下?纯粹是从写作的角度,说说细节描写。"他笑了,说可以。当大家分享的时候,他笑得很开心,自己还进行补充,接下来当然不犯困了。

那天学习第一单元后的"趣味语文",是清代文学家陈沆的《一字诗》:"一帆一桨一渔舟,一位渔翁一钓钩。一俯一仰一场笑,一江明月一江秋。"我和学生一起赏析,他们说第一句是环境,第二句是人物和事件,第三句是动作细节,第四句最有意境,并用 12 岁的认知解释了这意境。我出示了诗意的译文:在烟波浩渺的碧波之上,远远只见一渔舟荡桨而来,渔翁手持钓钩,钓得鱼来满心欢喜。真是碧空如洗,皓月当头,秋色满江。

伴着渔翁愉悦的收获,这"碧空如洗,皓月当头,秋色满江"的景色,是如此美好令人沉醉,和学生上完一节愉悦的课后,我们也有如此美好的心情。

最后,我让他们根据教室里的场景,就地取材,也创编一首《一字诗》。三分钟后,一些学生已经口占成型,有一首如下:

> 一笔一书一黑板,
>
> 一位老师一板书。
>
> 一写一读一点评,
>
> 一节语文一首歌。

虽然这首诗不够押韵，不够有意境，但是我非常感动。两个月的相处后，"一节语文一首歌"是他们对我的课最动人的评价，在我心里，不亚于陈沆笔下"一江明月一江秋"的美好。

"一江明月一江秋"，简单的《一字诗》里，有着最美好的意境。而我追求的"情采"的课堂、"情采"的人生，其"情采圆融"的最美好的意境也莫过如此——碧空如洗，皓月当头，秋色满江。

第一章

料峭春风：
已而遂晴的"情采"经历

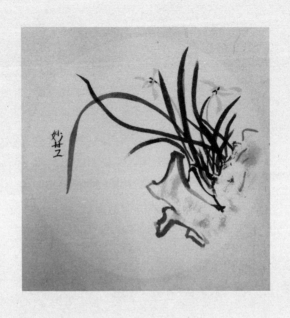

　　2018 年 9 月 10 日，教师节，刚接任的 2015 级 8 班的学生妙芝送给我上面这幅画。画如其名，"妙芝"，妙之。简单的一草、一石，在不同的心境下看，会有不同的感受。可以想到冷峭孤寒，也可以想到和煦静好；可以想到傲骨，也可以想到圆融；可以想到纤弱，也可以想到刚劲；可以想到寂寞与迷茫，也可以想到温柔与坚定。它的姿态，好像是在山崖边刚迎接完残酷的山风，又像是淡定地准备迎接任何未知的来临。

　　"莫听穿林打叶声，何妨吟啸且徐行。""料峭春风吹酒醒，微冷，山头斜照却相迎。"人生如课，努力后会通往美好；课如人生，探索后会走向从容。

一、人生如课，我自努力通往美好

（一）离别：体会"悲痛的一课"

2014 年 10 月 13 日，建队节。早上学校的活动热火朝天，刚接任一年级班主任的我在准备着孩子们的入队活动。这时，电话铃声响起，得知母亲又进了医院。那个上午我的右眼总是跳，心里极不安。中午打电话时说还稳定，仅一个小时后，母亲就已经窒息昏迷。我踉跄着步子，准备马上赶回家，电话又响了，母亲——走了！从教 36 年，退休 5 年，在 60 岁过后的第 69 天，母亲永远离开了我们！

我头脑里瞬间空白。我以为她还可以坚持很久，就如同前几次挺过难关一样，这一次也可以挨过去。然而，母亲没有等我。一周前我回家时，她还让我放心，说不要担心她，搞好自己的工作。我本打算周五请假一天再回老家，然而，母亲等不及我了。

在跟肺癌斗争的将近一年的时间里，每一天对她来说都是折磨：胸闷、气促、痰多、声嘶，疼痛，咽不下；到了最后，吃不下、走不动、说不出，骨瘦如柴。然而她一直目光清亮，神志清醒，从未见她掉过一滴眼泪。亲友说，她每天都如战士一样顽强。

母亲只是一位平凡不过的女子，一位平凡不过的退休教师。但是她的一生，都在用自己的一言一行教育我如何做人做事。在生命的最后，又告诉了我们什么叫"坚强"。

空白之后，哭泣之后，我陷入深深的悔恨——为什么我竟没有多回家陪一陪母亲呢？为什么我不能干脆请一个学期假去陪伴母亲呢？我终于切身体验了季羡林先生在《怀念母亲》里写到的"抱中天之恨"。我想我

9

对得起学生，对得起自己的工作，但是，我永远愧对我的母亲。

我一遍遍听着那首《后会无期》，"当一艘船沉入海底，当一个人成了谜"。母亲就是那艘叫作"家"、叫作"故乡"的大船，我从她身上汲取了那么多温暖和力量，然而，后会无期！

母亲4岁丧父，13岁丧母，两个姐姐又远嫁，剩她和舅舅相依为命，不知吃了多少苦。但是因为聪慧、能干、善良，她连连跳级，奇迹般地在那么困窘的岁月里读完了高中。那可是衣不遮体、下雪都赤着脚的年月啊！然而，她用自己的勤奋赢得了许多人的尊重。19岁的时候，她被推荐当上了民办教师。她非常珍惜这份工作，也做得非常好。那时她是全乡教育界的"红人"，因为她的课上得好，对学生又好，每次乡里的考试——那时是公布排名的——她带的班成绩经常是第一。

22岁时，她嫁给我父亲。父亲常年在外工作，爷爷奶奶不太待见她，因为她生的第二个孩子——我——还是一个女孩。母亲的那些岁月，都是和"艰难"相伴的！因为学校离家较远，所以，有几年母亲带着我和姐姐住校。我脑海中零碎地烙刻着关于她的一些画面：在有灯罩的油灯下，她认真地备课改卷，或是努力看着考师范的书；她从池塘里一次次挑水去浇菜；她早早起来准备早餐，然后走几公里路去乡村小学教书；她带着我和姐姐住在学校简陋的宿舍里，娘仨一起生煤炉；桌子的抽屉总是只能拉开一条大缝，她在里面放着给我和姐姐的零花钱——不多，每次只能夹出五角钱、两角钱——这已让我们足够欢喜；晚上我们娘仨睡在一起，因为学校晚上没有什么人，后面还是山，我和姐姐会因为太黑太静而惧怕，她就给我们讲故事……每天她总是有做不完的事，做不完的事。

当不住校时，我们需要每天走几公里的路去上学。那时我两三岁，也每天跟去，在学前班的教室后面自己玩。每天上学放学，只要碰到她的学生，他们总是主动来背我。那些五六年级的学生，轮着背。他们说老师对自己这么好，背她的孩子是应该的。可能是因为有的学生上学年龄偏大，所以个子都不小。反正在那时的我眼里，她的学生都是那么高大，趴在他们背上，路途变得无比快乐！

我和姐姐上小学了。在她工作的学校里，她从未让我们感受过有特殊待遇，甚至对我们比对其他学生更严格。她没有教过我，但是教过姐姐，所有和荣誉相关的，她从未给过姐姐，哪怕姐姐的表现非常好。她总是认为自己的孩子表现好是应该的，至于那些担任班干部、获得奖励的机会，应该给其他更需要关注和鼓励的孩子。

乡村小学的老师少，每个都是多面手，什么都教。母亲除了教语文，还教过数学、地理、历史、音乐，甚至体育。我印象最深的，是母亲踩着风琴教学生唱歌，教低年级的孩子唱《小燕子》《两只老虎》《卖报歌》，教高年级的孩子唱《血染的风采》《大海啊故乡》《军港之夜》。有时上音乐课，附近的农民也会带着孩子来听。没有受过任何正规艺术教育的母亲，成了那所学校点燃学生音乐梦想的人。

后来，将近40岁的母亲终于以民办老师的身份考上了湖南省湘乡师范学校，而我也六年级毕业考上了湘乡市第一中学，是寄宿学校。周末，母亲经常来学校看我，每次都会做很多我喜欢吃的菜带来。学期末，我把用不完的生活费交给母亲，总是换来她的一通责备，说不用我省钱，长身体的时候，要吃好。其实我真的没有亏待自己，一中那时候的伙食很好啊，我都长成了一个胖乎乎的姑娘。而母亲，在我的记忆里就没有胖过，也没有添过几件新衣，总是穿着一件杏色的西装。她的衣服似乎特别经穿，往往六七年了还在穿着。

师范毕业后，母亲去了父亲工作的省会。40多岁重新开始，从乡村教师到城市子弟学校的教师，不亲身经历，无法感受其中的艰难：语言的，教学方法的，衣着外表的……那些格格不入的冷眼，那些相距遥远的沟壑，都被母亲用她的努力、她的真诚一一焐热了、填平了。看上

11

去最朴实甚至土气的母亲，成了学校老师都愿意相交的人，成了学生最喜欢和家长最信任的老师。

母亲的"小学高级教师"职称，快50岁时才评下来。因为那时候学校的名额有限，需要投票打分。她曾经和另一位男老师的票数不相上下，而她把自己的一票给了那位男老师，说自己还有机会，结果那位男老师以一票的优势晋职。

母亲做的这样的"傻事"还有很多，她就是这样兢兢业业、脚踏实地地上好每一节课、做好每一件事。她从19岁初上讲坛到55岁退休，从乡村到城市，整整36年。

小时候，别人问我愿意像父亲还是母亲，我总是说要像父亲。因为生了我之后的母亲，皮肤变黑了，没有那么漂亮了。我总想着像父亲就漂亮一些，却没有想过，如果不是因为生下我而大病一场，母亲怎么会留下一身病痛，留下变黑的皮肤？小时候不懂事啊！而现

图1-1　我与母亲(左)在广州南沙的海边

在，当我年岁渐长，当颈椎病等各种亚健康状况也开始困扰着我时，我更深深体会到了母亲的不易。对于一个从小没有父母关爱，与丈夫两地分居十几年，还受公婆冷眼、身体又不好的女人来说，实在是太需要坚韧与宽容的性格才可以熬过啊！

她的两个女婿都说，我和姐姐都不如母亲。是的，母亲无疑比我们更聪明，对学生更关爱，对他人更无私，对自己更节省，更会处理身边的事，更豁达，也更坚强。的确，我们都不如她。如果生活不是给了她那么多的磨难，而是能给她一个相对公平的人生起点和平台，那么她会是一个非常能干和智慧的人生强者，她也许就会比现在许多成名成家的

优秀教师更加优秀，她也许就能体会到那种心灵自由的高处的快乐。然而即便这样一路艰难，在我的心目中，我的母亲已经足够优秀了，她是我人生最好的老师！

她教给了我怎样对待自己的工作，怎样对待学生；

她教给了我用一颗简单真诚的心去对待他人；

她教给了我怎样面对挫折，面对生活的困境；

她教给了我什么是坚韧，什么是执着，什么是自立自强；

她教给了我淡泊名利，"吃亏是福"；

她教给了我"疏导"比"专制"有用，适当的"放"比"收"更好；

她教给了我不要懈怠，不要向命运妥协，天平的两端，"得"与"失"是守恒的；

她教给了我"身教"大于"言传"，陪伴是最走心的爱；

……

如今，母亲离开已近 6 年，一千多个日子里思念氤氲，回忆不绝。读四年级的儿子将对外婆的思念写成了小诗《窗棂》：

透过那掉色的窗棂

我看到一片田野

外婆的辛劳发出了芽

映着阳光

透过那掉色的窗棂

我看到一个市场

外婆的慈爱是饭菜的香

暖着心房

透过那掉色的窗棂

我看到一所学校

外婆啊，你的学生一定是

桃李芬芳

而今，外婆已不在身旁

老家那掉色的窗棂

是否在默默地

诉说悲伤

窗棂诉说着悲伤，诉说着我们心底的思念与记忆。而这思念与记忆，还在不断给予着我前行的养分与力量，指引着我去"上好课，做好人"！

父母在，不远行。而我离开长沙，来广州已经十多年了。我想那些年，母亲应该不会怪我，在她摔伤了脚时没有去照顾；在她头疼脑热时，不能倒杯热茶；在她生命垂危时，还没有请假去陪伴……因为她是那样宽容与善良，对待痛与伤，她总是选择原谅。

我很努力地面对一切，面对工作，面对生活。但是我心里总有一个角落，在我开心时遗憾着，在我幸福时内疚着：母亲再不会坐在家里的沙发上静静看着我；再不会一声声艰难地咳出一点痰，嘶哑着嗓音告诉我一切都会好起来；再不会像淘宝一样，经常从菜市场买来我爱吃的纯天然田螺、贝壳、小鱼、小虾、山上的野蘑菇、蕨菜之类，洗净晒好后一大包一大包地带给我；再不会将我给她的钱偷偷放回我的包里；再不会在我身体有恙时非常揪心地一次次打电话；再不会揣测着我的神态，担心我受委屈……而我也无法再帮她按一按脖子，无法再和她躺在床上说说话，无法再拨通那个每天都要拨的电话，无法再为她买下商场看到的心仪的女式服装……

最遗憾的是，当我在教学上有了新的突破，当我在一项项赛事中取得了好成绩，当我获得了学生的喜爱，当我被家长信任和赞赏时，我无法再兴奋地告诉她，无法让她知道，我也能成为像她一样的好老师！

如今，我已经明白，月盈月缺，月缺月盈，这世上没有真正的完满。快乐幸福就是一种内心的稳定，是对于工作、对于生活乐观而积极、洒脱而智慧的稳定。

我的母亲，言传身教，给了我最好的教育。

我的母亲，以身作则，让我明白了什么是最好的老师。

母亲给我上的最后一课，叫作"离别"。这是最悲痛的一课，主题是关于她的爱与宽容，关于我的愧疚与记忆、感恩与珍惜，关于一位平凡而了不起的老师，一位平凡而了不起的女子，用一生书写的几个字——上好课，教好学生，做好人。

图1-2 2012年，父母合影于深圳华侨谷

图1-3 2006年，父母与我以及姐姐(左一)合影于长沙

(二)边缘：品尝"寂寞的一课"

在母亲的熏陶下，我也成为了一名老师。我曾细细地打量自己，除了高高的额头和长长的脑袋像父亲，其余我觉得都像母亲，像她的自尊、自强与敏感，她的踏实、老实与善良；像她一到课堂上，就像换了一个人一样的精神焕发；像她对待学生时，始终保有的公平公正。

我的一路也不乏波折和风雨，专业成长历程也非坦途，只是和母亲比起来，我觉得这些都是不值多提的小涟漪。然而正是这些涟漪，才引发了我更多的思考和感悟。

我工作的第一站，是长沙的一所子弟学校。为了能和父母在一起，我放弃了地区特优生的分配。记得刚去的时候，第一次上台试教的课是寓言故事《掩耳盗铃》，我非常用心地准备，用一个晚上手绘了一张图贴在黑板上，年轻的心满是期待与憧憬。然而子弟学校独有的复杂性，加上我前两年的身份——"代课老师"，让我深深感受到了"边缘化"的寂寞：不通世故，受尽排挤，无人指点，也无人在意。我只有闭门造车，我只有不断地思考。那时我给自己取的网名叫"蜉蝣"，蜉蝣朝生暮死，我的心态也是无可奈何的悲观，那是一段沉重的迷惘期。

幸好这两年的迷惘期不算长，"代课老师"的身份转变后，为了多学到一些东西，多得到一些锻炼，我周末去少年宫教语言和作文，寒暑假去很不错的民办学校任教，边教边学，教学相长。那段时间的经历给了我许多的养分。后来，企业学校移交政府办了，我也结束了这样的兼职历程。然而，理想与现实的差距依然让我纠结不已，那几年，我的网名一直叫"自己的沙场"。

长沙七年，"边缘化"的学校、"边缘化"的教学之路，让我清醒地禁锢着，纠结地挣扎着。2006年6月，我代表学校参加了长沙市小学学科教学风采演讲比赛，在区里获得了一等奖，在市里也获得了一等奖，但是再往上就没有资格比赛了，因为所在的学校属于"边缘学校"，我又一次深深体会到了"边缘"的感觉。尽管内心厮杀成了一片沙场，但是这期间，我的性格被不断磨炼着，七年，将我打磨成了一个耐得住寂寞的年轻人，而耐得住寂寞，现在想来是一种多么重要的心性。

回头望望，我需要感谢这样的边缘与寂寞，在那些纠结与思索里，在那些不断的自我否定与尝试里，我的教学理念在不断更新，教学技巧也有了很大的提升。

（三）赏识：感受"温暖的一课"

2007 年 2 月，机缘巧合，我来到了广州市天河区。天河教育为我提供了一方广阔的舞台，让我获得了许多锻炼的机会。

石牌小学是我来天河的首站，是一个典型的城中村学校。从 2007 到 2013，石牌六年，那里"记载"着我从教生涯中许多的美好，无论是淳朴的孩子、朴实的同事，还是如伯乐一般的领导，那片拥挤狭仄中的小小静地，让我在广州这个陌生的都市有了如故乡般的感觉。

我曾经对石牌小学当时的校长周洁说："我远远算不上什么千里马，但是您绝对是一位了不起的伯乐。"正是有了这样的赏识与良好的氛围，我在石牌才得到了飞速的成长。

2009 年，我的课例获得"全国中小学新媒体新技术教学应用研讨会课例评比"一等奖；在天河区青年教师教学基本功大赛中获得了小学语文第一名，也就是"教坛新秀"；被评为天河区中小学优秀班主任；在天河区中小学教师师德辩论赛中被评为"优秀辩手"。2010 年，我在天河区班主任技能大赛中获得一等奖。2011 年，我被南方分级阅读研究中心聘为"教师审读团特约审读员"。2012 年，我在广州市小学语文教师专素养比赛中获得特等奖，在广东省小学语文教师专业素养比赛中获得一等奖，被评为南方分级阅读百佳指导教师、广州市小学语文优秀青年教师；担任广州市小学语文农村教师专项培训工作室的负责人；获得"诗润南国"第八届广州市小学师生儿童诗歌创作大赛教师组一等奖；2013 年，我通过多轮选拔，被认定为天河区首批基础教育名教师。

调到石牌小学的第三年，在中美教育交流的授牌仪式上，我作为教师代表的发言，道出了我最真实的心声：

2007 年的春天，我来到石牌小学。石牌人的热情就如同当时开得热烈的木棉花一样，很快驱散了我初来乍到的拘谨与忐忑，我很快融入了这个集体，同时怀着惊奇感受着这所学校与众不同的魅力。美国校长们只是在我们学校做了短暂的停留，尚且如此兴奋和感动。而我在这里一晃快三年了，我的感动与认同，在今天已经化为了一种深深的归属感。

在这里，学校、家庭、社区的关系是如此紧密，结成了一个坚固而强大的共同体。在这种力量的推动下，学校近几年来的发展可谓日新月异，不仅形成了"无墙教育"的办学特色，而且教学质量也节节攀升。

这里的老师朴实真诚，这里的孩子天真淳朴，这里的领导班子凝心聚力，这里的社区——包括石牌街道和三骏集团——都怀着对教育的虔诚，给予了学生无微不至的关怀与帮助；这里的家长虽然没有太高的学识文化，但却更多了一份朴实的对学校、对老师的配合与支持。

如果用一个比喻，曾经的石牌小学，就如同幽谷中的芝兰，芬芳但无人喝彩；而经过几年发展后，现在的石牌小学已经像鸿鹄，有了翱翔蓝天的高远志向与力量。

"敞开心扉，融入自然，滋养万物，就是更清冽的甘泉；跨越心界，穿越时空，共营生命，就是更广阔的未来。"让我们一起期待与见证石牌小学"心扉开、甘泉来"的美好前景吧！

我将自己的网名改为"每一个明天"并沿用至今，这是一个充满着希望和憧憬的名字。石牌六年，让我开始了"品尝寂寞"后的飞速成长、从迷惘到明晰的艰难蜕变，我每天忙碌着、劳累着，更快乐着。

六年如一课，这一课的名字叫作"赏识"。这赏识的力量，让我挣脱了禁锢，摆脱了迷惘，让我敢于挑战，乐于分享。我想，一个感受过赏识的力量的老师，一定会把更多的赏识给予自己的学生，一定会把更多的关爱与宽容给予需要被赏识与关注的孩子。这是一种温暖的传递、温暖的传承。这让我明白，要成为一名好老师，首先要做一名心底温暖柔软的、会赏识每一个孩子的、充满爱的老师。

图1-4 参加广东省小学语文教师专业素养大赛，获得一等奖

图1-5 担任广州市小学语文农村教师专项培训工作室负责人，上示范课

（四）了悟：咀嚼"快乐的一课"

在天河的第二站是华阳小学。与石牌相比，一个是城中村学校，一个是"生本教育"名校。如果说石牌让我成长，华阳则让我成熟。

首先成熟的，是对课堂教学的思考。不管是子弟学校还是城中村学校，都因为学生的相对"弱势"，造成了自己某种程度上的"课堂强势"，也就是不够"生本"，该放手的时候放得不够，在放到什么度的问题上还在纠结。所以我觉得自己还需要改变，不能固守一隅，于是"生本华阳"成为了我的又一站点。我想，有些东西，只有大刀阔斧地去劈开，才能更清醒地知道自己拥有什么，缺乏什么，能坚守什么，又需要改变什么。

在华阳小学任教的前两年，我说得少，看得多，也想得多。我需要更多的学习和思考，才能将生本理念真正内化与运用。至今，我想我已经掌握了生本的内核，已经明确了我需要和学生共创什么样的课堂，也已经形成了自己的"情采"教学风格。

其次成熟的，是专业素养的继续提升。2013 年，也就是到华阳的第一年，我参加了第十届广州市小学语文青年教师阅读教学大赛，获得一等奖，被遴选为广东省骨干教师。2014 年，我参加了"中国梦·园丁美广州市青年教师教学基本功和技能大赛"，获得二等奖。2015 年，我通过选拔成为代表广东小学语文十名教师中的一员，参加了京苏粤浙第二期卓越教师高级研修班；在第五届全国传统文化进课堂教学展示活动中获得特等奖，在"天河区首届经典教育教学设计比赛"中获得特等奖；被评为"广州市优秀班主任""天河教育风云人物"。2016 年，我被遴选为第三届"羊城最美教师"；在连续三届担任了广州市小学语文中心组成员后，被聘为"广州市第 17 届小学语文特约教研员"。2017 年，我被评为"广州市小学语文十佳青年教师"，担任天河区小学语文专委会常任理事，获得"天河区推动中华优秀传统文化教育优秀教师"称号，"一师一优课"获得省级优课。2018 年，我成立了"天河区基础教育名教师工作室"；我的教学设计获得"广州市小学语文部编教材教学设计评选"一等奖，应邀参与人教社课程教材研究所"人教数字教材——教师课程网络培训项目"的课例编写与授课工作，并承担省的培训示范课。2019 年，我的习作教学课例《有你，真好》通过遴选，作为示范课被刻录到人教社出版的部编教材教师用书配套光盘。

成熟的第三个方面，是自己各方面能力得到的锻炼提升。华阳六年，除了一直担任语文教学工作外，前三年我兼任班主任，后三年担任中层职务。在担任中层的几年里，我负责了语文教学、课程建设、撰写综合性材料，甚至还有德育等多项工作。工作千头万绪，我的团队引领能力、组织协调能力、逻辑思维能力、高效行动能力、应急处变能力、语言表达能力等都得到了锻炼和提升，我的创新意识、大局意识等都在一次次活动与一项项事务中得到了提升和彰显：学校课程成果的申报获得了国家教育教学成果奖，课程的成果集出版，语文学科的老师们更敢于突破，我任教的学生都喜欢我的课堂，家长们信任支持我的教育教学……这一切，都能让我化解工作的疲惫，不断为自己补充能量。

图1-6 京苏粤浙卓越教师高级研修班 结业典礼合影

图1-7 带领工作室成员赴长沙市 大同教育集团交流学习

成熟的第四个方面，是学会了悦纳。悦纳自己身处的团队，悦纳他人，更能悦纳自己。一晃在华阳小学又是六年，六年间，我感动于华阳"心自由、行至远"的教育愿景，感动于华阳人的奉献精神、在课改路上不断探索的精神，以及团队的精诚合作精神。我为华阳每年举行的"生本年会"创作了会歌《向往》的歌词，这首歌由音乐老师郑海洋谱曲，每年都会在"生本年会"以及其他重大活动上唱响：

> 红领巾奔跑中飘扬，榕树下欢笑声回荡，
> 课堂上汇报声响亮，小小脸上自信飞扬。
> 我们都在华阳号上，孩子啊，你在中央。
> 予你尊重，予你信任，全面发展，如花绽放。
>
> 当朝霞映照黎明，我的脚步在校园奏响，
> 当繁星陪伴黑夜，老师们窗前灯光闪耀。
> 我们都在华阳号上，亲爱的，我在你身旁，
> 挥洒青春，燃烧梦想，生本课堂，灵动流淌。

心自由是共同的期望，团结创新，携手成长，

辛劳汗水浇灌芬芳，生本之海骄傲领航。

行至远是共同的向往，不断超越，纵情歌唱，

灿烂笑容播撒希望，生本之海乘风破浪，

乘风破浪！

2017年，在参与学校"走进广州好教育丛书·好学校系列"的书稿《向着太阳奔跑——华阳小学的生本教育之路》的编写时，我在自己负责的部分满怀深情写下了这样的文字来描述"华阳精神"："华阳精神，是筚路蓝缕的开拓精神，是精益求精的奉献精神，是精诚合作的团队精神，是雷厉风行的实干精神，是孜孜不倦的好学精神，是阳光廉洁的办学精神……是华阳人的'逐日'精神！"

如果说，在石牌我更多是被"呵护"，那么在华阳则更多是要去"担当"。华阳让我更敢于挑战，更善于反思，更能悦纳自己与悦纳他人。华阳锻炼了我更多方面的能力，启发了我更多方面的思考，让我视野更广阔，心境也更开阔。华阳见证了我年龄的增长，也见证了我对自身追求的明确。在奔向"不惑之年"的途中，我逐渐"不惑"，逐渐"了悟"。

二、课如人生，蹒跚探索走向从容

电影《卡萨布兰卡》中有这样一句话："一个人的气质里，藏着他走过的路，爱过的人，读过的书。"

我觉得，一个人的课堂里，也藏着他走过的路，爱过的人，读过的书，看透的事，经历过的人生。

（一）泪水：走出迷茫终获得

课如人生。如何上一堂课的纠结，如何上好一堂课的研磨，起承转合间，就如同走过的人生路。我还记得 2006 年，长沙雨花区的教研员来校调研。我上了一堂《四季》，感觉自己全心投入，和学生互动也很好，但是教研员评课时说"引导过多"，严厉批评了很久，给了一个"良一"。当时的我，转身就泪如雨下。2008 年，刚休完产假回校的我，上了一堂略读教学公开课《梦想的力量》。课前想法太多，什么都想要体现，讲课时乱了。一上课，自己刚开口介绍了几句，已经泣不成声："我不知道怎么上课了！"当时听课的天河区教研员蔡晓白老师对我说："当你觉得不知道怎么上课的时候，就是你进步的开始。"瞬间安抚了我简直要崩溃的情绪。

十多年里，这样因"课"而流下的泪水虽然不多，但是每流一回，感觉真的就是成长一回，收获一回。泪水，仿佛擦亮了迷惘的眼睛。

我感谢这样的泪水，因为这泪水在教学之路上是如此珍贵。我更感谢用智慧和包容为我擦去泪水的人，因为他们，都是我专业成长路上的点灯人。

感谢蔡晓白老师，她的鼓励与指点让我很快找到了自信。一个月后，在全国交互式电子白板课例比赛中，我上的《回望"名著之旅"》一课获得了一等奖。虽然当时的课在现在看来，难免有诸多不满意之处，但在那段成长的过程中显得弥足珍贵。简介如下：

回望"名著之旅"

第五单元教材以"中国古典名著"为专题，安排了《将相和》《草船借箭》《景阳冈》《猴王出世》四篇课文，涉及《史记》《三国演义》《水浒传》及《西游记》四部名著。本单元意在让学生感受古典名著的魅力，体会故事情节的曲折生动、人物形象的栩栩如生，激发学生阅读名著的兴趣。在这堂单元回顾课上，我设置的目标为：1. 能联系文章内容对人物进行评价，流畅表达自己的观点。采用颁奖的形式，让学生作为开奖嘉宾为自己喜欢的人物致颁奖词，以此锻炼学生的写作、表达能力，培养兴趣。2. 就表达方法、积累拓展等方面进行交流。3. 进一步激发学生阅读经典名著的兴趣，体会到阅读的乐趣。教学流程如下：

表1-1 《回望"名著之旅"》教学流程

一 读之链	1. 导入课题 2. 交流与分享：学生说一说课外积累的名著中的诗词 3. 看对联，猜名著，并说出相关的课文题目以及相应的人物 如：史家之绝唱，无韵之离骚 　　花果山福地，水帘洞洞天 　　冰心一片桃园义，鼎足三分故国忠 　　撞破天罗归水浒，掀开地网上梁山 　　……
二 读之思	1. 评价人物 (1)课文中出现了这么多栩栩如生的人物形象，哪个人物给你的印象最深？为什么？自由畅谈。将自己的思考在四人小组内交流，再选出代表汇报 (2)找准时机在学生的发言互动中引发思辨：对于某个人物的性格或品质，读者站的角度不同，列举的事件不同，当时的背景环境不同，等等，可能会有不太相同的甚至截然不同的看法 2. 名著人物颁奖盛典 (1)为自己喜欢的名著人物，写一段简短的颁奖词 (2)为这些人物举行一次隆重的颁奖典礼，学生作为开奖嘉宾，为自己喜欢的人物颁奖，致颁奖词(配合音乐、图片，营造氛围)
三 读之乐	1. 小组内交流课前各自出的小试卷，指向单元学习中在课内外积累的精彩成语、歇后语、成语、对联、反义词、近义词等 2. 展示教师课前找到的几个有代表性的小试卷，以口答或电子白板互动的方式，与学生互动、巩固 3. 继续阅读拓展：学生推荐名著中的其他精彩故事

2011 年，广州市小学语文教研员王亚芸老师安排我上了一堂研讨课——《再见了，亲人》。课后，广州市小语中心组的成员提了很多中肯的意见。当时我很"委屈"，憋着眼泪，当场反驳，反驳后还是忍不住流泪。王老师让我好好梳理，两周后去白云区教研活动上再讲一次。后面一次就上得不错了，几乎将王老师的眼泪也催出来。以下是两次课后，我写下的感受：

同听天籁，共赏花开
——记《再见了，亲人》一课的两次异地教学

参加工作的第一年，一位要退休的老教师对我说："做个语文老师是幸福的，因为可以和学生一起看到文字绽放的花朵。"是啊，和学生一起学习这世界上最优美的文字，体会那最完美的音韵、结构和组合，感受那优美而独特的意境，引导学生学会欣赏、品味、思考和运用，是多么惬意的事！

然而要达到这样的课堂境界谈何容易！早已不是初出茅庐的我，在广州市协和小学和白云区棠景小学两次异地教学五年级下册《再见了，亲人》一课时，就品尝了酸甜苦辣诸多滋味。

（一）

《再见了，亲人》是一篇叙事抒情的散文，描写了 1958 年中国人民志愿军最后一批官兵离朝回国时，在车站同朝鲜人民依依惜别的动人情景。这是一篇经典的散文，许多名家都有过精彩的诠释；这也是一篇不好把握的文章，因为年代久远，学生很难入情入境地去体会。当选定这篇文章时，我心里是非常没有底的，对于这类典型的情感性的文章，很容易走入"学生不入情、老师唱独角戏"的误区。但是另一方面，出于对魏巍的文章的强烈喜爱，我又非常想尝试一下。因为不论成与败，都是我愿意去感受的。

我很快拟定了教学目标：1. 认识 8 个生字，会写 12 个生字。能正

25

确读写"战役、大嫂、硝烟、霾耗、刚强、雪中送炭、深情厚谊"等词语，能正确、流利、入情入境地朗读课文。2. 理解文章表达的思想内容，品读文章第一自然段，体会中朝人民用鲜血凝成的、不是亲人胜似亲人的情谊。3. 初步分析文章表达上的特点。

但是，在教学策略上，我陷入了纠结，在两套备选方案之间犹豫不决。

方案一：布置任务，充分预习，课堂汇报分析。这一方案在头脑中存放了两天后被否定了。因为课前大任务的预习，既不符合"高效减负"的目标，也难体现课堂上的生成层次，更会有学生因惧难而直接看参考书抄参考书，反而适得其反。

方案二：不沿用传统的"字词——主要内容——理解分析等"第一课时模式，而是创设情境，直奔重点，再读写结合。这一方案在反复纠结后也被否定了，毕竟是全市的语文精英都将汇集的一个场合，我唯恐自己有班门弄斧之嫌，到时恐会被强烈"拍砖"。

在几天的准备时间里，我真是纠结万分，严重患得患失。最后还是决定走保守路线，一步一步按既定程序走：导入（朗读魏巍的散文《依依惜别的深情》的开头，引说背景）——初学（默读梳理主要内容、生字新词、批注质疑，以表格的方式归纳主要人物为志愿军做的事并交流汇报，用词语概括阅读感受）——品读（感悟"亲人"）——欣赏（体会写作方法）——升华（以魏巍的作品引读、学生朗读）——拓展（魏巍《谁是最可爱的人》《依依惜别的深情》）。

过程似乎是面面俱到了，但我甚至忙乱得没有和学生提前见面，彼此熟悉一下，就怱怱上阵了。

40分钟下来，程序是完成了，但是我脑海中的第一个反应是：学生没有入情！我担心的事情还是发生了，学生不入情，课堂效果就大打折扣了。市中心组的老师在评课时，也把整体和局部不足的地方都提了出来，从教学理念到教学细节，非常细致。现在想想，当时自己的承受力真是受到了空前的考验：头发涨、脸发热、眼泪拼命压在眼眶内。同场上课的是另一位男老师，他的课上得非常成功，一位老师的点评非常精辟：在这位男老师的课堂上，老师和学生的表现都是 90 分，而在我的课堂上，老师的表现有 90 分，但学生只有 70 分。在十多位中心组老师一致的评论基调下，在"好评"与"缺陷"显得如此泾渭分明的会场上，我冷汗涔涔，恨不能即刻钻入地洞中，同时心中又涌上些小小的激愤：这堂课真的有那么不堪吗？起码在多个环节还是呈现得非常不错的啊！

然而我马上告诉自己，必须摆正心态。这样的结局是我曾经预想过的，所以，我应该有心理准备。作为一名教师，要真正成长、成熟，就必须经历这样的心理煎熬。指出自己缺点的人，都是帮助自己成长的人！——这不是我一直对学生强调的吗？

冷静下来发现，确实有几个方面我是没有仔细思考的：1. 这是篇非常需要调动情感的文章，而我的"情感铺垫"不是很到位，没有深入思考学生的"入情点"。2. 感情朗读，该怎么指导才能让学生读出感情。3. 在搭建的整体框架下，如何留白去让学生发挥、精彩生成？也就是说，这几天中，我花了太多时间去研究"形式"，甚至包括课件的精致，而有些忽略了最重要的"内容"。4. 课堂上花费了太多时间来识读生字词、填写梳理内容的表格，其实完全可以设计更高效的方式。

说到底，这堂课之所以不出彩，完全是由我的心态造成的。在做教学设计时，我听了几位老师完全不同方向的指点，他们都说得非常好、非常到位，但是我脑海里反而乱了，不知如何取舍、如何整合！记得有两位本区的中心组的老师对我说，这堂课上得完全不像我的风格了。当然，就目前而言，我还谈不上有什么风格，但确实没有将自己最终的教学设计应用得得心应手，感觉自己都是生涩的。因为直到最后自己都是忐忑的，所以，哪有静下心来好好"备学生"呢！

这堂课的第一次异地教学，终以遗憾收场。

（二）

当广州市教研员王亚芸老师告诉我还有一次上课机会的时候，我的第一反应是有点想打退堂鼓。然而，另一种念头却渐渐坚定而清晰：必须接受这次挑战。因为，这不仅是对我的课堂的找寻，也是对自我的找寻！

相对上一次绷紧的弦，这次我反而轻松了。我不再花很多时间去思考与纠结，只在临上课的最后几天，才在闲下来的时候理了一下自己的思路。我给自己列了几个问题，相信只要想清楚这几个问题，我就能讲好了！

问题一：这篇文章的核心价值是什么？答案：真挚充沛的情感和特点鲜明的表达方式。

问题二：如何让学生动情？答案：在导入课文时做足功夫，让学生马上进入情境；在品读内容时根据学生的回答寻找感情激发点，找准时机进行朗读指导；在拓展升华时引用《依依惜别的深情》一文中的动人语句，让学生眼前浮现画面，入情入境；在评价点拨时用自身的语言感染学生、激励学生。

问题三：如何让学生体会表达方式上的特点？答案：可以用小组合作探究的方式，小组内先讨论汇总，然后汇报、互动补充；还可以用"换位仿说"的方式，学以致用，从朝鲜人民对志愿军表达感情的角度仿说语句。

问题四：如何把环节简化，留下更多时间给学生充分思考、现场生成？答案：教无定法，当"以学定教"。只要达到目标，就可以打破既定的模式。第一课时和第二课时内容并无绝对的区分，所以，但凡可用可不用的环节、学生完全可以自己掌握的环节、为形式服务更多的环节，一概舍去。

我于是也给自己减负了，除了根据思路修改了一下PPT，我甚至没有写教案。我告诉自己：备课在脑海里，环节在脑海里。

我卸下了所有包袱，走入了广州市白云区棠景小学五年级(3)班的课堂。一环一环，我的思路很清晰：

1. 导学(情境激情)。从朝鲜战争的"八年"入手，让学生算一算八年有多少天，感受这漫长时间中中朝人民的携手并肩、患难与共，共同经历的战火硝烟、生离死别，从而体会那份用鲜血凝成的友谊，体会"再见"时的难分难舍，铺垫好感情的基调。

镜头一

学生目不转睛地看着，在多媒体画面、音乐与老师的旁白声中，渐渐动容……

2. 初学(整体感知)。整体感知全文，授以"文题扩展法"，概括文意；紧扣题目，在体会了"再见"一词以后，直奔"亲人"。

3. 品学一(品读内容)。以第一部分"大娘"一段为例，引导学生通过朗读、想象画面、体会重点词句等方法，感受大娘对待志愿军"不是亲人胜似亲人"的情谊。

镜头二

一个小女孩饱含感情地朗读文中的句子："是您带着全村妇女，顶着打糕，冒着炮火，穿过硝烟，送到阵地上来给我们吃。这真是雪中送炭啊!"读完后，她满眼都是泪水。

镜头三

还是读这段话，学生在老师的引导下，将"顶着……冒着……穿过……送到……"读得层层递进，情感非常到位，听者无不动容!

镜头四

生：我觉得最感人的是这一句，（读）"八年来，您为我们花了多少心血，给了我们多少慈母般的温暖！"

师：为什么这一句最打动你？

生：因为这句话中两个"多少"写出了大娘为志愿军做的事还有很多很多！

师：你为什么要重读"慈母"一词？

生：因为我觉得志愿军在朝鲜的时间有八年之久，他们见不到自己的妈妈，肯定非常想念，但是大娘把他们当成自己的孩子一样关爱。

生2：因为这位大娘，让战士们在遥远的异国他乡，也得到了慈母般的温暖。

……

在这一环节，学生悟得透彻、说得充分、读得动情，可以说比我预想得还要好很多。听课的老师在学生发言与朗读的时候，都听得非常认真，带着欣赏，甚至有老师情不自禁地鼓起掌来。

4. 品学二（探究写法）。体会了内容的感人之后，思考文章为什么写得这么感人。以小组为单位，以"大娘"一段为对象，探究写法；模仿行文特点，用上感叹句、设问句、反问句、祈使句等句式，回忆与现实交织的写法，换位表达朝鲜人民对志愿军的依依惜别之情。

镜头五

一个小组上台，分别汇报了几种特殊句式（祈使、感叹、反问、设问等）。师问：这样的句式有什么好处呢？（点拨）……请你再读一读这个句子好吗？……能改成陈述句读吗？用双重否定句说一下怎么样？

这一环节一方面探究写作方法，另一方面巩固了特殊句式这一知识点，同时用"第三人称简单陈述"的方法出示同一段文字，让学生体会到这样写的动人之处。

镜头六

师：志愿军对朝鲜人民是这样难舍难分，把他们当成自己的亲人，那朝鲜人民呢？

生：朝鲜人民对志愿军也是难舍难分，也把他们当成自己的亲人。

师：那我们不妨用上刚才探究到的这些写作方法，口头仿写一段话，表达朝鲜人民对志愿军的依依惜别之情好吗？比如用祈使句开头，感叹句、设问句中间回忆往事，然后反问句结尾。

这一环节学以致用，读写结合，不仅重视内容，而且重视行文的方法。让学生不仅受到情绪的感染、情感的熏陶，更切实地学到写作的方法与技巧。

5. 拓学。有层次地引读魏巍《依依惜别的深情》一文中的动人描写，让学生反复诵读文中直抒胸臆的句子，让感情达到高潮并得到升华。推荐课外阅读魏巍作品《依依惜别的深情》《谁是最可爱的人》。

镜头七

拓展文引读，学生反复诵读之后，师：火车渐渐远去了，从此以后，所有的思念都隔着千山万水，但是，能被阻隔的是时空的距离，割不断的却是(生：心的距离)。让我们再一次大声读出这句话，让这句话永远回荡在朝鲜的天空，让中朝两国人民的子孙后代都记住这个声音吧！生读："再见了，亲人，我们的心永远和你们在一起！"学生在音乐声中凝神站立，眼里流露着不舍、感动。

这一环节将课内文章与课外引文巧妙地结合在一起，达到了整堂课的情感高潮。魏巍的文字非常优美，饱含深情，让学生眼前的画面更清晰、体会更强烈、感受更深刻、表达更动人，同时激发了他们的阅读兴趣。课后不少学生告诉我，他们一定会去读魏巍的文章。

一节课眨眼即逝，孩子们的脸上有着一份非常投入的单纯和感动。我感觉自己在这短短的40多分钟里，和他们贴得很近，没有陌生。下课铃响的时候，我轻轻吁一口气，对自己说：这堂课终于不是我一个人

"精彩"了！孩子们的表现比我更精彩！

当赞赏和认可的声音在我耳边响起的时候，我的心中却有一丝的惶然。教书已不是一天两天了，就像一个人经过长途的跋涉，却还是有许多云遮雾掩。

人生如课。我的思绪经常在文字的世界里风起云涌，我的心情经常在沉思与感悟中潮涨潮落，我只是个平凡的人，却因这份起涌和涨落而幸福与缤纷。希望我的学生能和我一起感受这份幸福，享有这种缤纷。

课如人生。当不再患得患失，不再过度纠结，以一份淡定与洒脱之心，认真与勤奋之态对待每一次课；当目标明确、思路清晰，以简单的环节达成高效的目标；当既有虚心的借鉴，也有明确的坚持，知己(自己)知彼(学生)；当不再过多牵引、过多预设，不再有那么多"不放心"……我想，以这样的态度设计与达成的，一定会是精彩的、个性飞扬的、有实效的课堂。

一个个方块字，就是一个个有生命的精灵，我期待能用科学有效和充满自己风格的方式，让学生在课堂上体会到思考与合作之乐、诗意与梦想之美、活力与创新之华。我期待和我的学生一起，去欣赏文字绽放的芬芳花朵，聆听那如竖琴般悠扬的天籁，完成一次次令人流连忘返的"语文"之旅。

我期待……

(二)微笑：凭轼结辙任平生

2013年11月，我代表天河区参加了第十届广州市小学语文青年教师阅读教学大赛。这是一次难得的机会，如果把握得好的话，就可以让自己各方面都更上一个台阶，会有更广的舞台。这也是一次难得的，将自己的所思所想在一个大的平台上呈现的机会。在这样的平台上，如果能完完全全呈现自己真实的思考，该是一件很愉悦的事吧！

所以我陷入了纠结：该保守一点，力求争取最好的名次？还是遵循自己内心的想法？前者没有风险，后者也许会引起很多争议。最终，我抛弃了功利的因素，"任性"了一把，给六年级的孩子上了《闻官军收河南河北》一课。我在"设计理念"部分写了这样的话：

因为这是小学语文教材六年级下学期最后"古诗词背诵"部分的内容，并不属于精读课或者是略读课。也就是说，原本教材的要求只是"背诵"，至于在"背诵"之外能达成什么目标，可以由教师根据文情与学情自由选择。

所以，针对这样的"文情"，针对学生马上面临小学毕业的"学情"，我尝试用一堂课体现出语文学科"工具性与人文性"的和谐统一，体现出小学语文姓"小"而实"大"的丰富内涵，体现出诗歌教学"文字""文学""文化"的三个梯度。我希望小学阶段的语文课堂，播撒下更多求知求智、求真求善求美的种子。具体到这堂课，我希望这"千秋家国梦"的种子，借由杜甫的诗，又一次在学生的心中播撒。问耕耘，期待收获。

于是，我选择了这个不好把握的方式，放弃了保守的设计。我抛舍了很多诗歌的斟词酌句的一贯教法，紧扣一个"泪"字设置了整体情境，分为三个环节：欣赏诗歌，体会诗人之"喜"泪；拓展诗歌，体会诗人之"悲"泪；读有所感，体会诗人之形象。目标设置如下：

图1-8 《闻官军收河南河北》
板书设计

1. 能正确、流利、有感情地朗读诗歌，背诵诗歌。

2. 通过画面想象、引读、情感对比、诗歌拓展等方式，理解诗歌内容，体会诗人"喜欲狂"的情感；通过补充诵读拓展资料《春望》和《兵车行》(节选)，理解杜甫"喜欲狂"的真正原因，在此基础上初步认识诗人的形象。

3. 通过自主思考与小组讨论，了解诗歌的表达特点。

重点是欣赏诗歌，朗读诗歌，体会诗人"喜欲狂"的情感。

难点是理解"喜欲狂"的两个层面：为家，更为国。

在"走入诗歌，体会诗人之'喜泪'"部分，我做了如下设计：

1. 背景导入。唐朝，是中国历史上最为辉煌的王朝之一，它国力强盛，经济繁荣，文化灿烂。然而，一场"安史之乱"，却使它由盛转衰！(出示图片："安史之乱"战乱惨况。)捷报传来时，杜甫已52岁，年老体弱，贫病交加，漂泊到西南已有五年，饱经战乱之苦。听到胜利的消息后，他写下了这首脍炙人口的诗歌——《闻官军收河南河北》(生读题、说题意)，想一想，他是怀着怎样的心情来写这首诗的呢？快速浏览诗歌，找出直接描写诗人心情的词语。(板书：喜。)一个"喜"字，就奠定了这首诗的情感基调。

2. 初读感知。自由朗读，读准字音，了解诗歌大意，找时机引导学生概括诗歌画面("初闻喜讯图""漫卷诗书图""放歌纵酒图""归心似箭图")。

3. 理解内容。思考交流最想读一读、说一说的画面；学生汇报，互相补充，想象"白日放歌须纵酒"的欣喜，紧扣"即从、便下"等词语体会归心似箭的急迫之情，体会诗人的狂态——狂哭、狂卷、狂歌、狂饮及大胆的狂想；在学生谈到"却看妻子愁何在"时，出示杜甫的诗《茅屋为秋风所破歌》中的句子——"八月秋高风怒号，卷我屋上三重茅。……布衾多年冷似铁，娇儿恶卧踏里裂。床头屋漏无干处，雨脚如麻未断绝。自经丧乱少睡眠，长夜沾湿何由彻！"拓展推进，在朗读中让学生进一步体会"安史之乱"中杜甫一家人生活的困顿、窘迫，感受"喜欲狂"的原因。

4. 感情引读。

5. 体会写法。杜甫将自己的喜悦之情在诗中表现得淋漓尽致，这喜悦是怎样写出来的呢？（夸张、想象。）

在"拓展诗歌，体会诗人之'悲泪'"的环节，我做了如下设计：

在这首诗中，杜甫流下了喜悦的泪。男儿有泪不轻弹，然而杜甫却（生读）"十年朝夕泪，双袖不曾干"。让我们看看在这些诗歌中，他的泪，又是为何而流！

1. 朗读体会。出示《春望》和《兵车行》（节选）。

2. 汇报点拨。学生汇报，教师点拨。

3. 教师小结。这两首诗中的泪，是悲痛的泪，是愁苦的泪，是诗人为人民而悲，为国家而愁啊！（板书：悲泪。）在杜甫存留的1400多首诗中，描写国家动荡、人民疾苦的有太多太多，所以他的诗被称为"诗史"。

4. 情感升华。现在回过头来再看看《闻官军收河南河北》这首诗，再体会一下，诗人的"喜欲狂"仅仅是为自己、为家人吗？（板书：家、国。）

5. 情感引读。

在"读有所感，体会诗人之形象"环节，我做了如下设计：

1. 学生抒怀。

①引说。当自己贫困潦倒，茅屋为秋风所破时，杜甫期待的只是（生读）"安得广厦千万间，大庇天下寒士俱欢颜"。而他自己却（生读）"吾庐独破受冻死亦足"。在这样的期待里，在《闻官军收河南河北》的喜悦里，在《春望》长安的忧愁里，在《兵车行》的悲痛里，你看到了一个怎样的杜甫呢？

②引导写作。这样一个"位卑未敢忘忧国"的杜甫,穿越千年的风烟向我们走来。如果此刻他就站在你的面前,你有什么话想对他说呢?请用简短的语句写一写。

③汇报与点评。

2. 师生抒怀。

致杜甫

在你文字背后的泪水里

我懂得了

为什么沧桑的岁月与冷酷的历史

会选择你

让你来见证

这由盛而衰的剧变

让你来感受

这夹缝中众生的悲痛与叹息

"少陵有句皆忧国"

你的千秋家国梦

不曾远去

会永远

延续在我们心里

······

3. 总结升华。

①情境引背。公元 770 年,一代诗圣病逝于长沙往岳阳的途中。滚滚湘江,承载着一个不朽的名字。千年的风烟散尽,那个伟大的名字依然灿烂夺目,因为他代表着(生读)"中国文人的风骨,中华民族的精魂"。

背诵《闻官军收河南河北》。

②作业布置。对于杜甫，课后你还想去了解一点儿什么呢？（根据学生的回答布置。）

这堂课引起了评委们很大的争议，有热情的肯定，也不乏批评与质疑，但最终还是获得了一等奖。我知道，这是评委们最终宽容了我的"任性"，也可以说，是他们最终在某种程度上肯定了我的"任性"。课后，很多听课的老师围上来交谈，他们给了我许多真诚的肯定和鼓励，有的还要到我的电话说后续交流。

其实这堂课，如果让现在的我来上，我可能会有许多不一样的想法。就像四年后，我回想四年前的自己，就觉得当时很多的想法并不完善。所以我由衷感谢广州教育和天河教育，正是因为有这样开放包容的教育氛围，我才拥有了"任性"的土壤，充分思考和诠释我当时的"情化语文"教学主张，哪怕这思考还有待完善。这又何尝不是一个普通教师的简单幸福？

（三）从容：返璞归真求简约

如果说，2014年前我对课堂总是有很多想法，教学手段和方式也相对繁杂，力求"精致"，尤其是公开课，那么这四年来，我的课堂则是越来越简单。当然，简单的是"形"，而更丰盈的是"神"。我告诉自己："让方式简单点，让思考深入点；让构架大气点，让生成丰富点；让对话真实点，让作秀删减点；让目标明确点，让达成扎实点；让语言幽默点，让氛围愉悦点。"我通常上课只需要一本书和一支粉笔，但是课堂上生气盎然。在简约的形式下，实现不简单的目标。我想，简约而不简单，才是最高效、最快乐的课堂。

以人教版小学语文四年级下册《寓言两则》中的《纪昌学射》来谈一谈吧。整堂课我和学生就做了三件事：读短——读长——读深。

《纪昌学射》原文见于《列子·汤问》。纪昌拜飞卫为师学习射箭，飞卫告诉他先要下功夫练眼力，一是"眼睛要牢牢地盯住一个目标，不能眨一眨"；二是"练得能够把极小的东西，看成一件很大东西"。纪昌一一照做。等练好了眼力，飞卫才开始教他开弓放箭。后来，纪昌成了百发百中的射箭能手。故事以生动的事例，阐明了无论学习什么技艺都要从基本功入手的道理。当然，从另一个角度看，还可以体会到学习者的恒心和毅力、名师的指点对学习结果的重要作用。学习课文不仅要使学生在读中领悟故事所要阐明的道理，还要鼓励学生积极思考，发表自己的独立见解。教学的重点是整体把握课文的主要内容，联系上下文、结合重点词句体会人物的心理，理解寓意，鼓励学生发表自己的见解。

从学情上看，四年级的孩子看过一些寓言故事，懂得了许多道理，有了一定的分析理解能力。他们已经学习了如何用要素法概括课文，能够初步概括主要内容，也初步学会了联系上下文理解词语，并针对文章内容进行合理的想象。所以，对于学习寓言来说，他们一是比较感兴趣，二是有了较好的学习基础。

基于文本与学情，我制定了以下目标：

1. 通过设置情境、概括主要内容的方式将故事"读短"；通过抓住关键词句理解文段、想象补白人物对话和心理的方式将故事"读长"；通过"为纪昌庄小学写校训"的方式将文章"读深"。

2. 通过品读、探究，明白纪昌成功的原因，明白故事揭示的道理。

我以"六艺"导入：

六艺(礼、乐、射、御、书、数)是西周时期官学和春秋时期孔子私学的六门必学的课程。古时候，学射箭的人多如牛毛，可是，战国时期郑国人列御寇在他的经典名著《列子》中，独独记载了一个叫纪昌的人学射箭的故事。这个故事至今已流传了几千年。纪昌学射有什么特别之处呢？让我们一起走进这个根据原著改编的寓言故事——《纪昌学射》（读题，正音："纪"字读第三声）。

在"读短：感知概括"环节，我的设计如下：

默读课文，画记生字，读准字音，感知文意。

1. 检查字词。

第一组：妻子　梭子　虱子（指导读轻声，"虱"的写法。）

第二组：注视　聚精会神（联系课文内容，文中指什么？）

第三组：?　（填充到名片上的词。我为纪昌设计了一张"名片"，让学生从文中找出一个词［百发百中］补充"技术级别"，并想象"百发百中"情景。）

图 1-9　纪昌"名片"设计

2. 简说文意。

这百发百中可不是一夕之功，文章哪几段写了他的练习经历？分别是怎样的经历呢？用"首先……然后……接着……"来概括。

汇报。

首先：练眼力（盯梭子）——眼睛盯住一处一眨不眨。

然后：练眼力（盯虱子）——把极小的东西看成很大的东西。

接着：在飞卫的教导下开弓放箭。

小结故事的"经过"，以"起因——经过——结果"为纲引导概括主要内容。老师根据学生的回答，指导学生简明扼要地概括。

在"读长：品读想象"环节，我的设计如下：

1. 体会纪昌的刻苦与毅力。

（1）纪昌在飞卫的指导下，苦练眼力，故事中并没有用很长的篇幅来写，找出直接写纪昌练眼力的句子，在文中画出来。

"妻子织布的时候，他躺在织布机下面，睁大眼睛，注视着梭子来回穿梭。两年以后，纪昌的本领练得相当到家了——就是有人用针刺他的眼皮，他的眼睛也不会眨一下。"

"他用一根长头发，绑住一只虱子，把它吊在窗口，然后每天站在虱子旁边，聚精会神地盯着它。那只小虱子，在纪昌的眼里一天天大起来，练到后来，大得竟然像车轮一样。"

（2）指读。

再看一看这两段话，有没有哪个词或哪句话让你感受很深？为什么？

预设：躺在织布机下面，注视，两年，聚精会神……

介绍：盯虱子，时间约三年。

找时机指导朗读。

（3）两年，再加三年，纪昌并不是孤立地生活在社会上，他的行为会被许多人关注。想一想他可能会遭遇些什么呢？

学生以不同的身份发表对纪昌练眼力的看法：妻子、兄弟、邻居、孩子、路人、其他箭手、飞卫……

面对质疑、嘲讽、埋怨等，纪昌会怎么做呢？是大声辩驳，还是默默努力？他心里会怎么想呢？思考，补充纪昌的心理活动。

2. 探讨纪昌成功的其他原因。

思考：纪昌的成功，除了持之以恒地练习基本功之外，还有没有其他原因？（从文中寻找信息。）

在"读深：思考练笔"环节，我的设计如下：

1. 纪昌生活在战国时的赵国邯郸。历史的车轮呼啸而过，纪昌已经离开我们有两千多年，他的故地在今天的河北省邢台市宁晋县纪昌庄，他留下的精神一直在激励着后人。请为纪昌庄小学设计体现纪昌精神的校训。

2. 汇报、点评。

最后总结：这是一则寓言故事，我们刚才把这个小故事通过概括读短了，又通过想象读长了，然后通过体会"纪昌精神"又把文章读深了！最后一起来总结一下，把名片背面的这道题目完成："纪昌：我的成功＝（　　　）＋（　　　）＋

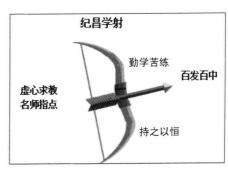

图 1-10　《纪昌学射》板书设计

（　　　）"。作业是让学生回家后将故事讲给父母听，同时去阅读更多能带给我们思考的寓言故事。

从煞费苦心的"精致"，到煞费苦心的"简单"，两者之间，是一段不断找寻自我的过程，见证了我的不断思考，不断尝试，不断成熟。大道至简，大象无形。我想，当一位语文老师不再被表面的形式困扰，一切只从文情与学情出发，一切只因课堂的真实情况而调整，就一定能和学生共享快乐、高效的语文课堂，就一定能呈现"言意兼得"的"情采"课堂。

（四）初心：一片冰心在玉壶

相信很多人都叩问过自己："我是谁？我从哪里来？我要到哪里去？"2014 年，时任天河区教研室主任的陈伟红老师来华阳小学做讲座，她说："这个人生三问，其实就是课堂三问，改动一下，可以变成：'我的课堂从哪里来？要到哪里去？怎样去？''从哪里来'是教学基础，是文情和学情；'要到哪里去'是教学目标；'怎样去'是教学方式策略。"当时，我被这段话深深震撼了。从此我经常追问自己："我是谁？我的课堂从哪里来？要到哪里去？怎样去？"由此，我的教学更加注重文本解读，注重学情基础，注重方式策略的有效性。

这是一段漫长的路，一个人的一生，似乎就是在对这几个问题做一个解答。

这是一段漫长的路，一个教师的课堂，哪怕几十年，可能也没有想明白该如何解答。

这又是一段短暂的路，一个人的一生，懵懂不知其始，又怅然不愿其终。

这又是一段短暂的路，一个教师的课堂，仅仅只需要做这几个解答。

从起点到终点，我们需要秉持的唯有一个词：初心——教育的初心，以学生的发展为本的初心，尊重学生、呵护学生、关爱学生、眼里有学生的"初心"，仅此而已。

有了这初心，就不会被各种画面乱眼，不会被各种声音混听，就不会在教学上"剪不断，理还乱"，就不会容忍自己敷衍与懈怠。因为它促使我们不断思考：孩子喜欢什么，需要什么，你能给他们最有价值的是什么？

2017年，担任六年级语文教学的我，接到广东省小学语文教研员杨建国老师布置的任务，在全省"部编新教材培训会"上，展示一节一年级的课。面对新的部编教材，面对刚入学不久的一年级学生，该怎么上课呢？

我没有过多纠结，很快备好了课，因为我记得自己的"初心"。这堂课得到了老师们的一致好评，这个教学设计也在广州市教育研究院语文科举办的部编教材教学设计比赛中获得了一等奖，课例在人教资源网上共享。以下是教学设计：

《青蛙写诗》教学设计

【文情分析】

《青蛙写诗》是人教版部编新教材第六单元的一篇课文，是一首轻快、活泼的儿童诗，描写了青蛙在下雨天用"呱呱"的叫声来作诗的情景。想象丰富，将池塘里的"蝌蚪、水泡泡、水珠"拟人化，想象成逗号、句号和省略号，借生动具体的事物来认识标点。教学中我会注重儿童诗想象丰富的特点，让识字写字也富有诗意。重视标点符号的认识，重视学生思维能力的培养。

【学情分析】

1. 关于儿童诗：儿童是天生的诗人，儿童诗是最纯真美好充满想象力的表达。在这篇课文的学习中，学生对儿童诗应该会产生浓厚的兴趣：青蛙会写诗，我也会写诗！在以往的学习和生活中，学生已经接触了大量简短有趣、朗朗上口的儿歌，学习了《小小的船》《四季》等儿童诗，对儿童诗的形式有了一定的了解。这篇课文以"写诗"为题，更聚焦于"诗"，可借以充分激发学生对儿童诗的兴趣，放飞学生想象的翅膀。

2. 关于识字写字：通过前面两个识字单元和一个课文单元的学习，学生掌握了一定的识字方法和写字规律。在本文的学习中，可以让学生尝试自主识字，合作识字，教师在此基础上再引导点拨。

【设计理念】

1. 第一课时先整体感知与想象，激发学生学习儿童诗的兴趣，凸显思维的整体性与连贯性。同时在各个环节渗透识字教学，如随文识字、拓展识字、生成识字等。第二课时再重点识字、写字。在第一课时的基础上，识字、写字会更容易。

2. 注重学生想象力的激发，呵护学生童趣的表达，鼓励学生拓展阅读。

第一课时

【教学目标】

1. 整体感知课文，体会儿童诗的生动有趣。以"青蛙代言人"的形式，想象青蛙所写的诗的内容。

2. 认识并书写逗号、句号和省略号。

3. 初步正确朗读。读好儿化音，会写"雨"字。

【教学重点】

启发想象，在各个环节渗透识字，借助具体事物认识逗号、句号、省略号。

【教学难点】

想象青蛙写诗的内容。

【教学过程】

1. 青蛙想写诗

(1)夏天给你最大的感受是什么？(热!)到夏天的池塘边，就不会觉得热了，因为那里的景色可漂亮了！池塘里有圆圆的荷叶，有青青的草，有小蝌蚪在荷叶下游来游去，水草中间还冒着水泡泡，荷叶上还站着一只小青蛙。它神气地站在荷叶上，看着美丽的池塘景色，高兴极啦。(在黑板上贴图，画简笔画，贴出：雨点儿、池塘、小蝌蚪、水泡泡、荷叶。朗读贴出的词语。)

设计意图：通过谈话和简笔画的方式，让学生受到语言的熏陶，从视觉、听觉上激发兴趣、引发想象，同时促进识字。

(2)这时候下雨了，雨点儿淅沥沥、沙啦啦(指导朗读儿化音"雨点儿"，指导写"雨"字)。望着雨中的美丽景色，青蛙说："我要写诗啦！"

设计意图：在谈话营造的情境中无痕地落实儿化音的朗读和"雨"字的书写，从简笔画到书写，体现"雨"字的特征，突破书写难点。

(3)青蛙写诗了，它高兴地写出了一串"呱呱呱呱呱呱呱呱呱呱呱呱呱呱呱呱"(学生朗读)。

看到这一串"呱"字，你有什么感觉？

设计意图：让学生看到，没有标点符号的青蛙的诗简直无法朗读，进而体会到标点符号的重要。

池塘里，马上有朋友来帮忙啦。是谁呢？让我们一起学习课文《青蛙写诗》。

2. 青蛙的朋友

(1)到底是哪些朋友来帮忙了呢，自由朗读，不认识的字借助拼音读一读。

设计意图：带着主要问题进入对课文的整体感知，初接触课文就产生对标点符号的兴趣。

(2)反馈。是谁来帮忙了？(它怎么能帮上忙呢？)在对话与互动中认识标点符号"，　　。　　……"。

设计意图：在对话互动中，让学生体会标点符号的外形特点并正确书写，初步了解三种标点符号的作用。

图 1-11　《青蛙写诗》课堂环节

（3）板书在黑板上，师生一起写一写。

（4）再次朗读"有朋友帮忙"后的青蛙的诗，读出标点符号的停顿，以及不同的语气。

设计意图：体会了标点符号的作用后再来朗读青蛙的诗，学生就能正确读出标点符号代表的停顿、节奏等，将简单的"呱"字，读出诗的韵味。

3. 青蛙代言人

（1）发挥想象：青蛙的诗里，可能写了什么呢？

①初步想象。

设计意图：青蛙的"蛙语"是听不懂的，那么，它究竟写了什么呢？孩子们想象力的匣子一下就被打开了，畅所欲言（此时只是想到什么说什么，还没有诗的意识）。

②出示三年级学生写的诗（让班级"识字大王"带着大家读一读）。

设计意图：出示三年级孩子的诗，让识字多的孩子朗读，既是拓展识字，更是激发他们更丰富的想象，同时也潜移默化地引导"诗化"的语言表达。因为儿童诗是不分年龄的，都可以读懂。通过朗读这些小哥哥小姐姐们写的诗，让孩子们明白，这样的诗句他们自己也能想出来，也能写出来，写诗是一件容易而快乐的事。因为每个孩子都是天生的诗人，儿童诗是童真心灵最美的表达。《青蛙写诗》无疑是激发孩子们认识、创作儿童诗的范例。三年级孩子的诗，给他们提供的不仅是拓展材料，更是激励和引导他们去达到甚至超越的小目标。

③把自己当成站在荷叶上的小青蛙，再思考，青蛙的诗可能写了什么呢？

设计意图：此时再让孩子们思考，对于青蛙写的诗的内容，他们会在原有的基础上，说得更宽泛，想象更丰富。

(2)让我们来夸一夸这只青蛙吧(真是个小诗人，真会想象……)。

设计意图：夸夸这只小青蛙，其实就是夸夸自己，每个孩子都成了会写诗的小青蛙。

4. 青蛙朗读家

(1)教师范读。注意儿化音"雨点儿"。

(2)师生合作读。

(3)初步识字。

(4)学生用各种方式读。

设计意图：充分感知了诗歌内容、启发了想象，并且激发了学生对儿童诗的兴趣后，再来初步识字和朗读(第二课时再重点识字写字)，这样学生的识字和朗读会更有整体感、画面感。

5. 青蛙小诗人

(1)欣赏几首同龄人写的儿童诗作品。

小雨点，沙沙沙，落到森林里，乐得树儿长新芽；落到花园里，乐得花儿笑开花；落到草地上，乐得草儿笑弯腰。(秋旭《春雨》)

小鸭子来找小蝌蚪玩，对小蝌蚪说："我们一起在草地上玩好吗？"小蝌蚪伤心地说："我没有腿，不能和你去草地。"小鸭子想了想说："没关系，我到水里陪你玩吧！"小蝌蚪和小鸭子在水里，翻跟斗，捉迷藏，真是一对好朋友！(秉宸《小蝌蚪和小鸭子》)

设计意图：挑选往届一年级孩子写的几首诗(收录在班级诗集《苹果绿的一年级》中)，这几首诗都非常简单，和《青蛙写诗》中的内容也有一定联系，像"雨点""小蝌蚪"等。这个环节的目的一是为了拓展识字，二是为了继续激发学生对儿童诗的阅读兴趣以及写作兴趣，三是让学生继续体会，写儿童诗是件非常简单和快乐的事。

(2)总结。当我们开始学习语文的时候就会感受到，语文就像一首诗、一首歌、一幅画，像一片开满了鲜花的大草原，每个小朋友都是骑着马在草原上奔驰的小诗人。让我们都像小青蛙一样，爱写诗，会写诗，让儿童诗成为快乐飞翔的翅膀。

(3)作业。继续朗读、思考、想象青蛙写的诗，阅读其他儿童诗。

设计意图：从一年级刚开始的时候，就让学生体会到语文不是只有识字写字，拼音拼读，而是有许多有意思的好玩的东西，学习语文是一件非常快乐的事。培养学生对学习语文的兴趣，让他们乐学、爱学，爱思考、爱阅读、爱表达，是非常重要的。儿童诗，是一个非常好的载体。

图 1-12 《青蛙写诗》板书设计

人生如课，酸甜苦辣如同一堂课的起承转合，努力后，通往的是美好。课如人生，有泪与笑，从纠结到从容，是删繁就简后的三秋树，是领异标新后的二月花，是历经风霜后还有冰心一片，是拂去尘埃后仍记得当时为何而出发。教书近 20 年，初心仍在，初心永存。

苏轼在《定风波》一词中写道：

三月七日，沙湖道中遇雨。雨具先去，同行皆狼狈，余独不觉，已而遂晴，故作此词。

莫听穿林打叶声，何妨吟啸且徐行。竹杖芒鞋轻胜马，谁怕？一蓑烟雨任平生。　　料峭春风吹酒醒，微冷，山头斜照却相迎。回首向来萧瑟处，归去，也无风雨也无晴。

料峭春风，料峭雨，料峭人生，料峭路。然而，一切都会"已而遂晴"，会有"山头斜照却相迎"。哪怕狼狈了外表，摧残了面容，"谁怕？"自有"竹杖芒鞋轻胜马"。且吟啸徐行，听穿林打叶，自有心的安宁，书写"情采"的课与人生。

第二章

一蓑烟雨：
言意兼得的"情采"教学

　　2018 年 11 月 4 日晚，10 岁的儿子临摹重庆画家姚叙章的画作。他没有专门学过，几个月前的暑假回老家时，旁观别人作国画，于是有了兴趣，就自己琢磨着画。我问他要不要专门学，他说不必，自己有兴趣就画一画。我于是也随他。虽然他的画大多技巧缺乏、意境不够，但是他画的时候是主动的、有内驱力的，也必定是享受着快乐的。

　　教学何尝不是这样。学生的兴趣从不是无源之水，有机缘巧合的相遇，有煞费苦心的引导，有"无心插柳柳成荫"的喜悦，也有"柳暗花明又一村"的惊讶。不用过于刻意，在尊重和理解的基础上，抛开一些功利因素的真实往往最为芬芳。一蓑烟雨，似乎阻挡了望向更远处的目光，让视野不够清晰。然而每一朵含着水汽的花，每一棵绿意盎然的树，每一丝飘过脸颊的雨，乃至泥土里翻腾的蚯蚓，叶片上寻觅的昆虫……眼前真实发生的，正在生长的，何处不美好呢？

一、从"情化"到"情采"

（一）情化：与"物化"相对的教育情怀

说到"情化"二字，我要感谢校本教育工作室的陶细根老师。当时是2011年，我任教于石牌小学，陶老师是学校聘请的专家。他听过我几堂课后，认为我的课具有鲜明的特点，可以提炼一下，形成个人的风格特色。没过多久，再次见面的时候，陶老师对我说，他觉得"情化"二字我可以考虑，具体的让我自己去思考。

于是我认真思考了"情化"的含义。"化"，会意字，甲骨文象二人相倒背之形以示变化，《说文解字》解释为"教行也"。在《现代汉语词典》里，"化"字的解释和教学相关的有变化、感化、融化、消化。也可加在名词或形容词之后构成动词，表示转变成某种性质或状态。由此说来，"情化"，应该是指一种"情"态下的融化、变化、感化。而这个"情"，是情志、情理、情趣、情境，更是情怀。

我想，这个词是可以用于形容我的语文教学风格的。因为语言文字是人类生活的情化物，语文从某种意义上来说，就是"人文"。在一个"物化"的时代，我们需要"情化"的语文。所以，语文学习要成为既掌握知识，又熏陶情感、洗礼灵魂的过程。这样，语文的价值才能真正显现。

2012年8月，我在《新课程》发表了论文《情化课堂：生命的节拍》；《语文情化，情化语文》在广州市构建学习型小学语文课堂优秀教学成果评比活动和2012年广东省优秀论文评比中获得二等奖。2014年调到华阳小学后，我重新审视我的课堂教学，申报了课题"以'情化'策略提升小学中高年段学生语文素养的行动研究"。研究的主要内容是：提出语文教学的"情化"理念，以小学中高年段语文教学为例，探究"情化"的实施策略。通过理论研究、案例研究、课堂实践等系列活动，挖掘教材的情感内涵，创设教学情境，情理化教学设计、情智化课堂流程、情趣化课堂氛围，真正实现语文教学的"情化"。

我相信"情化"的语文，可以激发学生的阅读期待，在潜移默化中熏陶学生的情感态度和价值观；也可以架构整体性的充满语文味的课堂，高度彰显教材的人文内涵。从而全面提升学生的语文素养：不仅提高听说读写的语文应用能力，还能提高思想道德修养和审美情趣，培养正确的人生观、价值观、世界观，为其养成良好的个性与健全的人格奠定基础。

我相信"情化"是语文的生命节拍，也是语文的教学韵律。所以我尝试以"情化"的方式去点燃、去激励、去唤醒，去拨动学生的生命个体心灵最深处的琴弦。我告诉自己，"物化"的时代，我要践行"情化"的语文。让心灵洗净铅华，带着"情化"的愿景，且行且思，且思且行！

对于"情化"的思考，让我的课堂悄悄地发生了一些变化。听过我课的老师对我说，感觉我的课堂干练明快了很多，也简约了很多。我的教学风格也日趋明显，每一堂课都深深打上了我的烙印。但是一段时间之后，我再次陷入了迷惘："情化"的语文，到底有什么样的特点呢？是不是过于强调人文了呢？语言文字的应用如何体现呢？思维能力的发展有没有体现呢？

这时，我感觉"情化"二字，已不能满足我对语文教学新的思考。

一个偶然的机会，我在书店里又看到了《文心雕龙》。我打开毕业后基本没有再翻过的这本书，翻到第三十一篇《情采》，忽然就被其中的句子深深吸引：

圣贤书辞，总称文章，非采而何！夫水性虚而沦漪结，木体实而花莘振：文附质也。虎豹无文，则鞟同犬羊；犀兕有皮，而色资丹漆：质待文也。若乃综述性灵，敷写器象，镂心鸟迹之中，织辞鱼网之上，其为彪炳，缛采名矣。故立文之道，其理有三：一曰形文，五色是也；二曰声文，五音是也；三曰情文，五性是也。五色杂而成黼黻，五音比而成韶夏，五性发而为辞章，神理之数也。

刘勰告诉我们，文章要有文采，文采要依附于一定的质地上，就像水有虚柔的性质，所以才会起波纹；树木有充实的质体，所以才开出鲜花。又说质地还需要文采，如果虎豹没有花纹色彩，那它们的皮毛就平凡如狗皮羊皮；犀和兕的皮虽然坚硬可做战甲，但还需涂上丹红的漆来显示色彩。光彩焕发的文章，就是因为抒写性情、描写万物时，在文字上用心琢磨，组织好了文辞！刘勰还列举了构成文采的三种方法：五色融合成为彩色的花纹，是为形象的文采；五音配合成为动听的音乐，是为声音的文采；五性抒发成为美好的辞章，是为情感的文采。

这不就是教学的内容和形式之间的关系吗？"质地"就是课堂的教学内容，"文采"就是课堂的教学形式。形式不能脱离内容存在，而内容需要依靠形式凸显。

我继续读下去：

文采所以饰言，而辩丽本于情性。故情者文之经，辞者理之纬；经正而后纬成，理定而后辞畅：此立文之本源也。

......

是以联辞结采，将欲明经，采滥辞诡，则心理愈翳。固知翠纶桂饵，反所以失鱼。"言隐荣华"，殆谓此也。是以"衣锦褧衣"，恶文太章；贲象穷白，贵乎反本。夫能设谟以位理，拟地以置心，心定而后结音，理正而后摛藻，使文不灭质，博不溺心，正采耀乎朱蓝，间色屏于红紫，乃可谓雕琢其章，彬彬君子矣。

意思是文章的巧妙华丽源于性情的真挚。情理是文章的经线,文辞是文章的纬线,经线要端直之后纬线才能织上去,情理要确定之后文辞才能畅达:这就是写作的根本。文采不能过于显耀,要保持本色本真,就像《贲卦·象辞》的卦象探索到本源是用白色来装饰的。组织文辞,织结藻采,是想要用来阐明道理抒发感情的。如果文采泛滥,文辞诡异,那就会掩蔽了情和理。像用装饰有翡翠的纶线垂钓、用肉桂做钓饵,反而钓不到鱼。就如庄子所说的"言语的真实含意被辞采隐蔽了"。要先安顿思想,抒发感情,感情确定之后才配合音律,思想端正之后才运用辞藻铺陈。文章既有文采又不掩盖内容,材料虽然广博但并不淹没作者的感情,这样的文章就会闪耀发光,一切妖容冶态就会被扫除。这样才算是善于修饰文辞的文质彬彬的君子。

这不就是"内容"在"形式"之先、形式要依据内容的不同而选择吗?有的课堂花样百出,表面看热闹非凡。可是这样的形式,真是在为教学内容和教学目标服务吗?有的教学模式千篇一律,所有的教学内容都能套用。这样虽然一劳永逸,可是考虑过"内容"的不同吗?

以语文的阅读教学为例,文章的体裁不同、基调不同、风格不同、核心不同,有的偏向人文、有的偏向语用……如此多的"不同",其教学形式可以相同吗?再加上学生的学情不同,又如何做到形式相同呢?

如何真正将"文情"与"学情"全面考虑,以此为教学之"质地",再施以恰当的教学之"文采"呢?也就是说,如何真正做到以教学的内容之"情",赋教学的形式之"采"呢?

(二)情采:"因情施采,情采圆融"的教学追求

1. 刘勰与《文心雕龙》

先说说刘勰。刘勰(约 465 年—约 520 年),生活于南北朝时期的南

朝梁代，是中国历史上的文学理论家、文学批评家。他家道中落，在少年时代就"笃志好学"，立志通过学业文章踏入仕途，立身扬名。然而，等待着刘勰的现实却是冷酷无情的。南朝社会等级森严，"上品无寒门，下品无世族"，出身贫寒的庶族子弟即使才华出众，也难在仕途上获得发展。这时，一心向学的刘勰便做出了一个影响他命运的决定：到建康（今南京）去，到定林寺去，拜高僧僧祐为师。

在定林寺苦读的日子里，刘勰觉得自己应该有所作为。他想，要阐明圣人思想莫如替经典作注解了。可是过去的学者已把圣人的思想阐发得够明白了，他就算有深入见解，也未必能自成一家。于是，他想到了文章，并选定了文学批评的道路。伴着青灯古卷，许多个年头过去了，一部寄托着刘勰心血的巨著《文心雕龙》终于问世了！

《文心雕龙》用骈文写成，共五十篇。分上、下部，各二十五篇，包括总论、文体论、创作论、批评论四个主要部分。从《原道》至《辨骚》的五篇论"文之枢纽"，阐述了作者对文学的基本观点，是全书的纲领和理论基础。从《明诗》到《书记》的二十篇是文体论，每篇分论一种或两三种文体。从《神思》到《物色》的二十篇是创作论，以"剖情析采"为中心，重点研究创作过程中各个方面的问题。《时序》《才略》《知音》《程器》四篇从不同角度对过去时代的文风、作家的成就提出批评，并对批评方法进行专门探讨，可称是文学史论和批评鉴赏论。最后一篇《序志》说明自己的创作目的和全书的部署意图。

中华书局出版、王志彬译注的《文心雕龙》的前言中这样写道："'诗品出自人品'。没有刘勰，自然就没有《文心雕龙》。……漫长的岁月，执著的追求，未能使刘勰实现'纬军国'、'任栋梁'的政治抱负，却使他表现出了足以'为世楷式'的人品和文品，留下了光耀千秋的文化遗产。今之研究者誉之为中国古代伟大的文学理论家、文学批评家、文学思想家、文章学家、写作理论家；扩而言之，又誉之为伟大的经学家、史学家、汉学家、乃至中华传统文化大师，这些称誉对于刘勰来说都是当之无愧的。"

《文心雕龙》奠定了刘勰在中国文学批评史上的地位，被称为"中国第一部文学百科全书"，在古代文学批评中是空前的著作，是我国文学理论遗产的瑰宝，刘勰也因创作《文心雕龙》的杰出成就，在中国历史文化的长河中熠熠生辉。这部影响深远的巨著发展到今天，已在海内外形成了专门的学科——"文心学"，又称"龙学"。

所以，语文教学从《文心雕龙》中去汲取智慧是非常有意义的。古为今用，传承与创新刘勰的观念思想是非常有价值的。

2."情采"与阅读教学

一般认为，下部的"创作论"和"批评鉴赏论"这两个部分是全书的精华所在。"创作论"部分通论了文章的写作构思、风格基调、文章体制、布局谋篇以及炼字、修辞、造句等各种写作技法。强调"文扬笔苑，有术有门"；倡导"执术驭篇"，反对"弃术任心"。可以说，从语文教学的角度来看，"创作论"是写作教学的指引。

在第三十一篇《情采》中，"情采"作为一个文艺美学范畴由刘勰首次提出，是中国古代文论的重要观念之一。"情"指文章的内容，而"采"指文章表现形式的特征。[①]"情采"即内容与形式的相互融合，辩证统一。整个《文心雕龙》的下部，从"创作论"到"文学批评鉴赏论"，都是属于"剖情析采"部分。

将刘勰的"创作论"与写作教学联系的研究有很多，而我的研究主要是将刘勰的"文学批评鉴赏"观点与语文阅读教学相联系。从中吸取智慧，我做了"基于刘勰'情采'论的小学语文中高年段阅读教学研究"，因为"（刘勰）文论以'情'为美和以'文'为美的思想是最具现实意义的宝贵

---

① 蒋祖怡：《文心雕龙论丛》，146页，上海，上海古籍出版社，1985。

理论资源，值得我们好好挖掘和借鉴"①。

我尝试将"情采"论移用于阅读教学，是因为语文教学同样离不开形式与内容。教学之"情"，我解读为教学的"文情"和"学情"；教学之"采"，我解读为依据教学之"情"而设定合理的教学目标后，采用的恰当的教学策略以及教学评价。由此，我提出"因情施采"的教学理念，并追求"情采圆融"的教学效果。

《情采》篇说："故情者文之经，辞者理之纬；经正而后纬成，理定然后辞畅：此立文之本源也。"张少康在《中国文学理论批评史教程》中说："在内容和形式的关系上，刘勰强调文学作品的内容是起主导作用的，而形式是为内容服务的。"②我提出"因情施采"的教学理念，就是在课堂教学中，教学目标要根据"文情"和"学情"设定，教学策略要恰当地服务于"文情"与"学情"，教学评价要指向"情采圆融"的目标。

"情采"的阅读教学，就是内容和形式相辅相成、语言和精神和谐共生的教学；就是体现了刘勰追求的"物、情、辞和谐的美"③，体现了"情者文之经，辞者理之纬""情动而辞发"的教学。采以情生，情因采显，当恰当的形式服务于文情，就能让学生在课文思想内容和语言表达的有机统一中，感受到语言的力量和魅力；当恰当的形式尊重了学情，就能真正让学生乐学、会学、学得有效。让教学内容之"情"与教学形式之"采"和谐共生，就能解决许多老师在阅读教学中容易出现的"得意"而"忘言"现象，或"得言"而"忘意"的情况，从而达成"言意兼得"的语文教学目标的教学，也就是达成"情采圆融"的教学效果。

总之，"因情施采"，就能写出"情采圆融"的文章，因为情感和思想

---

① 祁志祥：《文章·情性·文采——〈文心雕龙〉的文学概念及情感美、形式美思想》，载《东方丛刊》，2006(1)。

② 张少康：《中国文学理论批评史教程》，94页，北京，北京大学出版社，2011。

③ 李吉林：《情境教育学精要》，7页，北京，教育科学出版社，2016。

的形式往往就依附在语言的形式上。《毛诗序》中说："情动于中而形于言，言之不足，故嗟叹之，嗟叹之不足，故咏歌之，咏歌之不足，不知手之舞之、足之蹈之也。"有了内容的"情"，我们可以选择丰富的"言之、嗟叹之、咏歌之、舞之蹈之"的形式，来充分理解、诠释与表达。

同样，"因情施采"，就能和学生一起创造"情采圆融"的课堂。可以激发学生的阅读兴趣，引发阅读期待，促进学生的思考、表达。在准确把握听说读写的语文应用目标的同时，能彰显教材的人文内涵，提升学生的语文能力与人文素养，从而提升学生的个体生命质量。

可见，"因情施果"，"情采圆融"的"情采"教学，探讨的是语文教学的本质问题，而从"情化"到"情采"，既是我不断思考语文教学的过程，也是我不断明确语文教学的内核的过程。

受情采论的启发，2015 年，我又申报了广州市教育科学"十二五"规划年度课题——"基于刘勰'情采'论的小学中高年段语文阅读教学研究"。在课题开题时，广东省教育厅教研室吴惟粤主任、广东省第二师范学院中文系桑志军教授、华南师范大学文学院陈建伟教授对我的课题进行指导。他们非常肯定我从经典古籍中寻找教学智慧的思路，认为这是传承与创新相结合、古为今用的非常好的案例。

图 2-1　课题组成员在开题现场与专家合影

从此，"因情施采、情采圆融"的"情采"语文教学，成为了我思考与努力的方向。

3."情采"语文教学的构架

"情采"语文教学的构架，主要从"教学内容"和"教学策略"两方面来体现"情"与"采"（教学目标依据"情"而制定，教学评价详见后文），以"文情"和"学情"组成语文教学内容之"情"，以"博观、入情、讨源、内怿、玩绎、见异、宗经"构成教学策略之"采"，图示如下：

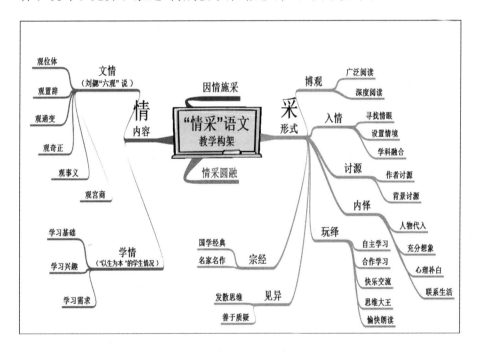

图 2-2　"情采"语文教学构架

二、"情采"之"情"

语文教学之"情"，可从文情与学情两方面思考。文情即文本解读，学情即学生的学习状况。基于文情与学情，才能确定教学目标，制定教学策略，也就是确定教学之"采"。

（一）文情：基于刘勰"六观"说的文本解读

在《知音》篇中，刘勰提出了"六观"说："是以将阅文情，先标六观：一观位体，二观置辞，三观通变，四观奇正，五观事义，六观宫商。斯术既形，则优劣见矣。"我认为刘勰提出的"阅文情"的这"六观"，恰可以作为小学语文，尤其是中高年段阅读教学中解读文本的六条途径。

1. 观位体。即关注文章体裁。阅读教学中，语文教学要有"文体意识"。不同文体的教学方式截然不同。以人教版六年级下册课文为例，《匆匆》是一篇抒情散文，教学时就要关注文章情景交融、文字清秀隽永的特点；而同样是散文，《桃花心木》则侧重借物喻人，说明道理；《十六年前的回忆》是一篇叙事文，叙事文就要注重写作顺序，从全文看是回忆性倒叙，从主体叙事部分看是从"被捕前——被捕时——法庭上——被害后"的时间顺序；《为人民服务》是一篇说理型的演讲词，以议论为主要表达特点，教学时就要体现议论文的特点，从"提出了什么观点——从哪几方面用了哪些依据证明观点——是怎样进行论证的"几方面让学生有清晰的认知；《各具特色的民居》则是说明文，侧重点应放在介绍民居的各个方面。

2. 观置辞。即关注语言形式。阅读教学中，不管是分析细节描写运用修辞方法，还是品读关键词句，都是中高年级学生阅读习惯和阅读能力的重要体现。如《匆匆》一文，作者化抽象为形象，把想表达的对时光流逝的无奈、惋惜蕴含在综合运用的设问、比喻、排比、拟人等修辞中，也蕴含在一句句感叹般的追问中。《为人民服务》一文，在"正确对待批评"部分，作者用了一系列的关联词层层递进。教学时，就要通过关联词，让学生体会句子之间的密切联系。

3. 观通变。即运用比较的方法，看作品在表现手法上对前人的继承和革新，是否能做到推陈出新。阅读教学中，我们常用的是通过"互文"和"群文"的方式进行对比教学。比如在六年级下学期"外国文学名著"单元，我们做了一次大群文的比较阅读。在学习了《卖火柴的小女孩》和《凡卡》两篇课文后，我们将五年级下学期学过的《桥》、六年级上学期学过的《金色的脚印》和《穷人》放到一起，聚焦结尾，通过分析结尾采用的"象征、暗示、戛然而止、突转"等方式，体会名家短篇小说结尾的耐人寻味，体会小说魅力。并且推荐学生阅读欧·亨利的《最后一片藤叶》《麦琪的礼物》，都德的《最后一课》，显克维奇的《小音乐家杨科》等短篇小说，一起探讨结尾，让学生领悟作家布篇谋局的艺术，表达构思的巧妙。

4. 观奇正。即看作品的结构和风格是否多样统一，要求平中见奇，奇归于平。比如在学习六年级下册丰子恺的《手指》时，为了让学生充分感受作者写作风格的幽默风趣、童趣盎然，可以根据丰子恺文章与漫画相得益彰的特点，让学生也画一画自己的手指。思考一下如果是写自己的手指，还可以怎样表达。在此基础上，再回顾四年级上册丰子恺的《白鹅》一文，感受作家同样幽默风趣的写作风格、新奇生动的比喻手法，尤其是别具一格的"反语"形式。课外再布置阅读丰子恺的其他文章，通过比较阅读，体会丰子恺作品风格的多样统一。

5. 观事义。即看作品题材的选择，看作品中描绘的人、事、景、物是否生动、典型，是否符合作品塑造形象、反映生活、表现主题、传达思想感情等的需要。进入高年级，在写人叙事文方面，阅读教学重视体会对典型人物的塑造、典型事例的选取；在写景状物文方面，重视对突出景物、突出特点的描写，注重材料的详略安排。比如五年级下学期《再见了，亲人》一文，就是"典型人物的典型事例"教学范本。通过大娘、大嫂、小金花三个典型人物的典型事例，刻画了朝鲜人民对志愿军不是亲人胜似亲人的深情厚谊。

6.观宫商。即看语言的音乐性，看语言的节奏旋律是否与所表现的思想感情相符合。在诗歌教学，以及如《匆匆》《山雨》《山中访友》等优美的散文教学，还有如《伯牙绝弦》等文言文教学中，"观宫商"尤为重要。文中表现的文字之美，流淌的音韵之美，尤其是排比句营造的建筑与意境之美，要让学生通过朗读、品读来以读促悟、以读促思。

以上六观，位体、通变、事义属于作品内容，置辞、奇正、宫商属于作品形式。在文本解读时，只有对文章从内容到形式做通盘考虑，才能掌握文本教学的核心价值，制定合适的教学目标。

当然，"文情"的确定，除了文本解读，还要基于单元目标、年段目标。这是语文教学的通识，此处不再赘述。

（二)学情：体现"以生为本"的学生实况

学生是学习的主体，一切教学活动都应以学生为中心，充分考虑学生的学习基础、年龄特征、认知水平以及兴趣指向。课堂教学要根据实际情况调整目标与方式，要充分体现学生学习的实际需要，而不仅仅是教师教学的需要。这就是以生为本的"学情"。

只有充分考虑"学情"，才能做到眼中有学生。而眼中有学生的教学，才是以生为本的教学，才是灵动的、真实的、美好的、"情采"的教学。

如果前面的"文情"——我们称之为"学习内容"，加上"学情"，即学习基础、学习兴趣、学习需求等，我们就可以对"以学定教"做这样的解释：根据学习内容和学生的学习基础、学习兴趣、学习需求制定教学目标，确定教学策略。

1. 学习基础

学生在学这个内容之前，已经有了怎样的基础？有没有学过与这个内容相关的知识？有没有课前预习？预习到了什么程度？有没有进行相关的拓展阅读？班级孩子尤其是待进生的掌握程度怎么样？这些都是学习的基础。老师只有掌握了这些情况，才能恰当地制定目标和选择策略，才能及时调整目标和策略，让学生的学习更有效、更高效。

2. 学习兴趣

结合学生的年龄认知特点，我们需要思考：学生对于教学内容的兴趣怎样？需不需要在内容、目标和策略上做一些调整，以便进一步激发他们的兴趣？在课堂教学中，如果发现学生的兴致不高，课堂吸引不了学生的注意力，调动不了其思考的积极性，需不需要做一些临时调整？老师只有关注到孩子真实的学习情况、学习兴趣，才能让他们乐学、爱学、善学。

3. 学习需求

学生真实的学习需求是什么？一个问题如果他们都会了，还需要花时间学吗？一篇文章很浅显，读几遍就都懂了，还需要细碎地分析吗？一个问题激发不了学生思考的积极性，还需要小组讨论探究吗？"真实的需求"是作为老师最需要思考的部分，最需要走近孩子去了解的部分，也最需要运用自己的教学智慧探究的部分。

在撰写教学设计时，我们一般都要写"学情分析"，这就是对学生的学习基础、学习兴趣、学习需求的分析。比如在教学二年级下学期第五单元的《雷雨》一文时，我对学生的学情分析如下：

第一，进入二年级下学期，学生已经有了一定的阅读理解能力。思维积极，想象力丰富，勇于表达，乐于表达。但是他们目前更喜欢一些情节性、故事性强的文章，加上最近班级孩子都在课前三分钟分享故事性小文章，所以我想为这篇精练的写景短文增强情节性和趣味性，让学生更感兴趣地想和说。第二，广州这个地方雷雨天很常见，孩子们都不陌生，更有切身体会。所以即便不组织观察，学生平时也应该有观察的积累。第三，在识字方面，学生已经掌握了基本的一些识字方法，但是对字理识字缺乏积极主动的探究。这一节课会以一两个生字为例，让学生有这方面的意识。第四，在阅读推进方面，一年级时，有两个孩子写过关于"雷雨""暴雨"的儿童诗，可以用作素材。另外，拓展阅读的方向主要是关于雨的古诗，因为最近孩子诵读古诗的兴趣比较高。课前已经布置学生自己读几遍课文，并阅读和"雨"有关的古诗。

依据《雷雨》的"文情"，与上述"学情"，我设定的教学目标如下：

通过"朗读小博士"环节，落实对课文的朗读，依次读正确、读通顺、读出自己的感受，了解内容；通过"速度小博士"环节，落实对课文字词句的理解，练习说完整的句子；通过"观察小博士"环节，落实对天气变化的观察，将观察到的事物用句子完整表达，并掌握难写字"垂""虹"；通过"古诗小博士"环节，拓展阅读描写雨的古诗，积累经典。

我想起 2016 年，我在"广州市青年教师教学风采展示活动"中上了一节公开课——在广州市天河区体育东路小学异地教学，讲授四年级下册的《触摸春天》。"文情"如下：

这是四年级下册第五单元的课文。一个盲童小姑娘安静，在一个春天的早晨，在小区绿地的月季花前，极其准确地拢住了一只蝴蝶，感受它在手心扑腾，最后将它放飞。目睹这一事件的作者深受感动，认为这是一个奇迹，并由此明白了一个道理：谁都有生活的权利，谁都可以创造一个五彩缤纷的世界。盲童小姑娘对生活的热爱和作者对生命的关爱，都令人动容。由一件事而受到启发，是这篇文章的写作特点。文章的后部分有作者的大段感受，含义深刻，学生一时之间可能难以领会。

"学情"如下：

1. 四年级下学期的孩子，有一定的理解分析能力和初步的概括能力，但是还需要一些支架和方法的引导。这篇下册的课文有一定的学习难度，作者的感受写得很深刻，几个含义深刻的句子理解起来有一定的难度。作为第一课时，我想在整体感知的基础上，先分离出直接描写安静的部分，让学生读出适合自己年龄阶段认知水平的感受。在此基础上，在第二课时再分析作者的感受，作为对他们认知水平的一种提升。

2. 面对异地教学这种不见学生、零预习基础的情况，我想就需要在简单的环节设置里，听到更多学生的声音，逐步对学情有所了解。所以我设计的只是大框架，没有过多预设，待他们在课堂上慢慢深入、逐步提升。至于对"热爱生活、热爱生命、关爱生命"等主题的体会程度，可以在第二课时继续加深。

依据这样的"文情"与"学情"，我"因情施采"，制定的教学目标和采用的教学策略如下：

【教学目标】

1. 正确流利地朗读课文。能用要素法在"说一说安静做了什么事"的基础上，说一说课文主要内容。初步了解"事——启发"类文章的写作特点。

2. 在"你和我"的情境中品读直接描写安静的部分，尝试读懂安静的动作，逐步拉近与盲童安静的距离，读出自己的独特感受。

【教学策略】

1. 你的故事，我来概括。

(1)自由读课文，思考：盲童安静做了什么事？反馈。

(2)出示文章直接描写安静的部分，引导学生用要素法说一说。

(3)引导学生简单体会"事——启发"类文章的写作特点。

(4)提出要求：本节课先不看作者的感受，尝试从字里行间去了解安静，读出自己的独特感受。

67

2. 你的动作，我来读懂。

(1)在文中画出描写安静动作的词句，想想读懂了什么？

(2)在小组内分享自己的思考。

(3)交流、补充、评价。指导学生朗读，提醒个别要注意的字如"悄"的读音。

(4)引导学生总结提升。

3. 你的生命，我来共鸣。

(1)小结与拓展。

(2)出示海伦·凯勒的话，体会"有健康视力的人却不珍惜，看不到生活中的美"。

(3)师生合作完成小诗《你和我》。

(4)用下节课要探讨的内容做总结——作者的感受：谁都有生活的权利，谁都能创造一个属于自己的缤纷世界。

三、"情采"之"采"

教学策略要根据"文情""学情"的不同，根据教师本身风格特点的不同而呈现出丰富的样态。"情采"教学的策略，主要借用了《文心雕龙》诗文鉴赏和批评部分的《知音》篇中提出的观点。在中华书局王志彬译注的版本中，有这样的题解："《知音》篇在论述'知音其难'的主客观原因后，紧接着就把鉴赏、批评的途径和方法明确地提出来了。"这些途径和方法，就可以作为我的"情采教学"策略。

《知音》篇中有这样的两段：

凡操千曲而后晓声，观千剑而后识器。故圆照之象，务先博观。阅乔岳以形培塿，酌沧波以喻畎浍。无私于轻重，不偏于憎爱，然后能平理若衡，照辞如镜矣。……

68

夫缀文者情动而辞发，观文者披文以入情，沿波讨源，虽幽必显。世远莫见其面，觇文辄见其心。岂成篇之足深，患识照之自浅耳。夫志在山水，琴表其情，况形之笔端，理将焉匿？故心之照理，譬目之照形，目了则形无不分，心敏则理无不达。然而俗监之迷者，深废浅售，此庄周所以笑《折杨》，宋玉所以伤《白雪》也。昔屈平有言："文质疏内，众不知余之异采。"见异唯知音耳。扬雄自称："心好沉博绝丽之文。"其不事浮浅，亦可知矣。夫唯深识鉴奥，必欢然内怿，譬春台之熙众人，乐饵之止过客。盖闻兰为国香，服媚弥芬；书亦国华，玩绎方美；知音君子，其垂意焉。

第一段文字中，作者说"故圆照之象，务先博观"，强调要全面正确地理解作品，就必定要多阅读、多观赏。犹如"凡操千曲而后晓声，观千剑而后识器"的道理一样，见多就能识广，识广才能有比较，看了高峰就更明白小山，到过大海就更知道小沟。在或轻或重上没有私心，在或爱或憎上没有偏见，这样就能和秤一样公平，和镜子一样清楚了。对于语文教学来说，"博观"，就是广泛阅读，以课内的主题阅读拓展，一篇带多篇，一篇带整本书，再拓展至课外的自由阅读、主题阅读。阅读，是语文之本，博观，是语文之"源头活水"。

第二段文字中，作者提到了"入情""讨源""见异""内怿""玩绎"几种文学鉴赏和批评的途径和方法，或者叫文学鉴赏与批评的基本内涵和特点。"入情"讲作者情有所动而发文辞，读者由阅读文辞而了解作者的情思。而课堂学习既是学生作为学习者"情有所动"的过程，也是学生作为读者了解作者情感的过程。"讨源"是说沿着水波流向追溯源头，即使隐微的含义也一定会使它显露。学生在学习时注重"讨源"，就不会因为文章相隔久远而产生情感隔阂，就能通过品读和揣测走入作者的内心。"见异"原本是说能看到外表不加修饰而内心质朴的屈原那超凡出众的才华的，只有"见异"的知音者。在语文教学中，能对文本有自己的个性化阅读、读出自己独特的感受的，只有拥有"见异"思维的学生。"内怿"形容在欣赏美好的作品时感受到内心的喜悦，好比春天登上高台的和悦，又好像音乐和美味能留住过路的客人。语文的学习是快乐的，要让学生感受到如同春天、如同音乐、如同美味般的喜悦。"玩绎"是说要反复玩味和寻绎探求，才能感受到文章的美妙。语文的学习也是如此，一篇文章，要从"情"和"采"两方面反复体味，让学生充分自主思考、同桌交流、小组探究。学生只有通过愉快朗读，快乐交流，才能迸发出思维的火花，获得成功的体验。

以下，就主要以《知音》篇的上述观点为内容，谈一谈我的"情采"教学策略。

（一）博观：广泛阅读与深度阅读

刘勰在论述"博观"时说："操千曲而后晓声，观千剑而后识器。""阅乔岳以形培塿，酌沧波以喻畎浍。"会演奏上千首曲子以后，才能懂得音乐，观察了上千把剑以后，才能识别兵器。要想全面认识作品的真相，务必先要广泛地阅读与欣赏作品。历经高山，方知土堆之低矮，历经沧海，方知沟渠之渺小。博览群书，方知文章之秘妙，方能"读书破万卷，下笔如有神"。

阅读是语文之本，推进大阅读是每一位语文老师的责任。唯其"博观"，才能"博通、博悟、博用"。唯有以书香浸润童年，孩子的成长才会更加鲜活，他们人生才能更好地奠基。博观，我认为一方面是广泛阅读，一方面是对经典书目的深度阅读。

2018年5月4日，杭州名教师参观团的成员来广州市天河区华阳小学参观，我指导担任六年级语文教学工作的吴宇晖老师上了一堂阅读拓展课——《耐人寻味的结尾》，在以生为本的教学理念下，我们以"博观"——"博通"——"博用"为设计思路，设定了以下目标：

聚焦五、六年级课本中名家名篇小说的结尾，运用对比、分析，了解好的结尾可以为中心服务，起到推波助澜、深化人物形象等作用；总结写好结尾的几种方法；通过拓展阅读课外书中的名家小说的结尾，深化认识；学以致用，续写结尾。

不管是聚焦五、六年级课本中的名家名篇结尾，还是拓展课外名家小说的结尾，指向的都是"博观"。这里既有一篇带多篇的广度，又有优选几篇聚焦到结尾的深度。因为"博观"，才能进行对比分析，领悟作家布局谋篇的艺术以及表达构思的巧妙。

教学流程如下：

一、回顾与提炼

1. 回忆六年级下册第四单元"外国名家名篇"的文章，提出学习目标：说说结尾。

聚焦第四单元《卖火柴的小女孩》《凡卡》的结尾，说说读了结尾的感受。

学生思考后交流，师生一起提炼发言关键词，引导学生从表达效果、文章结构的角度进行鉴赏，同时总结写法。

(1)《卖火柴的小女孩》的反衬式结尾：以喜写悲，用"新年的太阳""暖暖的阳光"这些美好的事物来反衬小女孩死亡的悲惨，为悲剧更添凄凉。凸显主题，给读者以心灵的震撼，起到了"以乐衬哀，哀者更哀"的效果。

(2)《凡卡》的暗示性结尾：用美好的梦做结局，暗示了现实中凡卡不可能回到爷爷身边。梦境的美好更加反衬了现实的残酷，让读者对人物产生更深的同情。

2. 回忆五、六年级课内教材的经典结尾。

聚焦《金色的脚印》《穷人》《桥》等文章的结尾，说说表达效果。

（1）六年级上册课文《金色的脚印》的结尾和题目相互照应，揭示文章主题。"金色"一般用来形容那些十分珍贵、有意义或值得纪念的东西，在这里预示着狐狸一家因得到人们的关心而团聚，又开始了它们美好的生活，也赞美了狐狸一家生死相依的浓浓亲情和它们对人类的友善，以及人类对其他生命的珍重与爱护。这种点题式结尾能让读者产生温暖与美好的感受。

（2）六年级上册课文《穷人》用一个动作结尾，表明桑娜拉开了帐子，也拉开了新生活。这种戛然而止的结尾，给读者无限想象的空间。

二、交流与探讨

1. 重点探讨五年级下册课文《桥》的结尾。

五天以后，洪水退了。

一个老太太，被人搀扶着，来这里祭奠。

她来祭奠两个人。

她的丈夫和她的儿子。

探讨：老汉和小伙的关系为什么要到结尾才明示？这样做有什么作用？

小组讨论后全班交流。

介绍"突转式结尾"：结尾和前文的内容相比，是意想不到的，但又是合情合理的。这样处理的好处是让情节一波三折，避免平铺直叙，读者也更能感受到老汉大公无私的共产党员形象。这种结尾更有震撼人心的力量。

2. 认识了这么多大师笔下的结尾方式后，读一读，思考小结不同的结尾方式都有什么好处。

小结：刻画人物，突出主旨，升华主题，耐人寻味。

三、拓展与交流

1. 提出要求。课前布置了阅读要求，有必读的短篇小说和选读的短篇小说，必读文是老师推荐的，选读章是学生自己查找的。学生选择一篇自己喜欢的仔细研读，聚焦到小说的结尾，思考表达效果。

2. 默读，思考。

3. 全班交流。

预设几篇。

《小音乐家杨科》的结尾：以喜写悲式结尾。白杨树的号叫暗示着作者对杨科的同情，诉说着当时底层劳动人民生活的悲惨。

《最后一课》结尾：只写了韩麦尔一个动作、一句话、一个眼神，就能让读者感受到韩麦尔先生对祖国的深情。他内心有多少思绪在翻腾，他担心着世界上最美丽、最严谨的本民族语言不能被传承下去——一个爱国志士的形象跃然纸上。

《最后一片叶子》结尾：贝尔曼先生冒着雨给琼西画叶子，让那片不会凋落的叶子给琼西希望和力量。读者深受震撼，深刻体会到贝尔曼先生的无私善良，加上他的离世是读者没有想象到的，这样情节的突转更令人印象深刻。

4. 小结。大师笔下的结尾是如此耐人寻味，叶圣陶说："结尾是文章完了的地方，但结尾最忌的却是真个完了。要文字虽完了而意义还没有尽，使读者好像嚼橄榄，已经咽了下去而嘴里还有馀味，又好像听音乐，已经到了末拍而耳朵里还有馀音，那才是好的结尾。"

四、合理续编

出示一篇苏叔阳的作品，试着思考结尾。

人物介绍："他"，一个著名的电影演员，已经病魔缠身，即将走到
生命的尽头。

小女孩，生命垂危，非常喜欢这位演员。

一早他就从病床上爬起来，蹒跚着走进浴室，细细地洗了眼，修了面，把那已经稀疏的头发，梳得规规矩矩。他脱下病号服，穿上一件洁白的衬衣。挺括的领子、袖口，透出一股高贵气。他系上一条暗格子的

蓝领带，穿上那套极合身的灰西装，又对着镜子拔去鬓角的一根白发。镜子里映出一位蛮有风度的半大老头儿。

他轻轻叹口气，或许感喟自己韶华已过，或许对经过整饬的自己还算满意。不管怎么说，这身行头让他比病鬼强得多。

护士来了，脸上显得格外庄严。她看看他，满意地点点头，挽起他的胳膊，把他扶到轮椅上。

轮椅在病房寂静的走廊里无声地滚动。他们都不说话，都在想心事，都在琢磨该怎么开始马上就要到来的会面。

轮椅从电梯里降到一楼，又沿着走道滑到一间小小的病房门口停住。

他猛地站起来，推开护士的手，竭力让颤抖的双腿站稳。停了一会儿，深呼吸一下，接着像一个健康人一样挺着胸，迈开腿，推门走进去，把一脸讨人喜欢的带点儿狡黠的笑扔向病床。

病床上躺着一个头发快要脱光的十三四岁的小女孩，她的鼻孔里插着氧气管，手背上插着输液针头，闭着眼静静地待着。她的母亲悲戚地坐在床边望着她。

女孩的母亲看见他，急忙站起来，轻轻地惊叫一声："您？是您……"又忙回身对女儿轻声说："丹丹，丹丹，看，谁来了？"

小女孩睁开眼睛，有点儿散神的目光，忽地聚拢起来，脸上陡地浮上惊喜，喃喃着："真……真的是您？"说着，吃力地抬起那只没有插针头的手。

他努力向前迈一步，笑着坐在她的床边，抓住那只惨白瘦削的手，那手抖动着向上伸。"让……让我摸摸您的脸。"小姑娘喃喃着。

他弯下腰，把脸贴在小姑娘的手上，尽力地笑着。

"我……我看……看过您演的所有的电影。"小姑娘说。

"那比我还好。我自己都没全看过。"他笑着说，那笑挺迷人。

"您，能抱抱我吗?"小姑娘说。

他弯着腰像抱起一个婴儿一样，双手轻轻揽住小女孩儿的腰背，小女孩紧紧揽住他的脖子，在他耳边轻声说："我病好了，给……给您唱歌，大家都爱听我唱。"

"嗯嗯。"他笑着，"你一定唱得极好。"

"噢!"小女孩发出一声快乐的轻呼，说，"我……今天……真幸福……"她笑了，那笑容灿烂极了。

十五分钟后，小女孩身上所有的管子都被拔下，一块洁白的被单罩住她，连头带脚。只有那只惨白的小手，还抓在他手里，贴在他脸上。

1. 出示续编要求。

先认真默读，想想小说想要表达什么，再根据主旨和情节的发展展开想象和联想，续编 50 字左右的结尾。

2. 学生阅读与创作。

3. 学生在四人小组中说说自己的结尾，小组优选出最合理的结尾，并在班级交流展示。

4. 班级优选最合理的结尾。

5. 出示原文结尾并总结。

吴宇晖老师和学生的呈现非常精彩。课后，听课的名师们也做了详细的点评。摘录如下：

这是一堂朴实的课，返璞归真，是我们期待中的生本课堂的样子；这是一堂有深度的课，目标高度聚焦，聚焦小说的结尾，学生有评析、有创作、有表达。聚焦结尾，思考布局谋篇，这样的教学内容和教学策略，基于学情、基于学段目标、基于单元特点、基于文体特点，有深度、有依据、有效果；这是一堂有广度的课，从单元学过的小说结尾谈起，到六年级上学期和五年级下学期学过的小说结尾，再到课外阅读的

小说结尾，这是一种大群文架构，打开了学生的文学视野、创作视野。（杭州特级教师倪宗红）

这堂课的设计思路非常好，学生非常投入。从初步谈教材的结尾，到谈自学阅读的结尾，再用叶圣陶的话总结结尾的好处。设计创作结尾的任务这个点非常好。整堂课我们看到难度不断递增，这个递增有基础，有依据，学生创作的内容也让我们欣喜。学生写完后，再评价哪个结尾更合理耐人寻味，这个环节非常有深度。老师和学生互动交流的语言非常亲切，拉近了和学生的距离，老师的点拨也推进了学生思维的发展。（杭州特级教师王曜君）

1. 这是一堂体现了课内课外交联的课，环节之间衔接自然、随意而契合；这是一堂由感性到理性推进的课，从学生学过的小说谈起，这是感性的；拓展到课外阅读的小说，要基于自己的阅读体验和对课内习得的方法的思考，这体现了从感性到理性的转换。从感性到理性之间，老师架起了一座桥，让学生的思考有了方向。

2. 这是一堂从阅读到写作互相整合的课。写作注入阅读是一种高阶阅读思维能力的体现，不仅要考虑前面的人物、情节，还要考虑归纳的方法。从三个小组展示的共同创作的结尾来看，孩子们创作的结尾都不长，比较简短，而越是简短，越能体现思维的高度。

3. 这是一堂充分体现了从个人体验到小组体验的分享的课，"自主——合作——探究"三个层次的梯度思考非常分明。一堂课是否有效，要看孩子是否有收获，而孩子的收获，主要是看实践体验多不多。这堂课体现了实践体验，所以孩子们是有收获的。

4. 这是一堂充分体现了从孩子到孩子的教学理念的课。从前一个孩子到后一个孩子的思考表达，可以看到后一个孩子已经融入了同伴的思考和老师的引导，形成了自己的表达思维和表达系统。在这堂课上，能看到学生明显的提升。学生谈课内学过的结尾是相对较浅的，然后谈课外阅读文的结尾是在提高，接下来自己创作结尾更是提高。从整堂课来说，聚焦结尾，就是聚焦小说，因为结尾可以反推情节人物。总之，这堂课的创意非常好。（杭州西湖区首席语文专家徐宏燕）

"博观"，让学生能够"博通"与"博悟"，并尝试"博用"，这就是阅读推进与思维发展目标下的语文课堂魅力。

（二）入情：寻找情眼与设置情境

面对一篇文章，如何让学生"入情"，情有所动而与作者的情感产生共鸣？我认为可以从三方面"入情"，激发学生情感。

1. 寻找情眼

语文区别于其他学科最显著的特点就是其情感性，所谓"登山则情满于山，观海则意溢于海"。语文不是冰冷的文字，它处处充满着人文关怀。

小学阶段的语文教材以一个个的主题单元进行架构，每个单元主题都洋溢着时代气息，充满着童真童趣，蕴含着丰富的人文精神。例如五年级上册教材，八个单元主题依次是：热爱读书、思念故乡、热爱科学、生活中的启示、热爱汉字、体会父母之爱、革命英雄、走近伟人毛泽东。每一单元的学习都是一次精神盛宴，而具体到每一篇课文，其中的情感因素更是处处皆有，不胜枚举。

以四年级上册课文《跨越海峡的生命桥》为例，课文写的是一位台湾青年在大地震的余震中，冒着生命危险捐献骨髓，救助杭州患白血病的青年小钱的事迹。我寻找的"情眼"主要是以下几方面：

人物。患严重白血病的小钱；地震余震中，不知家人安危，坚持抽取骨髓救助小钱的台湾青年；坚守岗位并奔波千里参与手术的李博士。

环境。杭州病房外的美丽景色，与小钱的生命即将凋零形成对比。台湾大地震余震还在继续，与病房内正在进行的抽取骨髓的手术形成对比。

事件。为了救助素不相识的陌生人，台湾青年冒着生命危险在余震中抽取骨髓，李博士辗转千里运送骨髓并参与手术。

文眼。生命桥。

2. 设置情境

叶圣陶先生说："作者胸有境，入境始与亲。"现代课堂教学研究的根本出发点之一，是要关注学生的文化生存环境。而通过创设情境，恰恰可以优化学生的文化生存环境，使其认知与情感结合，实现学生的主动学习与发展。

有效的情境教学，对教师来说，可以充分彰显自己的教学个性，让教学的过程充满美感和整体感；对学生来说，是对其个体生命体验的尊重。以情优教，能引导孩子从图画的色彩线条和音乐的旋律节奏中，通过联想和想象产生情感体验，使学生感受到教材描写的形象之美，并且通过教材中有限的内容文字，去体会人生百味，去感受生命的价值与意义。让尚显幼稚的思考插上翅膀，延伸出无限的宽度和厚度。

（1）记叙文教学"情境化"：化平淡为深刻

记叙文设置情境，可以激发学生的学习兴趣与阅读期待。比如人教版小学语文五年级上册《钓鱼的启示》第一课时的教学，我首先采取了情境化的导入：

时间如同奔流不息的河水，子在川上曰："逝者如斯夫！不舍昼夜。"那些经历过的事，那些流逝的时间，都像这流水一样一去不复返了。但是，总会有那么些人、那么些事，永远铭刻在我们的心里，永难忘怀！例如美国著名建筑师詹姆斯·勒菲斯特说："三十四年前那个月光如水的夜晚，给我留下了永久的回忆和终生的启示。"究竟是怎样的事，让他三十四年都不曾忘记呢？让我们一起走进课文《钓鱼的启示》。

结尾时再进行情境化呼应：

诱惑人的大鲈鱼终于放回了湖中，作者进行了一次艰难的抉择，同时也是一次心灵的洗礼。其实人生就如同一场垂钓，我们都是在时光的河畔钓鱼的人，只是钓鱼的态度、感受、收获不同罢了！

比如上文提到的《跨越海峡的生命桥》一文，因其"同一事件，两个地点"的特殊性，我设计了"小记者在行动"的情境。我让学生自主选择"奔赴"杭州或台湾，从文中去发现"所见"，想象画面说"所感"，充分"实地"了解情况与思考后，再交流分享。这一情境将学生的学习积极性都调动起来了，他们似乎都有了小记者的责任感和使命感。

（2）散文教学"情境化"：化复杂为简单

人教版小学语文六年级上册课文《这片土地是神圣的》是一篇散文，是酋长西雅图发表的一篇感人至深的演说。课文背景较为复杂，对于学生来说是有一定难度的。如果学生不了解写作背景，就体会不到酋长对土地上的山川、树木、河流、动物饱含的深情。为了让学生入情入境，深入体会，我创设了以下情境：

情境学习一，学如品茶。西雅图宣言犹如一饼醇厚悠远的普洱茶，珍贵而隽永，一百多年来仍然感动与启迪着世人。我们对这篇宣言的学习如同品茶，依次轻闻（在情境下深情朗读）、细品（赏析文章的优美动人及所受启发）、深尝（用动人的文字为酋长写颁奖词、获奖感受）、回味（回归文章，体会酋长心情及听者感受）。如图2-3所示。学生的学习逐层深入，由读到品到拓展感悟，渐入佳境，沉浸其中。

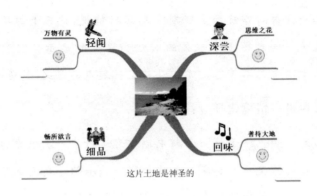

图 2-3 《这片土地是神圣的》教学情境

情境学习二,学如品诗。在廖昌永《多情的土地》背景音乐中,教师以诗化语言导学:"又怎能离开这河又山脊?然而,我们即将离开……酋长的心中充满了……"动人的音乐,美丽的景色,依依不舍的人群,深情环顾的酋长,"我们即将离开……"的情境贯穿始终(如图 2-4 所示),一咏三叹,学生身临其境,感同身受。

图 2-4 "我们即将离开……"情境展示

通过以上情境的设置,对这篇蕴含着政治、环保的情感复杂、文字优美的散文,学生理解和掌握起来便自然而然,学起来异常轻松。

(3)说明文教学"情境化":化枯燥为生动

《呼风唤雨的世纪》是人教版小学语文四年级上册的一篇说明文,讲述了 20 世纪百年间的科学技术发展历程，以及科技迅猛发展给人类生活带来的巨大变化和灿烂前景。我设计了"科技之旅"的学习情境：

"旅游手册"——解决文章字词、主要内容；"记忆之门"——体会人类上百万年依赖自然的生活状况；"辉煌之门"——感受 20 世纪这一百年科技的迅猛发展给人们生活带来的便利；"未来之门"——作为课后作业，让学生畅想今后科技发展可以创造的奇迹。

枯燥的说明文学习，变成了一次轻松快乐的旅游。学生时而是游客，时而化身为导游，淋漓尽致地体会了"科技改变生活"、"一百年"胜"一百万年"的奇迹，对未来的科技发展充满信心。

(4)文言文教学"情境化"：化艰涩为平实

人教版六年级上册的文言文《伯牙绝弦》是一篇传诵千古的歌颂知音友谊的文章。我以文中的道具——瑶琴的角度，创设了一个贯穿整堂课情境：一把瑶琴的诉说。自始至终，学生都浸润在入情、共情的情境里，读出了"高山流水遇知音"的欢喜，更读出了"破琴绝弦失知音"的悲痛。从"琴"到"情"，情境的创设，让学生与文本之间有了一道沟通与连接的桥。

在《琵琶吟》如泣如诉的音乐中，文字浮现，教师有感情地"诉说"：

我是一把瑶琴，生于乱世春秋。我是幸运的，因为我的主人是当时最有名的琴师——伯牙。他是弹琴能手，又是作曲家，地位显赫，被人尊为"琴仙"。他曾在宫廷为楚王和大臣弹奏他的成名之作《水仙操》，他弹得非常投入，把红日、云霞、山林、海浪，以及风、雨、雷、电等变幻多端的海上风光都在琴曲中表现得淋漓尽致。但楚王听了，却连连摇头说："太嘈杂了，换首别的弹弹吧!"伯牙只好换了一首《高山流水》。然而楚王君臣已经喝得酩酊大醉，甚至有些人在琴声中已昏昏睡着了。伯牙又气愤又伤心，在这所谓上流社会里，艺术竟然遭到如此践踏。他在心中长叹："相识满天下，知音无一人!"直到有一天，他遇到了子期……

遇到子期之后又发生了什么事呢？学生带着强烈的期待，进入了对课文的学习。之后的学习环节，都以瑶琴的"诉说"引出、串起。比如："相遇子期，主人是多么高兴啊，他梦寐以求的'知音'终于出现了！我也由衷地为他感到开心，仿佛自己的存在也更有了意义。你能体会主人的欣喜若狂吗？"让学生体会拥有知音的喜悦。比如："主人和子期相见恨晚，越谈越投机，于是结拜为兄弟，约定来年的中秋再到这里相会。然而子期不幸染病去世了。汉阳江口，物是人非，约定已成空，你能体会主人的心情吗？他为什么要摔断心爱的瑶琴？"让学生深入体会失去知音的悲痛。

结尾再通过瑶琴的"诉说"，让文章的情感得以升华，进而激发学生进一步思考真正的朋友需要的是什么："我的生命就此画上了一个句号。汉阳江畔，凄凄的晚风，冷冷的明月，伴着栖身黄土的子期，和悲痛欲绝的伯牙。然而我并不悲伤，因为我见证了这样一段真挚的情谊，此生足矣！"

整个课堂浑然一体，层层深入。学生的理解、领悟很深刻，表达也很精彩。

(5)小说教学"情境化"：寓深刻于浅近

高年级的课文会出现长篇小说的节选或短篇小说。比如五年级的中国名著单元和六年级的外国名著单元，文章较长，背景繁复。设计恰当的情境，可以很好地达到抓住重点、"长文短教"的目的。

比如《凡卡》一文，是俄国著名短篇小说家契诃夫的作品，描写了一个可怜的孩子凡卡偷偷给乡下的爷爷写信，诉说在鞋店当学徒的悲惨遭遇，和想要爷爷接他回家的愿望。这样长的一篇文章，写作手法又是插叙又是暗示又是反衬，加上写作背景是沙皇统治的黑暗时期，学习起来并不轻松。在第二课时的教学中，我让"凡卡的信"这一情境反复出现。慢慢浮现的文字，伴着《亲爱的小孩》催人泪下的配乐，让学生很快理解了文章的结构（主干和插叙）、掌握了反衬手法，并深切体会了主人公命运的悲惨和当时社会的黑暗，进一步激起了他们深深的同情。

图 2-5 "信"的情境展示

此外，还有诗歌等文体的教学，其情境设计的思路大同小异。

散文创设情境，可化复杂为简单；说明文创设情境，可化枯燥为生动；文言文创设情境，可化艰涩为平实；小说创设情境，可寓深刻于浅近。情境，能让教学的过程充满美感与整体感，达到以情优教的目的。

（6）单元盘点话题的"情境化"：深切感受、诗意生成

在进行单元整体感知、整体分析、整体盘点的教学中，创设一定的情境，能够有效拓展学习内容，让学生的认识、领悟、表达能力得到很大的提升。例如五年级上册第六单元主题是"父母之爱"，为了让学生进一步体会到父母之爱的深沉与宽广，我设置了模仿中央电视台《面对面》访谈节目的情境，让长大后的孩子与父母同台畅谈"当年的父母为什么要那样做？""长大后的孩子是否理解了父母？"等话题。通过这样的方式让学生进一步理解课文、理解父母，并受到一次心灵的洗礼与情感的熏陶。又如五年级上册第六单元主题是"人间真情"。在单元盘点课上，我设置的话题情境是"心灵是棵开花的树"：

每个人的心灵就好像一棵树。从落地的一刹那，这棵树就已经开始生根、发芽，悄悄地长出绿叶、伸展枝丫，在心里形成一片只属于自己的绿荫。当我们向世界奉献真情与爱心的时刻，就是花开的时刻。这样

的花，每时每刻都在人间开放着。

话题一。回顾这个单元所认识的人物，你觉得他们的心灵之树绽放了怎样的花朵呢？学生思考后畅所欲言，有善良之花、自强之花、坚持之花，等等。

话题二。你觉得我们的心灵之树也应该或者说还可以绽放哪些花朵呢？学生将思考的结果写在准备的"花朵"上，汇报后，再粘贴在黑板上的"心灵之树"上。尊严之花、理想之花、执着之花、信任之花……心灵之树上花香四溢。

最后教师再深情小结：心灵是棵开花的树，我们无法预料心灵之花开放的时刻，也无法描述它们怒放时的奇妙景象。但是，这样的花无时无刻不在我们的身边开放。愿你的心灵悄悄地开花，愿我们的世界成为一个心花怒放的世界。

情境创设是语文课堂教学的重要手段之一，单元整体盘点中的情境设置，对于学生归纳运用知识、陶冶情操、提高表达能力都有显著的作用。对于教师来说，思考设置整体情境的过程，更是打开思路、创新形式后，对单元要点的一次更深入、全面的把握。只要用心钻研，用心感受，全情投入，就能和学生一起创造和享受精彩。

3. 学科融合

此外，尝试恰当的学科融合也能起到"入情"的效果。当语文阅读教学与音乐、美术，甚至科学、信息技术等学科相融合时，收到的效果让人欣喜，如最常见的语文与音乐的融合。在学习了五年级下册儿童诗《我想》后，我让学生也创作一小节或一小首儿童诗，自己尝试哼唱，请音乐老师一起指点，从节奏、旋律等方面提出建议，这就成为了一首歌曲作品。

出于对音乐的喜爱，我的课堂上经常会用到一些曲子来促进学生对文本的理解。例如，我曾选用《天空之城》配合课文《这片土地是神圣的》，选用《琵琶吟》配合文言文《伯牙绝弦》，选用班得瑞的《童年》配合课文《祖父的园子》，选用尼科尔的《眼泪》配合课文《卖火柴的小女孩》，选用苏芮的歌曲《亲爱的小孩》配合课文《凡卡》等。不少学生毕业之后在网上和我联系，都说每次听到那首曲子，就会想起那篇课文，想起那时的学习时光。

在学习完古诗后，我与美术老师合作，让学生们在美术课上完成"诗配画"。流传千年的古诗，配上了孩子们充满童趣与独特思考的画，仿佛焕发了更葱郁的生机。

总之，不管是寻找情眼，还是创设情境，还是进行学科融合尝试，都是为了激发学生的情感。学生情有所动，与作者的情感产生共鸣，就能收到更好的学习效果。

(三)讨源：作者讨源与背景讨源

阅读教学中，除了对文章的分析品读，还可以从作者资料以及写作背景两方面"讨源"。尤其是名家作品以及有年代感的文章，没有"讨源"，理解感悟就失去了基础。

如四年级上册的《白鹅》一文，作者丰子恺不仅运用幽默诙谐的语气，从严肃郑重的声调，到大模大样的步态，到三眼一板一丝不苟的吃相，将一只高傲的白鹅写得栩栩如生，还用"我们的鹅老爷""不胜其烦""架子十足"等似乎含有贬义的词语表现鹅的个性。反语的运用让我们更感受到了作者对鹅的喜爱之情。当时，对于这些反语是不是真的表现出作者的喜爱，学生还不是非常确定，或者说体会还不是很深。于是，我找出了原文《沙坪小屋的鹅》，将课文删减的内容展示出来让学生读一读。

抗战胜利后八个月零十天，我卖脱了三年前在重庆沙坪坝庙湾地方自建的小屋，迁居城中去等候归舟。

除了托庇三年的情感以外，我对这小屋实在毫无留恋。因为这屋太简陋了，这环境太荒凉了；我去屋如弃敝屣。倒是屋里养的一只白鹅，使我恋恋不忘。

......

鹅，不拘它如何高傲，我们始终要养它，直到房子卖脱为止。因为它对我们，物质上和精神上都有供献，使主母和主人都欢喜它。物质上的供献，是生蛋。它每天或隔天生一个蛋，篱边特设一堆稻草，鹅蹲伏在稻草中了，便是要生蛋了。家里的小孩子更兴奋，站在它旁边等候。它分娩毕，就起身，大踏步走进屋里去，大声叫开饭。这时候孩子们把蛋热热地捡起，藏在背后拿进屋子来，说是怕鹅看见了要生气。鹅蛋真是大，有鸡蛋的四倍呢！主母的蛋篓子内积得多了，就拿来制盐蛋，炖一个盐鹅蛋，一家人吃不了！工友上街买菜回来说："今天菜市上有卖鹅蛋的，要四百元一个，我们的鹅每天挣四百元，一个月挣一万二，比我们做工的还好呢。哈哈，哈哈。"我们也陪他一个"哈哈，哈哈"。望望那鹅，它正吃饱了饭，昂胸凸肚地，在院子里跨方步，看野景，似乎更加神气了。但我觉得，比吃鹅蛋更好的，还是它的精神的供献。因为我们这屋实在太简陋，环境实在太荒凉，生活实在太岑寂了。赖有这一只白鹅，点缀庭院，增加生气，慰我寂寞。

且说我这屋子，真是简陋极了：篱笆之内，地皮二十方丈，屋所占的只六方丈，其余算是庭院。这六方丈上，建着三间"抗建式"平屋，每间前后划分为二室，共得六室，每室平均一方丈。中央一间，前室特别大些，约有一方丈半弱，算是食堂兼客堂；后室就只有半方丈强，比公共汽车还小，作为家人的卧室。西边一间，平均划分为二，算是厨房及工友室。东边一间，也平均划分为二，后室也是家人的卧室，前室便是我的书房兼卧房。三年以来，我坐卧写作，都在这一方丈内。归熙甫

《项脊轩记》中说："室仅方丈，可容一人居。"又说："雨泽下注，每移案，顾视无可置者。"我只有想起这些话的时候，感觉得自己满足。我的屋虽不上漏，可是墙是竹制的，单薄得很。夏天九点钟以后，东墙上炙手可热，室内好比开放了热水汀。这时候反教人希望警报，可到六七丈深的地下室去凉快一下呢。

竹篱之内的院子，薄薄的泥层下面尽是岩石，只能种些番茄、蚕豆、芭蕉之类，却不能种树木。竹篱之外，坡岩起伏，尽是荒郊。因此这小屋赤裸裸的，孤零零的，毫无依蔽；远远望来，正像一个亭子。我长年坐守其中，就好比一个亭长。这地点离街约有里许，小径迂回，不易寻找，来客极稀。杜诗"幽栖地僻经过少"一句，这屋可以受之无愧。风雨之日，泥泞载途，狗也懒得走过，环境荒凉更甚。这些日子的岑寂的滋味，至今回想还觉得可怕。

自从这小屋落成之后，我就辞绝了教职，恢复了战前的闲居生活。我对外间绝少往来，每日只是读书作画，饮酒闲谈而已。我的时间全部是我自己的。这是我的性格的要求，这在我是认为幸福的。然而这幸福必需两个条件：在太平时，在都会里。如今在抗战期，在荒村里，这幸福就伴着一种苦闷——岑寂。为避免这苦闷，我便在读书、作画之余，在院子里种豆，种菜，养鸽，养鹅。而鹅给我的印象最深。因为它有那么庞大的身体，那么雪白的颜色，那么雄壮的叫声，那么轩昂的态度，那么高傲的脾气，和那么可笑的行为。在这荒凉岑寂的环境中，这鹅竟成了一个焦点。凄风苦雨之日，手酸意倦之时，推窗一望，死气沉沉；惟有这伟大的雪白的东西，高擎着琥珀色的喙，在雨中昂然独步，好像一个武装的守卫，使得这小屋有了保障，这院子有了主宰，这环境有了生气。

我的小屋易主的前几天，我把这鹅送给住在小龙坎的朋友人家。送出之后的几天内，颇有异样的感觉。这感觉与诀别一个人的时候所发生的感觉完全相同，不过分量较为轻微而已。原来一切众生，本是同根，凡属血气，皆有共感。所以这禽鸟比这房屋更是牵惹人情，更能使人留恋。现在我写这篇短文，就好比为一个永诀的朋友立传，写照。

我觉得，当四年级的孩子读到这些内容时，大体就会明白这只鹅对于特殊境遇里的丰子恺一家有怎样的意义，如何在物质和精神上都给予了贡献；大体会隐隐地读懂"原来一切众生，本是同根，凡属血气，皆有共感"；大体会对"现在我写这篇短文，就好比为一个永诀的朋友立传，写照"产生共鸣。而这时，还会有孩子质疑作者的反语表达的喜爱之情吗？还会对这只鹅的印象只停留在"高傲"吗？不管他们读懂的补充内容有多少，我想，都是有收获的。

作者讨源，即讨源作者写作时的心情、心境，能让学生对文本有更深的理解和思考。

背景讨源同样如此。如前文提到的《再见了，亲人》一文，因为在异地教学，没有布置学生查找资料了解朝鲜战争的背景。如果缺失了这一环，就会阻碍学生对文本的深度品读，就难以理解这份"不是亲人，胜似亲人"的情谊。基于这样的学情，我在导入部分和学生做了这样的情境互动。

师：孩子们，这是一个表示时间的词——"八年"，请赶紧算一下，8年是多少天？

生：2920天。

师：2920天，它是70080个小时，是4204800分钟，而这么长的时间，就是朝鲜战争所经历的时间。我们的中国人民志愿军，也奔赴朝鲜，参加了这一场艰苦的战争，是为了——

生：抗美援朝，保家卫国！

师：在这漫长而艰苦的战争中，朝鲜人民和中国人民志愿军携手并肩，患难与共，他们一起经历了多少战火和硝烟，经历了多少生死离别

(PPT 图文显示：携手并肩、战火硝烟、生死离别)，有多少我们的志愿军战士，他们年轻的生命永远留在了朝鲜的土地上，其中包括我们上个学期学到的《青山处处埋忠骨》中的——

生：毛岸英。

师：他们又经历了多少次浴血奋战，战争中涌现出许多我们耳熟能详的英雄——

生：黄继光、邱少云……

师：艰苦的八年战争啊，终于胜利了！看看这个胜利的场景吧，到处都在高唱着凯歌，山岗上还嵌着弹壳的那棵红松，它还活着，金达莱花开遍了整个山野，姑娘们穿着彩色的长裙，走回开满波斯菊的家园，一切都显得那么的——

生1：和谐。

生2：幸福。

生3：那么的美好。

师：但是空气中间除了幸福美好，却也弥漫了深深的离愁(图：列车在站台即将启动)。1958 年，最后一批志愿军要离开朝鲜了。八年之后，要说再见了。孩子们，列车已经在站台上准备着了。试着读读这段文字，在心里酝酿一下，看你们能不能读出这份离情。谁来试试。

生4：再见了，亲人！再见了，亲爱的土地！

生5：再见了，亲人！再见了，亲爱的土地！列车呀，请慢一点儿开，让我们再看一眼朝鲜的亲人，让我们在这曾经洒过鲜血的土地上再停留片刻。

生6：再见了，亲人！我们的心永远跟你们在一起！

师：这是一个怎样的场景？

生：这是一个依依惜别的场景。

师：你们能重复一下它的关键词吗？

生：依依惜别。

师：老师要写下来——依依惜别。我们有一个战地记者魏巍，刚好就见证了这一个情景，他写下了一篇非常有名的文章——

生：《依依惜别的深情》。

师：我们的课文就选自这篇文章，但是有所改动。现在让我们快速阅读课文，想想课文主要写了什么。

除了导入部分的情境互动，我还拓展了课文节选自的原文——魏巍《依依惜别的深情》的部分内容，让学生课堂上"入情"，课后继续阅读。

"讨源"了背景，才能让学生入情入境地品读出文章表达的情感。

(四)内怿：连接生活与想象补白

内怿，即让学生在阅读思考中获得内心的愉悦欢喜。如何更愉悦？如何更欢喜？我的理解是除了对文章内容形式的欣赏，还有更深切的"情感体验"。为了更好地走入作品，走入人物内心，我常采用人物代入、充分想象、心理补白、联系生活等方式。

1. 人物代入

如教学四年级下册《纪昌学射》时，在整体感知、品读了"盯梭子、盯虱子"的练习基本功的部分后，我让学生选择以纪昌的妻子、邻居、朋友、师傅飞卫、其他箭手等身份代入，评价纪昌的行为，从而让学生走入纪昌的内心，体会苦练基本功的必要。实录如下：

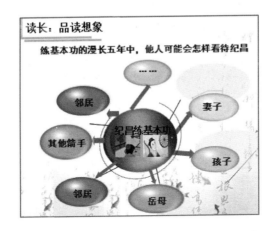

图 2-6 《纪昌学射》教学设计

生1：我是纪昌的邻居。三年了，看着纪昌一直在做着盯梭子、虱子这样无聊的事，我真是不能理解他，他不觉得无聊吗？学这些没用的东西干什么呢？

师：是啊，邻居都觉得纪昌太无聊了。

生2：我是纪昌的师傅飞卫。我会想，我的这个徒弟可真是有坚持不懈的精神啊，一直这样练习都不叫苦不叫累。我觉得我真是收对了徒弟，他以后一定会成为神箭手的。

师：看来师傅备感欣慰。

生3：我是当时也在学箭的其他箭手。我会想，纪昌果然厉害，这么枯燥的基本功一练就是三年，我自己很难做到，我就想着要学习射箭。从这点看，他比我有恒心、有耐心啊！

师：有恒心、有耐心，总结得好！

生4：我是纪昌的孩子，我想对我的爸爸纪昌说：老爸你这么练习实在是太枯燥了，我都受不了了，你天天盯着梭子，也没见你多盯我几下，唉！

师：心有怨言的孩子，你心中充满了对爸爸的不理解对吗？

生4：但是我觉得他这样做也很不容易，所以我还是能理解的，希望他早日成为神箭手。

生5：我是师傅飞卫，虽然我还没有教徒弟纪昌拉弓射箭，但是我想就凭着这股坚持不懈的精神，他一定会成为百发百中的神箭手。

生6：我也是纪昌的邻居，我就很不喜欢他整天呆呆地盯着的样子，他不要练傻了啊！

生7：我是纪昌的岳母，我这女婿为了练这个射箭基本功，家都不顾了，我经常责骂他。

师：面对纪昌苦练基本功的行为，有人不理解，有人埋怨，有人支持，纪昌会怎么应对呢？

2. 充分想象

在参加"中国梦·园丁美"广州市中小学青年教师教学基本功和技能竞赛时，现场教学环节我抽到的是苏教版三年级下册课文《拉萨的天空》，教学对象是天河区体育东路小学的学生。在教学的后段，我对孩子们说："如果我有一根魔法棒，点一下你们，你们就能瞬间到达拉萨的天空下，伸出手，就可以触摸到蓝天白云。这时候，你最想做点什么呀！"

孩子们的话匣子一下就打开了，有的说想躺到白云上去睡一觉，还要打几个滚；有的说想把体育东路小学搬到云彩上面，变成云朵学校；有的说想把白云摘下来洗洗脸；还有的说要把白云当成棉花糖大口咬；有的说要用画笔把美景画下来……计时员示意时间到了时，孩子们遗憾地叫："怎么就下课了呀！"

在学习《笋芽儿》一课时，我让孩子们仿说句子，问："笋芽儿被春雨姑娘、雷公公唤醒，还可能有谁在呼唤它？"分享几个精彩回答：

小蚯蚓干脆钻到了泥土里面，找到了还没有钻出来的笋芽儿，对它

说："笋芽儿，你都不知道外面的世界多美，你赶快钻出去吧！如果你力气不够，我帮你松松土，助你一臂之力吧！"（悦鸣）

小柳树舞动着长长的头发，呼唤着笋芽儿："笋芽儿快醒醒啊，你不想让我帮你梳头吗？"（皓轩）

黑黑的山洞里，钻出一只黑熊，它爬到山顶上大声吼叫："笋芽儿，你快醒醒，再不醒来就看不到这么美丽的春光啦！"（嘉睿）

小溪唱着欢快的歌，流过笋芽儿身边，说："笋芽儿快醒醒呀，不然就尝不到我鲜美的水啦！"（钰霖）

小燕子叽叽喳喳地叫着："笋芽儿醒醒吧，外面很美丽的，你在土里面是想象不到的！"（小满）

小花用花瓣给笋芽儿寄信，花瓣落在笋芽儿头顶的泥土上，说："笋芽儿醒醒啊，如果你再不醒来，就闻不到我的花香了！（子悦）

二年级下册《找春天》一文中，有这样的句子：

小草从地下探出头来，那是春天的眉毛吧？
早开的野花一朵两朵，那是春天的眼睛吧？
树木吐出点点嫩芽，那是春天的音符吧？
解冻的小溪丁丁冬冬，那是春天的琴声吧？

我让学生展开想象，仿说句子，说得还有模有样的呀！

河边的小石子白白的，那是春天的牙齿吧！（钰霖）
天上的一只只风筝，扯着长长的线，那是春天的头发吧！（皓轩）
高高的松树非常茂盛，那是春天的鼻子吧！（胤文）
河边的小草郁郁葱葱，那是春天的胡子吧！（钰汶）

3. 心理补白

心理活动描写是刻画人物的重要方式。很多时候文章并不会直接写出人物的心理活动,而是通过人物的语言、神态、动作等细节体现。这时候,就需要读者通过语言神态等文章描写的其他方面,去揣摩人物的心理,深化对人物的理解、对文章主旨的领会。

比如前文提到的四年级上册《跨越海峡的生命桥》一文,文章两次写到了"静静地":小钱"静静地"躺在病床上,台湾青年也"静静地"躺在病床上。他们在"静静地"想着什么呢?学生由此对人物进行心理补白。

生1:我觉得台湾青年也许在担心着家人的安危。他在想,不知道家人怎么样了,真是令人担心啊!可是小钱那里也不能耽误,自己要是现在不救他,说不定他就再也没有生的希望了。

生2:我觉得台湾青年可能在想,这个余震啊,赶快停吧!自己的家人还不知道情况怎么样,又联系不上。余震停下来,就多一分希望,小钱也可以快点手术。

生3:我觉得小钱可能在想,那个为他捐献骨髓的人,是个什么样的人呢?真是太让他感动啦,他真是幸运。

4. 联系生活

学以致用。联系生活,才能拉近学生和文本的距离,让他们将自己的生活和学习联系起来,将自己的成长与知识联结起来。

上文提到的《纪昌学射》一文,在整体感知、深入品读后,我让学生给河北省邢台市宁晋县的纪昌庄小学设计校训。我先让他们参考了哈佛校训和他们自己学校(天河区四海小学)的校训,然后让他们设计。

生1:今天的努力才能造就明天的成功。

生2:学东西不能半途而废,一定要坚持努力,才能尝到成功的滋味。

生3:世界上没有随随便便的成功,我们唯有努力。

生4:在成功的路上,你可能会遇到误解、非议、埋怨,这时候你一定要坚定地继续前行。

生5：不要只看到他人的辉煌，要看到他们背后的努力。

如五年级上册《钓鱼的启示》一文。因为这个单元的主题是"生活中的启示"，所以我的设计理念是：语文的一半是生活，要在恰当"走进文本"与"走出文本"之间，让学生的认知得到充分的内化与外延。我们认识了11个生字，理解了"抉择、告诫"等词语的意思，理清了文章的脉络，概括了文意，围绕"钓鱼——放鱼"的事情发展以及中心句"道德只是个简单的是与非的问题，实践起来却很难!"进行了品读与探究，体会了文章的表达方法。然后，我们走出文本，进行了拓展：

——判断"是非"，并简要说说原因。

深夜的马路上，只有一辆车。这时红灯亮了。是等红灯，还是直接开过。

公园里，芳草如茵。是抄近路踩过，还是绕道走。

生活中你有没有碰到类似的事情，你是怎么对待的？

——朗读道德名言。

衡量一个人真正的品德，是看他在没有人发觉的情况下做些什么!

——孟德斯鸠

——联系自己的生活经验及阅读积累，你还想到了什么？

四年级上册的略读课文《乌塔》写的是一个14岁的女孩做了三年的准备，独自游历欧洲的事。这个单元的主题是关于"成长的思考"，我做了联系生活实际的三层设计：

——联系生活实际，思考与交流："你对乌塔独自游历欧洲的事怎么看？"

——调动阅读积累，分享一下他人的成长故事以及自己受到的启发。

——反观自己的成长实际，有什么新的思考。

(五)玩绎：思考朗读与合作探究

玩绎，即玩味与探求。因为有了一个"玩"字，所以这过程一定是快乐的，一定是学生喜欢的。阅读教学中，玩绎的方式有哪些呢？答案太多了，我认为一切有趣的，能激发学生兴趣的，能促使他们主动思考积极参与的，都是"玩绎"。

以下从愉快地自主学习、愉快地合作学习、愉快地交流、愉快地思考、愉快地朗读几方面谈一谈"玩绎"。而事实上，这几方面也都是融合在一起的。

1. 愉快地自主学习

语文课前，要让学生在预习时就能带着问题阅读思考，自己找重点。语文课上，要给学生充分思考的时间以及交流展示的平台，让他们在老师的引领下走向高效深入的学习。

2017—2018 学年上学期，我和孩子们一起学习第一单元的第四课《火烧云》。这是一篇略读课文。有了前面几篇精读文的学习基础，这一课我全部交给孩子自主学习。我要求孩子们自学 5 分钟后，每人找到一处值得分享学习的地方，找一个大组以"开火车"的形式汇报，不能重复前面同学说过的，其他同学补充。课堂实录如下。

生 1：请大家关注 ABB 式词语：笑盈盈、红彤彤、金灿灿。

生 2：请大家看这个比喻句："天边的火烧云从西边一直烧到了东边，红彤彤的，好像是天空着了火。"把红色的云霞比作火。

生 3：请大家关注这些颜色词：半紫半黄、半灰半百合、葡萄灰、梨黄、茄子紫。

生4：请大家看第四到六自然段，火烧云变幻的三种动物：马——狗——狮子。作者的想象真是丰富呀！

生5：请大家看第四自然段，变成马的这一段，作者描写得非常细致，马头马尾的朝向都出来了。

生6：请大家关注第六自然段的"一模一样"和第四自然段的"模糊"，两个"模"字读音不一样，是多音字。

生7：请大家看这个比喻句。（同学们一起指出：重复啦！）

生8：请大家看第一自然段，都是"什么变什么了"这样的句子，有七个"了"字呢！

师：这些句式让读者有什么感受呢？

生：就是感觉大家很高兴，很兴奋。

生9：请大家看这个排比句，第三自然段的"一会儿……一会儿……一会儿……"，写出了火烧云变化非常快，颜色非常多。

生10：请大家看这个拟人句："可是天空偏偏不等待那些爱好它的孩子。"天空不等待孩子，把天空当人写，也写出了火烧云的变化快，想多看一下都不行。

生11：我实在没什么好讲的啦，我朗读一段，这一段写得很好。（朗读内容略。）

生12：我知道萧红是著名的作家，还写了《呼兰河传》。

另一组的学生：老师我们可以补充吗？这一课"一会儿"这几个字出现了好多次。

师：为什么要出现这么多次？

生：就是为了体现火烧云的变化非常快，而且变得非常奇特。

师：你们都说得非常好了，都是"超级自学王"。如果老师要挑一个方面再和大家谈一谈，你们猜会挑哪个？

97

生：肯定是"丰富的想象力"。

师：为什么？

生：你刚才写的时候，特意写大了一点。

生：你听到冰涵说想象力丰富的时候，感觉你特别兴奋，写"想象力"几个字很开心，所以我觉得你一定是特别希望我们说出来这个。

师：聪明，善于观察。现在翻到书的15、16页，仔细看这两幅图，你们还能有什么新奇又合理的想象呢？

师：联系生活中看到的火烧云经历，展开想象，补写一段："接着又来了……"

这个教学片段充分体现了学生的自学能力，不需要老师多讲，他们已经把这一课需要体会的方面都找到了，而且还非常高效。当老师舍得放手，会放手，孩子们呈现的精彩将让人感慨万千。

我们需要适当放手，给学生一片自主的蓝天。

2. 愉快地合作学习

建构主义学习观认为，知识不是通过教师传授得到的，而是学习者在一定的情境，即社会文化背景下，借助其他人（包括教师和学习伙伴）的帮助，利用必要的学习资料，通过意义建构的方式而获得的。所以，学习伙伴间交流、帮助、协商、探索等合作学习的方式尤为重要。

（1）同桌合作，彼此促进

"同桌"是一个温暖的词，有经验的老师都会慎重考虑座位的搭配，让同桌起到互相监督、合作、帮助的作用。课堂上，我经常让同桌之间互动，比如一个出题，一个解答；一个朗读，一个倾听；一个摆字卡，一个认读；一个说，一个补充与评价；一个说一部分，一个说另一部分；一个背诵一小段，另一个背诵另一小段；一个创作故事的开头，一个继续精彩的情节；一个说比喻句的本体，一个完成喻体；错了的字，一个报，一个听写等。

某个早上，秋风送爽，散去了长时间的炎热。我心情好，于是请同桌传递一下好心情，互相描述几句清晨的羊城秋景，然后向对方说一句美好的祝福的话。孩子们说完，都是笑逐颜开，整节课都有好心情。

某个下午，天气闷热，语文课上学生有点蔫蔫的，精神不集中。我便请同桌互相用几句文明、别致的话，将对方的耳朵"叫醒"，时间是三分钟。孩子们一下活跃了，有的讲脑筋急转弯，有的讲短故事，有的说笑话，有的闲聊电视、游戏……我"听之任之"。三分钟一到，如果还有没被"叫醒"的孩子，就是同桌"失职"了——用这样的同桌互动，"浪费"这样的三分钟，能够换得学生一节课的精神抖擞、兴致盎然。

同桌互动可以让每个人都动起来，及时检测反馈；可以改变课堂的氛围，调动学生的兴趣；可以用同伴的力量，瞬间走近孩子的内心；可以让一颗心，温暖另一颗心……

（2）小组合作，交流探讨

小组合作是能充分体现建构主义学习观和知识观、体现学生主动学习的方式。我在课堂上常采用以下几种形式：

小组分享。如在学习四年级上册第四单元丰子恺的《白鹅》一课时，我布置小组合作的任务是："请把各自查找或以往积累的关于丰子恺的资料在小组内分享一下。"有的孩子说丰子恺的生平，有的说他的漫画，有的说他的散文集。通过孩子间的分享、交流，每个孩子就获得了更多关于丰子恺的信息，同时也完善和补充了自己原有的信息。再如三年级上册《给予树》一文中，我让学生思考自己从中读到了哪些爱的给予。学生独立思考后，将答案在小组内分享。有的孩子读到的是父母对孩子的，有的说是兄弟姐妹之间的，有的说是小姑娘金吉娅对陌生女孩的，还有的说是孩子对父母的，是援助中心的人对需要帮助的人的……每个孩子都在小组内说一说，小组成员就对文中的"给予"有了更多维度的体会。课堂就不再是部分优秀生展示的舞台，而是让每个孩子都有了参与感，获得了表达的满足感。

小组讨论。如在学习四年级上册第四单元的叶·诺索夫的《白公鹅》时，学生初学后，我让学生回答："作者到底是喜欢这只白公鹅还是不喜欢？"课堂上出现了两种声音，有的说喜欢，有的说不喜欢。我让他们再回到文中仔细看看相关词句，将自己的观点在头脑中理好，然后再在小组内说出来。四人小组都说完后，展开讨论，看到底谁的观点有道理。然后达成了一致观点的小组派代表总结汇报他们的想法。在汇报时，其实汇报"喜欢"观点的小组已经将全班同学都说服了，他们举了生活中的例子，如"我们家那个调皮货"等，大体说出了"贬词褒用"的特点。在此基础上，我顺势出示"反语"一词，让他们体会"反语"表达的更强烈的情感。

小组协作。如四年级下册的《黄河是怎样变化的》一文，我让小组成员分别认领以下任务：黄河成为"祸河"的变化过程、变化原因、治理方案。各自思考，再在小组内介绍并互相补充汇报。再如为了让四年级的孩子掌握"段意串联法"这一概括主要内容的方法，让他们有更直观形象的认识，在教学《蟋蟀的住宅》时，我就给四个孩子分配任务：每人细读相关文段，找关键词句，用精练的一句话概括段意，然后四个人按顺序将各段意串联起来，一起完成主要内容的概括。经过这样的协作，学生对这种概括主要内容的方式就印象深刻了。当然，如果其中某个孩子概括段意有困难，其他孩子可以帮他补充、完善。小组协作能够体现"一个都不能少"，每个孩子的任务都是总任务的一部分，每个孩子都会有切实的参与感与获得感。这是"建构"指向的协作。当然还有"互助"指向的协作，二者其实是融在一起的。比如为了检测某个知识是不是都掌握了，可以让组长出题，成员解答，不会的，成员互相讲解。

小组探究。虽然在数学、科学等学科中，小组探究用得更广泛，但语文也是不缺"探究"的。探究的实质是"发现学习"，学生在学习情境中通过观察、阅读，发现问题，形成解释，获得答案并进行交流、检验。在学生充分思考的前提下，小组成员交流质疑解难，碰撞出思维的火花。比如三年级上册《小摄影师》一文，我设置的主问题是：从何看出这是一个没什么技术的"小摄影师"？学生从文中找出"没什么技术"的细节，和高尔基对待小男孩的态度进行对比，就对高尔基的人物形象有了更深的体会。

3. 愉快地交流

（1）课前师生交流举例

执教部编教材一年级上册《青蛙写诗》一课时，因为是在天河区南国学校的异地教学，为区一年级的老师上示范课，课前没有和学生见过面。我于是进行了一次课前谈话，和学生拉近距离的同时，又拓展识字。

师：孩子们，刚刚听了我跟老师们的谈话，你们还记得我是哪里的老师吗？

生：华阳小学。

师：南国的孩子就是善于倾听！我是什么老师呢？我是肖老师。（课件出示：肖。）这个字认识吗？

生：肖。

师：我虽然现在没教一年级，可是我以前教过一年级，以前我教一年级的时候可好玩了！我那些学生有点调皮呢，我们经常玩猜字游戏。我动不动呀就拿他们的名字出来猜，谁的姓啊，谁的名字里的一个字啊。可猜多了，他们就"抗议"了，说："老师，你不能总让我们来猜啊，我们也要你来猜猜！"有一天有个孩子就说："老师，你猜：肖老师逃走啦！是什么字？"啊？！我逃走啦？知道是什么字吗？是"逍遥"的"逍"。（课件出示：逍。）不认识没关系。还有一个孩子说："肖老师好多钱哎！"我说我没有好多钱，可是我猜到了，是"销售"的"销"字。还有的孩子说："肖老师戴着个帽子!"认识它是什么头吗? 宝盖头。有意思吧,说我戴帽子! 我说你这话就没有依据啦,我没有戴帽子,我每天都不戴帽子。(课件出示:宵。)他们为了难倒我,还提前做了功课。有的说:"肖老师洗了个澡!"(生笑。)为什么呢?

生:因为有三点水!

师:(课件出示:消。)是啊,我说我不仅洗了个澡,我天天都会洗澡,要讲卫生。又有一个孩子说:"肖老师淋了雨,淋成落汤鸡!"我说你们就不能说我点好的吗! 雨字头的"霄","云霄"的"霄"啊。(课件出示:霄。)还想知道他们说什么了吗?

生:想!

师:还有的孩子说:"肖老师靠着树在休息呢!"(生笑。)什么旁?

生:木字旁!(课件出示:梢。)

师:这个好,我喜欢靠在树旁休息。还有的孩子说:"肖老师长着嘴巴。"你们看这句话说的,我长着嘴巴,可是谁不是长着嘴巴呢? 你们也长着嘴巴呀! 这又是什么字呀?

生:哨!

师:(课件出示:哨。)哇,你好厉害,是"口哨"的"哨"! 还有的孩子说:"肖老师拿着一把刀!"我说我不拿刀,我在家里切菜要拿刀,在学校可不能拿刀!(课件出示:削。)有趣吧! 他们自己做功课,查字典查了半天,就拿着我这个"肖"字,让我猜了半天的谜语。但是,都难不倒我呀,我是谁呀?

生:肖老师!

师:是呀,我是肖老师,记住了。其实我们把声调变一变的话,还可以变出其他字来噢,例如说:第三声。(课件出示:小。)

生:小。

师:你们都是小——学——生。还有小?

生：小朋友。

师：比如说是第四声的时候就是校，（课件出示：校。）你们的学校叫作？

生：南国学校。

师：说到"南国"我就想起一句诗："红豆生南国。"（生在下面同时说。）你又知道啦！再比如说，好像是最后一个了！（课件出示：笑。）

生：笑！

师：不用读啦，做个表情给我看吧！（生笑。）嗯！你这个是灿烂的笑！这个是微笑！你呢，眯眯笑！你呢，有点小傻笑了，哈哈哈！（生大笑。）好，现在都是——开心地笑！所以呢，肖老师想告诉你们，每一次上语文课其实都是很开心的事情。我们要笑着上语文课，这样就能把语文的知识学得更好。所以今天，我们也来上一节开心的语文课，好不好？

生：好！

……

（2）课中师生交流、生生交流举例

2018年10月17日，我在刚刚接任的四年级（8）班上《去年的树》一课：

教学片段（一）

师：刚才我们按"起因——经过——结果"的事情发展顺序将故事的主要内容说了一下，现在能不能用一个词，再来概括一下起因经过结果呢？

生1：起因是"约定"。

生2：经过是"寻找"。

生3：结果是"相遇"。

师：除了"相遇"，是否还可以思考一下别的词？大家可以再看一下结尾部分。

生 4：承诺。

生 5：承诺不如叫"兑现"。（接着，学生又说出了"相见、告别、伤感、友谊、重逢、惋惜、兑现、点燃、找到、诚信、承诺、守信、给予、坚持、怀念、相遇"等词语。）

师：让我们走进课文，体会鸟儿与树的约定，感受第二年春天鸟儿一路的寻找，感受最后它们的相遇、相见，鸟儿对树的难舍、怀念。

教学片段（二）

师：刚才我们通过朗读鸟儿与树根、鸟儿与门先生、鸟儿与小女孩的三次对话，读出了鸟儿的担心、焦急、心急如焚。最后，它终于找到了好朋友树。它们的相见是怎样的情景呢？朗读这一部分，静静地想一想，你有什么感受呢？

生 1：鸟儿还是对树唱起了歌，它要兑现自己的承诺，这是一只非常守信的鸟。

生 2：我感受到了鸟儿的悲伤，再也没有像树这样的好朋友，天天听它唱歌了。

生 3：我不明白鸟儿为什么不等灯火熄灭，就走了呢？

师：这个问题可以思考一下，如果需要讨论，可以先思考再小声讨论一分钟。（讨论略。）

生 4：我认为是鸟儿不忍心看到它的好朋友树最后消失的样子，所以，它唱完歌就在灯火熄灭前离开。

生 5：我觉得鸟儿不用太悲伤，因为树和它度过的美好时光的记忆会一直留在它的脑海里，只要记忆还在，就不会真正地消失。这让我想起欧洲一幅有名的画，名字叫作《记忆的永恒》。

生 6：你说的这个也让我想起一部电影，叫作《寻梦环游记》。

师：不错，美好的记忆会永远存在鸟儿的脑海里。

生 7：其实，树并没有消失啊，树根不是还在吗？树根可以发出新芽，又可以长出大树，鸟儿又可以来为它唱歌。

生8：可是，这样长出来的大树，就不是原来的大树了呀。

生9：只要树根还是那树根，树就还是原来的树。

师：孩子们，树根长出大树，大树还有原来的记忆，可以听鸟儿唱歌，这是美好的故事续篇；树根长不出大树，或者是长出的不再是原来的树，但是友谊长存，这也是美好的表达。你们的想法都体现了童话传递"真善美"的特点。如果续编下去，你们就可以根据自己的理解，写出不同的结局。我们现在回到结尾，鸟儿又对着灯火看了一会儿，做最后的告别，它飞走了，但是它把什么留了下来呢？

生相继答：留下了友谊、诚信、友情、祝福……

下课了，有两个孩子哭了，一个是因为还有很多话想说，但是没有说出来，于是我让她单独说给我听；一个是因为她觉得小鸟太悲伤了，树太可怜了，她也想哭。

我布置的作业是完成课后小练笔："有什么话想对鸟儿说"。有一个孩子的妈妈发给我孩子的语音作业，因为孩子来不及写了，就申请用语音形式完成。孩子先和妈妈说感受，说着说着就哭了，她的妈妈也非常感动。孩子的语音作业内容是：

看着小鸟远去的身影，我想对小鸟说："小鸟，你刚才唱的歌很好听，你看，灯火听了都在跳舞呢，它一定听懂了你的歌。你的好朋友大树虽然燃烧了自己，但是它照亮了小女孩的屋子，给大家带去了光明。所以，它还是有价值的，你不用太悲伤。

"读了你和大树的故事后，我也很伤感。因为我也有一个好朋友，她三年级的时候就转学了。虽然我不知道她为什么转学，但是我相信她转学是为了更好的生活，而且她也答应我还会过来看我的，我期待和她见面。

"小鸟，你还记得立在原来那个地方的树桩吗？它还会发出新芽，慢慢长出新的大树的。你还可以像以前一样，天天唱歌给它听。你们两个的友谊又可以重新建立起来，你又会有新的朋友了。小鸟，让我们一起期待下一个春天的到来，让我们一起期待那个好朋友的到来吧。"

4. 愉快地思考

（1）快乐的思维工具：思维导图

教学的最高境界是"授之以渔"，让学生乐学、爱学、得法地学。思维导图是一种能有效促进教师的"教"和学生的"学"的工具，以其鲜明的色彩、形象的中心图、高度概括、归纳整理、凸显个性的特点深得学生喜爱，大大激发了其学习的积极性，提高了学习效率，促进了学生的主动学习。

教师用思维导图架构课堂，能够使得学生的学习更有目的性、思维更有条理性、操作更具高效性；也能促使教师更好地研读教材，灵活掌握教材，紧扣目的，合理取舍，将"情采"的理念不留痕迹地呈现于这一载体中。学生用思维导图辅助学习，能让自己的思维更有逻辑性、条理性。写作、阅读都可以使用。图 2-7 是我现在教的班级的一个孩子的日常作业——在阅读《三体》后，用思维导图的方式做的阅读记录。

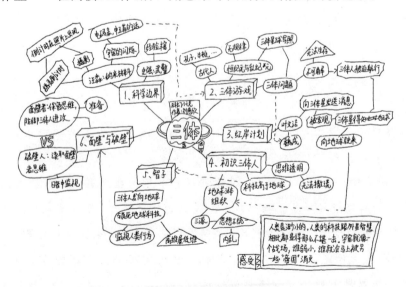

图 2-7 《三体》思维导图

（2）快乐的思维活动："超级思维王"

每当我或孩子们自己提出有挑战性的问题时，我经常会在黑板上板书"超级思维王"几个大字，画上波浪线和大笑脸点缀，然后将积极思考、精彩表达的孩子的名字写在上面。孩子们都想当"超级思维王"，我们的课堂需要"超级思维王"。思维能力的培养，是语文学习的核心内涵之一。

四年级上册"语文园地一"的"趣味语文"是一副有趣的对联："好读书，不好读书；好读书，不好读书"。趣在巧用多音字。学生思考后，根据内容含义以及押韵规则，觉得应该这样读："好（hǎo）读书，不好（hào）读书；好（hào）读书，不好（hǎo）读书。"寓意要珍惜时光，花有重开日，人无再少年。我问："只有这样的读法吗？是不是别的读法也能说得过去呢?"孩子们讨论开了，我让能达成共识的小组派代表发言，孩子们说得很有意思。

有孩子说："我觉得可以是'好（hǎo）读书，不好（hǎo）读书；好（hào）读书，不好（hǎo）读书。'第一句我解释一下，因为我们现在是读书的年龄，这是好（hǎo）读书的时候。但是，我们的家长要我们参加那么多课外班，很累，所以，这也是'不好（hǎo）读书'的时候。"

还有孩子说："我觉得可以是'好（hǎo）读书？不好（hǎo）读书；好（hào）读书？不好（hào）读书。'就是在读的时候，把上联和下联的前半句都往上扬一下，变成问句，下半句变成答句。就是变成了两个一问一答。"

我觉得不管是哪种解读，只要孩子能自圆其说，都是可以的。

又如 2018 年 10 月 17 日，我教学四年级上册的《幸福是什么》。

师：这个童话故事哪里体现了童话的特点呢？

生1：传递了真善美，让我们懂得了要靠自己勤勤恳恳的劳动创造幸福，也要努力为他人带去幸福。

生2：有神奇的情节，比如智慧的女儿这个人物，一会儿出现一会儿消失。

师：智慧的女儿这个人物，能不能去掉呢？如果没有她，好像故事也没问题。

学生第一反应就是不能去掉。我接着问为什么不能去掉，他们一时反应不过来。于是，我让他们独立思考两分钟，学生的思路就打开了。

生1：当然不可以。智慧的女儿鼓励他们去寻找幸福的含义，他们才踏上了寻找幸福的道路。而且十年后，他们才遵照约定再来到井边。

生2：就是说，智慧的女儿让故事顺利开展下去。

师：也就是说，推动了故事情节的发展。

生3：但是智慧的女儿是个神话人物啊，那这到底算是神话故事还是童话故事呢？

生4：谁说智慧的女儿就一定是神话故事里面的？再说，故事里也可以不出现智慧的女儿，出现劳动的女儿、智慧的儿子都可以啊！

师：也就是说，只是需要这样一个人物形象推动故事发展，对吗？

生5：就是这样。而且最后还告诉大家幸福的真正含义，这样就让故事更能传递真善美。

2017年10月20日，我和孩子们学习《小木偶的故事》。在达成"理解主要内容"目标时，我给了学生框架，在黑板上写下故事中的人物——老木匠、红狐狸、熊警察、小兔子、老婆婆、蓝鼻子小女巫，让学生根据黑板上的故事人物说主要内容。接下来，在达成"体会童话故事情节的生动"目标时，我抓住了情节的"反复"这一特点。看似反复出现的一些情节，实际上是推动了故事的发展，我问："第二部分的四个故事人物，能不能去掉哪一个？"简单的一个问题，又引发了学生的思维风暴。我在黑板上又写了"超级思维王"，他们的发言太精彩了：

生：红狐狸不能去掉。正是因为红狐狸抢了小木偶的书包，才有了后面的熊警察等故事人物出现。

师：嗯，红狐狸抢包是关键性的情节。此时书包被抢的小木偶，心情是——

生：很生气。

师：那么熊警察能不能去掉呢？

生：不可以。请大家看课文第 17 到 21 自然段，因为熊警察本来就是维护正义、打抱不平的，但是它居然没有看清事实真相，误解了小木偶，还把小木偶扔出老远。这个情节也很重要。

师：所以此时小木偶的心情是——

生：很委屈。

师：再说说小兔子和老婆婆吧。本来有了前面的红狐狸和熊警察，小木偶也生气了、委屈了，直接出现蓝鼻子的小女巫不行吗？

生：请大家看课文第 24 到 26 自然段，小兔子本来是温柔地问小木偶怎么了，是对小木偶表示关心。可是只会笑的小木偶让它不相信，以为小木偶在装，就走开了。本来小木偶以为会从温柔的小兔子那里得到安慰，谁知却更受打击了。小兔子让小木偶更受打击了，所以不能去掉。

师：总结得好，更受打击了。

生：老婆婆也不能去掉。请大家看第 29 自然段，老婆婆对小木偶说："真不像话，连小木头人都学着撒谎。"她不仅不相信小木偶，而且还指责它不像话。

师：如果你是小木偶，这个时候你的心情会怎么样？

生：我会很难过，很伤心，很委屈。

师：一连三个"很"，你用心体会了小木偶的心情。所以，大家能不能总结一下，从红狐狸到老婆婆，四个人物一个都不能少的原因是什么呢？你们可以讨论一下。

生：原因就是，这几个人物，让小木偶因为只有笑的表情一再受到误会。它的心情越来越难过，越来越委屈，是一个推进的作用。

师：说得真好。情感的推进，随着小木偶受到的委屈递增，我们读者对小木偶也会越来越——

生：同情。

师：嗯，深深的同情。深深地感受到只有一种表情真是不行呀！幸好蓝鼻子的小女巫出现了！

让孩子们成为"超级思维王"，需要教师在师生互动、生生互动中善于捕捉思维激发点。以四年级上册的部分课文为例，我们的"超级思维王"环节是在这些时候出现的。

学《观潮》时，学生谈到了钱塘江大潮的"奇"，对钱塘潮的气势、声音等方面都不难体会，我一再追问，还有呢？孩子们答不出来，让他们讨论后，有一个组的孩子简明扼要地总结为江潮奇、人潮奇。比我的总结还精彩！

学《鸟的天堂》时，我们最后的总结性问题是：为什么大榕树会成为鸟的天堂？

学《游山西村》时，我小结："同学们刚才说'足鸡豚'的'足'体现了村民的好客、热情、大方，如果你就是这个被留的客人，你会非常感动、觉得温暖。这些都体会得非常好，但是诗歌前两句和后两句有什么关系呢？"在有的学生拓展分享了陆游的生平，有一个孩子说到了陆游的诗歌《示儿》后，学生说，正是因为山西村民让作者感受到了热情温暖，所以陆游没有对现实失望，他一直怀有希望。

学《爬山虎的脚》时，在学生交流到"爬山虎怎样爬"的环节时，我问："为什么爬山虎的脚是'一脚一脚'往上爬，不是'一步一步'往上爬呢？"

学《蟋蟀的住宅》时，我让学生总结：在法布尔的笔下，蟋蟀先生是个怎样的形象呢？

学《巨人的花园》时，我问："我们说情节的奇特、人物的神奇是童话的特点之一，这篇童话里哪些情节是生活中不会出现的神奇情节呢？作者为什么要这样写？"

在学《黄鹤楼送孟浩然之广陵》一诗时，学生说到了"孤帆"，我问他们："孤帆"是真的只有一条船吗？学生们有的说是夸张，有的说是表现孤独，有的说是确实只有一条船，还有的说是诗人李白眼里只看到了朋友的船，一共有六种不同答案。我让学生小组讨论，小组内达成统一意见。最后，他们都认可了"眼里只看到朋友的船"这一解释。

在学《送元二使安西》时，我问："为什么要用'更尽一杯酒'而不用'更饮一杯酒'呢？"学生一下就兴奋了……

总之，"超级思维王"环节是会让学生"瞬间提神"的，是会在小组内引起激烈争议的，是能促使学生再深入文本的，是能见到"冥思苦想"的，是能发展学生的思维的，是能让语文课变得充满期待的。

5. 愉快地朗读

"朗"有"声音清晰响亮"之意。朗读，就是声音清晰响亮地读。即运用普通话把书面语言清晰、响亮、富有感情地读出来，也就是朗读者在理解作品的基础上用语音塑造形象，把文字作品转化为语言，变视觉形象为听觉形象的再创造活动。

阅读是语文之本，在尽量推进阅读的同时，我非常重视朗读。我带着孩子们一起在课堂上入情入境地朗读课文；让他们在课前朗读分享喜欢的文段；鼓励他们在家里大声读出看到的优美动人的文段；布置作业让他们找伙伴在电话里读给对方听，再互相评价；有的课文非常优美，就让他们通过"配音秀""为你读诗"等软件配乐朗读并上传。朗读，是连接文本与心灵的桥梁，是输入与输出之间的美好风景，是心和文字一起的美好律动。

（1）要为"阅读激情"提供平台，将其转化为"朗读热情"

要读好文章，无外乎两个词：情感和技巧。我把情感排在技巧的前面，是因为技巧方面的知识比比皆是，但很多人并不会有那份热情和耐心去阅读。只有在情感上先产生了浓厚的兴趣，有了强烈的读的欲望，才会披情入文，为朗读奠定良好的基础。

我第一次被文字打动，从而产生朗读的兴趣，大概是在小学四五年级的时候。那时候最喜欢的课外书是《小溪流》——事实上除了这个也没有什么其他的课外书。《小溪流》上有很多不错的故事文章，看到喜欢的段落，我会拿着书跑到后山上大声读出来。读着读着，那个童年就有很多心事的自己，就会逐渐感到轻松和快乐。

初一的时候，我得了一本《宋词三百首》，读到柳永、秦观、晏殊、李清照、苏轼、辛弃疾等人的词时，感觉灵魂像出了窍。我抄了背，背了抄，尤其喜欢朗读李煜的词，如："林花谢了春红，太匆匆，无奈朝来寒雨晚来风！"那时候当然不太懂李后主的亡国之痛，却也读得不亦乐乎。

我真正被文字震撼到从而喜欢上朗读，是在初二的时候看余秋雨的《文化苦旅》。"阳关雪""莫高窟""遥远的绝响"……看得我心潮澎湃。我一个人关着门在房间里高声朗读着，真有种"观古今于须臾、抚四海于一瞬"的酣畅淋漓。在那个年龄，《文化苦旅》的文字、文风对我产生了很大的影响。

回顾自身经历，我认为阅读激情能够引发朗读热情，有了这份热情，就不会为读而读，就能在不知不觉中学习和掌握技巧，就能读出情感、读出画面、读出韵味。所以，我觉得教师应该抓住学生的阅读激情，提供时间与平台让其将之转化为朗读的热情，因为愿意读、乐意读，是读好的前提条件。

我要求学生，在他们阅读时，如果发现非常精彩的章节、非常感动的情境、非常优美的描述等，只要他们觉得非常精彩，就可以读给同学们听。课前三分钟，是学生非常期待的朗读展示时间。

（2）要让学生享受朗读，如同享受歌唱

记得我参加工作的第二年，长沙市雨花区教研室的袁老师做报告时说："语文老师要把文字读出画面感，才能吸引学生，帮助他们理解。"这句话我至今记忆犹新。

国家语委教授、语用所所长姚喜双也说过一段关于朗读的话："朗读是一种创造性的语言活动，要具有自己的风格。朗读要把握整体，穿成串，抱成团，要给大家一个完整的意思，传情达意。朗读中，要寻找制高点，加强对比度，起步不能太高，要慢慢爬山坡，否则真到了高潮部分你该怎么办？那只能是声嘶力竭，听的人累，自己读得也累，这就是'情亦深，声亦收'。"

总结一下两个人的话，就是朗读要有整体感、画面感、层次感，要有自己的风格。这不禁让我想到唱歌，二者在某些方面都是相通的。每一首歌曲都有曲调，有进行描述铺垫的主歌部分和高潮的副歌部分，有的浅吟低唱，有的嘶声呐喊，有的深切感人。不同的人演唱，会唱出不同的韵味。有很多老师喜欢唱歌，尤其是许多年轻的老师。唱歌是一种美好的表达，是一种发泄和享受，朗读也是如此。如果用歌唱的心境与态度去对待朗读，那么，朗读会同样美好，同样成为点缀生活的乐章。

当你读着纳兰性德的《长相思》："山一程，水一程，身向榆关那畔行，夜深千帐灯。　　风一更，雪一更，聒碎乡心梦不成，故园无此声。"你不觉得这就是在伤感地浅吟低唱吗？

当你读着《山中访友》："你好，清凉的山泉！你捧出一面明镜，是要我重新梳妆吗？你好，汩汩的溪流！你吟诵着一首首小诗，是邀我与你唱和吗？你好，飞流的瀑布！你天生的金嗓子，雄浑的男高音多么有气势。你好，陡峭的悬崖！深深的峡谷衬托着你挺拔的身躯，你高高的额头上仿佛刻满了智慧。"你不觉得这是在热情地歌唱吗？

古人吟诵，文字如歌；我们自由地朗读，心中有歌，也可以让文字如歌。享受朗读，如同享受歌唱。所以，我希望和学生一起，带着朗读的激情，怀着歌唱的心境，充分享受朗读带来的乐趣。

教学《送元二使安西》时，在朗读理解之后，我就让孩子们用自己喜欢的调子歌唱，因为这首诗，就是一首传唱千百年的送别之歌啊！《渭城曲》《阳关三叠》，离愁别绪在王维的笔下，在因"情动"而生的旋律里得到了淋漓尽致地表达。唱完这首七言绝句还不尽兴，我又找出元代《阳春白雪集》中的大石调《阳关三叠》，和学生一起读起来，哼唱起来：

渭城朝雨，一霎浥轻尘。更洒遍客舍青青，弄柔凝，千缕柳色新。更洒遍客舍青青，千缕柳色新。休烦恼，劝君更尽一杯酒。人生会少，自古富贵功名有定分。莫遣容仪瘦损。休烦恼，劝君更尽一杯酒，只恐怕西出阳关，旧游如梦，眼前无故人。只恐怕西出阳关，眼前无故人。

以下是在学习六年级上册《这片土地是神圣的》一文时，我引导学生朗读的一个片段：

师：这节课我们继续分享这份有名的"西雅图宣言"，它穿透了一百多年岁月的风霜，到今天依然是那么让我们感动。请你们细细聆听。（播歌曲，廖昌永的《多情的土地》片段，配图。）

师：怎么离开这河川山脊，然而印第安人现在却即将离开，（播配乐。）离开这片酋长如此深爱着的土地。酋长深情地望着眼前的一草一木，他的心中一定充满着——

生1：酋长的心中充满着悲伤。

生2：充满着不舍。

生3：酋长心中应该充满着留恋。

师：但是，再留恋又有什么用呢？我们还是必须要离开。酋长的目光掠过眼前这些悲伤的印第安人，他的眼睛望向远处那波光闪闪的河流，那里曾经给他们的祖祖辈辈留下多少美好的记忆啊！于是，他深情地说——

生读：溪流河川中闪闪发光的不仅仅是水，也是我们祖先的血液。那清澈湖水中的每一个倒影，反映了我们的经历和记忆；那潺潺的流水声，回荡着我们祖辈的亲切呼唤。河水为我们解除干渴，滋润我们的心田，养育我们的子子孙孙。河水运载我们的木舟，木舟在永流不息的河水上穿行，木舟上满载着我们的希望。

师：于是！酋长慎重地嘱托——

生读：如果我们放弃这片土地，转让给你们，你们一定要记住：这片土地是神圣的。河水是我们的兄弟，也是你们的兄弟。你们应该像善待自己的兄弟那样，善待我们的河水。

师：酋长的目光望向远处，他深深地呼吸了一口新鲜的空气，然后说——

生读：印第安人喜爱雨后清风的气息，喜爱它拂过水面的声音，喜爱风中飘来的松脂的幽香。空气对我们来说也是宝贵的，因为一切生命都需要它。

师：所以，酋长真诚地忠告——

生读：如果我们放弃这片土地，转让给你们，你们一定要记住：这片土地是神圣的。空气与它滋养的生命是一体的，清风给了我们的祖先第一口呼吸，也送走了祖先的最后一口叹息。同样，空气也会给我们的子子孙孙和所有的生物以生命。你们要照管好它，使你们也能够品尝风经过草地后的甜美味道。

师：酋长眼前又浮现出那些奔跑的动物的身影，那是他们的兄弟姐妹啊，酋长自己就被誉为是"老鹰的兄弟"。所以，他严肃地警告——

生读：如果我们放弃这片土地，转让给你们，你们一定要记住：这片土地是神圣的。你们一定要照顾好这片土地上的动物。没有了动物，人类会怎样？如果所有的动物都死去了，人类也会灭亡。降临到动物身上的命运终究也会降临到人类身上。

师：风吹过了酋长那张忧伤而又慈祥的脸，他语重心长地说——

生读：告诉你们的孩子，他们脚下的土地是祖先的遗灰，土地存留着我们亲人的生命。像我们教导自己的孩子那样，告诉你们的孩子，大地是我们的母亲。任何降临在大地上的事，终究会降临在大地的孩子身上。

生读：我们热爱大地，就像初生的婴儿眷恋母亲温暖的怀抱一样。你们要像我们一样热爱它，照管它。为了子孙后代，你们要献出全部的力量和情感来保护大地。

生读：我们深知，大地不属于人类，而人类是属于大地的。

师：反复一次，我们深知——

生读：我们深知，大地不属于人类，而人类是属于大地的。

师：孩子们，我觉得你们已经读出了文章中饱含的深情。只要读的时候入情入境，我们都可以读得精彩。

愉快地自主学习，是玩绎；愉快地合作学习，是玩绎；愉快地交流、思考、朗读，都是玩绎。如何让学生有兴趣地学习、快乐地学习，从学习中不断获得满足感、驱动力，化被动为主动，享受学习的过程，这些是每一位教师都应该思考的。

每一位教师，都应该和学生一起"玩绎"。

（六）见异：发散思维与善于质疑

语文教学要发展和提升学生的思维能力。"见异"，是在尊重文本的前提下，培养学生的发散性思维，引导学生多角度思考，能见他人之未见，想他人之未想，能对同样的内容有自己独到的见解，观察更细致，思考更全面；同时，培养学生善于质疑，具有批判性阅读的意识，学会"思辨"。我认为，"见异"，就是新课程理念提倡的"个性化阅读"的体现。

比如在教学六年级上册的《最后一头战象》时，我问学生："有人说，沈石溪的小说中知识性错漏较多，会误导孩子。那么为什么还有那么多小孩阅读？我们该怎样看待？"学生在思考讨论下最终达成了一致的意见：阅读时要学习欣赏的是文学性的内容，和科普性的知识区分开来；同时每个人都应该常怀谦逊，因为每个人都有知识盲点，学无止境。

部编教材二年级上册有一篇《狐假虎威》。一位老师找我讨论备课，我和她就文体特点、年段特点、单元重点、故事本身特点等几方面确定了目标与策略后，年轻的老师提出，她希望课堂上还要达成阅读推进与"思辨"的目标。我对她说，两者是可以整合的，狐狸在中国的各种故事里，都是以负面的形象出现的。可是在日本的童话里，它却经常以正面的温暖的形象出现，尤其是椋鸠十的作品。这是文化的不同，也是童话本身所要传递的价值意义对角色的塑造需要。可以找两篇简短的作品推荐学生阅读，让他们说一说。二年级的孩子用他们的视角想一想，谈一谈，我想会挺有意思。而令我觉得"神奇"的是，事后不久，我在人大复印资料《小学语文教学》杂志上，看到了中国教育学会小学语文教学研究会秘书长陈先云老师的文章《对以狐狸为主要形象组织单元内容的思考》，顿时产生了被认可的喜悦。

在带着四年级的孩子读《论语》时，对《论语》中的有些观点，学生提出了自己的不同看法。我觉得这样挺好，就提出来讨论，再达成一致意见，让学生敬畏经典，但是不迷信经典，吸取最有营养的，同时也抛舍不合时宜的。时代在变化，对于经典，传承中一定要有创新。勇于"见异"，就是他们创新的开始。

2016年5月16日，"全国中小学生本学校管理班"学员来华阳小学参观。我带着二年级(2)班的孩子们上了一节展示课——《丑小鸭》。这个家喻户晓的童话故事，该怎么样让二年级的孩子展开个性化阅读，获得独特的阅读体验与感受呢？我将"读出个性化的感悟"作为教学的重难点，做了以下设计：

二年级下册《丑小鸭》教学设计

【文情分析】

1.《丑小鸭》是根据安徒生童话改写的一个童话故事。对于童话故事来说，不同年段的学生阅读，不同年龄的人阅读，都会有不同的感受。对于这样一篇大家耳熟能详，有着多元解读的童话故事，要给二年级的学生设置怎样的目标呢？我想，学生在识字写字、读懂课文的基础上，能体会丑小鸭因为外表丑陋而经受的磨难，能懂得要善待他人，不要以外表论人，只要有一颗坚强勇敢的心就可以了。其他能感悟到什么，就感悟到什么，充分尊重他们的年龄认知特征就好。

2. 以读引读。"大阅读"是华阳语文一直坚持的方向。由这篇经典童话开始，由安徒生的童话开始，打开学生阅读童话，喜爱童话，追求童话中传递的真善美的一扇窗。我想是需要我们用心去做的。

【学情分析】

大部分的孩子在很小的时候就读过安徒生童话，或者是由父母读，他们听过。童话，是最接近他们心灵的文学作品。当年龄增大一点再去阅读的时候，需要做的就是多思考，有自己的个性化感受。

【教学目标】

1. 通过对比走进文本，读出个性感悟。先品读，读出丑小鸭的"又大又丑、被欺负、被讨厌、被讥笑、孤单"等感受，再想象当它变成白天鹅后的"被喜欢、被关爱、被美慕"等。从丑小鸭、白天鹅及其他动物的角度，能表达自己的思考。

2. 通过拓展延伸文本，读出童话价值。以读引读，分享交流从安徒生的其他童话中读出的感受。

【教学重难点】

读出个性化的感悟。

【教学过程】

1. 你好，丑小鸭

(1)朗读体验，尝试简单复述。

(2)交流：

①故事一开始，你读到了一只怎样的丑小鸭？

②自主学习：随着故事的继续展开，你又读到了一只怎样的丑小鸭呢？这样的丑小鸭让你想到了什么呢？

预设：被欺负的，被讨厌的，孤单的，被讥笑的，可怜的……

③小组交流后汇报。教师指导朗读并拓展想象，完成板书。

2. 你好，白天鹅

①朗读指导，尝试用叠词后置的方式说说白天鹅。

如果丑小鸭的外形是"又大又丑"，也用"又（ ）又（ ）"形容白天鹅。

②思考：丑小鸭变成白天鹅后，还会有从前那样的遭遇吗？

预设：被喜欢、被美慕、被关爱、很热闹……

③前后对比，你想到了什么？有没有什么话要分别对丑小鸭、白天鹅，还有那些欺负过丑小鸭的动物说呢？

3. 你好，童话

(1)如果你拥有魔法，可以变身成安徒生其他童话里的一个人物，你希望变成谁？为什么？（学生先在小组内分享，然后小组推选出一人全班分享，最有效率的前五个小组推选出的五位同学获得全班分享的机会。）

(2)你还想去阅读哪些童话故事呢？

200多位老师全程听得很认真，课后，华阳教育集团陈丽霞校长评价说："《丑小鸭》这堂课将学校生本特色与个人教学风格有机融合。学生在触摸语文学科核心素养方面有深度、有品质，且充满了童真童趣！"北京顺义区张镇小学杨艳梅老师说："这堂语文课真正推进了'大阅读'。《丑小鸭》的故事带出了安徒生童话的很多篇，学生读进去，讲出来，收获感悟，发言有理有据、有自己的观点，足见平时的功夫！"成都外国语学校李凤老师说："一堂课就像一首乐曲一样，是老师和孩子们一起合奏的，而孩子们是主体，老师只是配乐。这节《丑小鸭》有太多亮点，没有前期的阅读基础，孩子们不会奏出这么美的乐章。这样的语文课，为孩子们的一生幸福学习铺垫绿草坪。"成都新城区的陈素华老师说："这堂课的设计充满睿智、匠心独运，课堂上流淌着浓浓的语文味。学生充分阅读、积极思考、尽情表达，呈现出的语文素养让人叹服。这就是以生为本的语文课堂的魅力。"

(七)宗经：国学经典与名家名作

刘勰《文心雕龙》中专门有《宗经》一章，"宗经"的意思就是说文章必须宗法儒家经典的主旨。因为儒家经典可以陶冶人的性情，文辞也合乎文理，能启发学习，培养正道，因此成为文章的典范，影响深远。在阅读教学中，"宗经"可以解读为阅读经典的文学作品，既包括中华传统经典作品，如四书五经、诗词歌赋，也包括古今中外的其他经典作品。新课标指出，学生要能初步理解、鉴赏文学作品，受到高尚情操与趣味的熏陶，发展个性，丰富自己的精神世界。

从一年级到三年级，我和华阳小学的孩子们一起读了《声律启蒙》《诗经》《唐诗三百首》《宋词三百首》《幼学琼林》《论语》。在两年的时间里（五、六年级），我和石牌小学的孩子们读了《论语》《大学》《老子》，还有《庄子》中的《逍遥游》《养生主》等名篇，以及《古文观止》的部分篇目。

除了国学经典的阅读诵读，和学生一起读名家名作，也让我们乐在其中。华阳小学2013级3班的孩子，在他们六年级一年的时间里，我们根据课文内容进行相关的拓展阅读，一起阅读与分享《椋鸠十动物童话》，沈石溪的《狼王梦》，鲁迅的中篇《故乡》、散文集《朝花夕拾》，以及《安徒生童话》《契诃夫短篇小说选》《鲁滨孙漂流记》《汤姆•索亚历险记》等名家名作。还推荐了一套浙江少年儿童出版社出版，钱理群先生主编的《小学生名家文学读本》，一共十本，分别为《小学生朱自清读本》《小学生叶圣陶读本》《小学生萧红读本》《小学生汪曾祺读本》《小学生鲁迅读本》《小学生巴金读本》《小学生老舍读本》《小学生沈从文读本》《小学生冰心读本》和《小学生丰子恺读本》，我非常喜欢，学生也非常愿意读。在阅读大师名作的过程中，我们都获得了丰厚的养分。

以学习国学经典《声律启蒙》的一节课为例吧。这堂课是我为2014级2班的孩子们上的，课堂设计获得了2015年天河区第一届经典教育教学设计大赛特等奖第一名，课例在山东济南参加第五届全国传统文化进课堂教学研讨会的教学展示活动时，也获得了特等奖。教学设计如下：

图 2-8　在第五届全国传统文化进课堂教学研讨会上

展示"声律春秋"教学

"声律春秋"教学设计

【教学内容】

《声律启蒙》下卷·一先

【文情分析】

学生使用的教材为二十一世纪出版社出版的《声律启蒙》。《声律启蒙》是训练儿童应对、掌握声韵格律的启蒙读物。按韵分编，包罗天文、地理、花木、鸟兽、人物、器物等的虚实应对。从单字对到双字对、三字对、五字对、七字对到十一字对，声韵协调，朗朗上口，从中可以得到语音、词汇、修辞的训练。从单字到多字的层层属对，读起来如唱歌一般。较之其他全用三言、四言句式的读物更见韵味。在启蒙读物中，它别具一格，经久不衰！

【学情分析】

本堂课的教学对象为华阳小学一年级（2）班的孩子。从上学期他们步入小学阶段开始，我就选择了朗朗上口、辞藻优美的《声律启蒙》作为他们经典诵读起点。相对于幼儿园已经接触过的《弟子规》《三字经》，孩子们对这个更感兴趣，每天都在兴致盎然地朗读背诵。上学期我们读完了《声律启蒙》的上卷，还读了《弟子规》《三字经》《千字文》。除此之外，因为我们也坚持诵读古诗，所以孩子们已经积累了一定的诗歌，其中就有不少描写春天的古诗。到了一年级下学期，孩子的语文表达能力、朗读能力也都有了一定的提升。

【教学目标】

1. 以"古诗迎春"的方式回顾学过的关于春的古诗；以"声律探春"的方式回顾和学习关于春的对子，体会"春"与"秋"对韵句的优美，用多种方式流利诵读，争取背诵；以"长歌惜春"的方式抒发自己的感受，体会到要珍惜春天，珍惜时间！

2. 积累对韵美句，提升对"对对子"的认知和诵读的兴趣。

3. 体会要珍惜春天，珍惜时光。

【教学重点】"声律探春"——诵读、背诵

【教学难点】"长歌惜春"——感受、表达

【教学时间】一课时

【教学过程】

1. 古诗"迎春"：情境朗读(PPT 音画呈现，教师引读)

师：冬天，寒冷的冰雪覆盖着大地，但是——

生：冬天来了，春天还会远吗？

师：让我们用古诗唤醒沉睡的冬天，迎接春天的到来吧。(回顾诵读过的《小学生必背古诗词 80 首》中和春天有关的诗。)这是大诗人孟浩然，在一个春天的早晨醒来后，他看着满地落花，写道——

生：春眠不觉晓，处处闻啼鸟。夜来风雨声，花落知多少。

师：贺知章从春天的柳树下经过，他被柳树的美好姿态深深吸引住了——

生：碧玉妆成一树高，万条垂下绿丝绦。不知细叶谁裁出，二月春

风似剪刀。

师：烟花三月，春天最美的时节，大诗人李白却要在黄鹤楼送别自己的好朋友孟浩然，真是依依不舍啊——

生：故人西辞黄鹤楼，烟花三月下扬州。孤帆远影碧空尽，唯见长江天际流。

师：春天的西塞山前，桃花流水，白鹭高飞，诗人张志和正在这美景中看渔翁捕鱼呢——

生：西塞山前白鹭飞，桃花流水鳜鱼肥。青箬笠，绿蓑衣，斜风细雨不须归。

师：北宋的大文豪王安石，却在这春天的夜里，思念起了自己的故乡，还有故乡的亲人们。他想，什么时候才能回家呢——

生：京口瓜洲一水间，钟山只隔数重山。春风又绿江南岸，明月何时照我还。

师：诗人王之涣看着春天的美景，想到了戍守边关的士兵们，家乡的春天已经姹紫嫣红了，可是塞外却还是一片荒凉——

生：黄河远上白云间，一片孤城万仞山。羌笛何须怨杨柳，春风不度玉门关。

师：诵读过这么多古诗后，春天终于来了——

生：迟日江山丽，春风花草香。泥融飞燕子，沙暖睡鸳鸯。

2. 声律"探春"

春天终于迎来了，让我们到《声律启蒙》里去寻找更多春天的消息吧！

回顾1：《声律启蒙》中关于春天的对子。（一生领前半句，其他生接后半句。）

半溪流水绿，千树落花红。

衔泥双紫燕，课蜜几黄蜂。

柳塘风淡淡，花圃月浓浓。

野渡燕穿杨柳雨，芳池鱼戏芰荷风。

两岸晓烟杨柳绿，一园春雨杏花红。

新授1：春日美景

珠缀花梢，千点蔷薇香露；

练横树杪，几丝杨柳残烟。

①看图说一说"珠缀花梢"和"杨柳残烟"的意思。

②生自由读——同桌合作读——展示读——和老师接读。

回顾2：《声律启蒙》中关于春和秋相对的句子。（领读前半句，生接后半句。）

春日园中莺恰恰，秋天塞外雁雍雍。

春日正宜朝看蝶，秋风那更夜闻蛩。

秋雨潇潇，熳烂黄花都满径；

春风袅袅，扶疏绿竹正盈窗。

观察：发现了什么？（春秋对。）

新授2：这两句是春秋对吗？从哪里看出呢？

金城三月柳，玉井九秋莲。

何处春朝风景好，谁家秋夜月华圆。

出示整体：

晴对雨，地对天。

天地对山川。

山川对草木，赤壁对青田。

郏鄏鼎，武城弦，

木笔对苔钱。

金城三月柳，玉井九秋莲。

何处春朝风景好，谁家秋夜月华圆。

珠缀花梢,千点蔷薇香露;练横树杪,几丝杨柳残烟。

①一、二行自己拼读,读通顺。第三行出示拼音,读准确。

②诵读大比拼。同桌合作读——小组合作读——老师引读——开火车读——"谁是速度王"趣味读。

③尝试背诵(填空背)——背诵(齐背)。

3. 长歌"惜春"

(1)有的春秋对却充满了伤感,因为觉得美好的春天很快就过去,一去不还了。例如:"噪晚齐蝉,岁岁秋来泣恨;啼宵蜀鸟,年年春去伤魂。"

(2)对于这些感慨,你们有什么想法呢? 独立思考——小组说一说——汇报说(评议)。

(3)小结:春天再美好,也不可能永远在我们身边,所以我们要做的就是——(板书:惜春。)读惜时名言:"一年之计在于春,一日之计在于晨。""一寸光阴一寸金,寸金难买寸光阴。"你还积累了哪些珍惜时间的名言呢?

(4)在《长歌行》的齐诵中感受要珍惜时光,及时努力。

青青园中葵,朝露待日晞。

阳春布德泽,万物生光辉。

常恐秋节至,焜黄华叶衰。

百川东到海,何时复西归?

少壮不努力,老大徒伤悲!

这节课在学校面对全校语文老师展示后,各年级进行了评课议课。语文科组长将各年级的评课要点汇总如下:

还记得在集体备课时提到的经典课堂三部曲:温故,知新,拓展。无比赞同! 这节课就是很清晰很成功地这样开展下来的。另外,教师所

126

营造的氛围（音乐、语言渲染、精妙过渡语），对孩子们兴趣的激发起着关键作用。孩子们那一张张因为学习所带来的喜悦而涨红的小脸让人记忆尤深！（一年级）

一个词——震撼！上课老师语文素养高，课堂表现力强，感染了所有的听课老师。课堂上展示了浓浓的语文味，回到了语文教学的根本。对于教学新手，本堂课的教学设计可操作性强，将老师的教法和学生的学法毫无保留地一一展现，学生高涨的学习状态一览无余。教师朗诵入情入境，语言丰富、生动，底蕴深，教师的教学机智随处可见。期待多听到这样的老师的课！（二年级）

"声律春秋"，如沐春风。这是一节让人难忘的课，不仅唤醒了孩子们，更是唤醒了在一旁听课的我。回顾课堂，紧紧围绕春天的主题，从形象的板书，春天诗歌的导入，到出示探寻春天的对子、春秋对，再到诵读下卷之"一先"，到最后"惜春"的提升与拓展，都传达了老师言语间的传承、坚守与唤醒。学生在多种形式的诵读中，感悟了春天的情感，明白了"春朝"对"秋夜"等的韵律。（三年级）

老师的个人素质很高，教学设计独具匠心。课堂节奏一张一弛，过渡语能吸引一年级孩子的注意力。一年级的孩子能有这样的表现，实在是令人惊讶！（五年级）

当然，老师们也都提出了可以加强小组合作的建议。在聆听了各年级老师们的评议后，我做了如下分享：

1. 我为什么选择讲这个内容？

依着时令，依着孩子们现在的兴趣指向和生活实际，今天，刚好以这样一节关于春天的主题教学课来作为总结。（现在是春天，孩子们刚学了一个春天的单元，读了春天，画了春天，唱了春天。）因为经典没有处在不可企及的高度，而是就在我们身边。我从上学期孩子们刚入校园开始，就选择了朗朗上口的《声律启蒙》和他们一起读。孩子们非常开心，家长也兴致勃勃地每天和孩子们一起读。上学期我们坚持读了一个月，每天一点点，读了近20个文段。我觉得差不多了，因为已经达到了"点燃、激励、唤醒"的目的，于是后来继续读的是《千字文》。今天重返《声律启蒙》，我觉得孩子们是非常开心的。

2. 这堂课孩子们的"得"有哪些？

一得在"兴趣"。激发了继续阅读《声律启蒙》及古诗词的兴趣。

二得在"探究"。激发了孩子们探究的欲望。他们会去寻找更多关于春天的对子，尤其是春秋对。

三得在"积累"。在潜移默化中，孩子们掌握了对韵的知识，积累了优美的语言。

四得在"读背"。孩子们能流利朗读甚至背诵。

五得在"人文"。孩子们懂得了要珍惜春天，珍惜时光。

比如学生的以下发言：

不要只看到春天，要想到春天后面的季节，每个季节都有每个季节的精彩。

我们留不住时间，只有珍惜时间。

2015年的春天过去了，2016年的春天还会到来。

不要总想着过去，这是没用的，要想着以后！

……

3. 这节课可以做哪些改进？

一是可以拓展更多。可以让古韵与儿童诗结合，本来孩子们写了很多关于春天的优美的小诗，却没有时间来一个碰撞。

二是前面的时间压缩一点，还可以设计一两个对子，让学生试着填空，或是对一对。

4. 经典教学我的深刻体会是什么？

当我们把读经典不是当成一种任务，而是一种恩惠、一种赐予、一种传承、一种享受，来穿越历史的时空，去触摸那些发光的智慧和思想，我想，就会乐在其中，就会不拘泥于形式，不局限于作秀和表演，而是从心底里去接受，去说：我愿意！

最后用一首改编的小词作结："春日游，杏花吹满头。泱泱千年经典，足风流。'妾'拟将身嫁与，一生休！"

"博观""入情""讨源""见异""内怿""玩绎"，文学鉴赏的方式和途径，即是"情采"的语文教学的方式和途径。我们的每一堂课，不就如师生一起创作的一篇美好的文章吗？这篇文章因其博观，故见圆照之象；因情动而辞发，让观者披文以入情；因沿波讨源，于是知其隐微处的风景；因见异思辨，于是彰显其个性化的独特创意；因充分的情感体验，于是有了"内怿"之欢喜；因充分思考探究的"玩绎"，于是更加动人；因"宗经"之延展，于是更添深度和广度。每一种方式，都能促使成长的花开，见证花开的美好。

四、"情采"课堂

(一)效果：体现刘勰"六义"之标准

刘勰在《宗经》篇中提到"体有六义"，即情深、风清、事信、义贞、体约、文丽，是他为文章树立的六条标准。我觉得这"六义"也可以作为"情采"语文教学的六条标准。"情采圆融"的语文教学，首先要"情深"，即要民主平等，感情真挚；要"风清"，即要有教化作用，体现人文性；要"事信"，即实事求是，不说假话空话；要"义贞"，即要不离正道，价值观正确；要"体约"，即课堂架构要简约而不简单；要"文丽"，即要有美感，但不能为形式而形式。

1. 情深：体现"自主与民主"的"情采"课堂

课堂上，师生之间彰显出的民主平等、感情真挚，谓之"情深"。我认为"情深"有两个核心内容，一为"自主"，一为"民主"。

"自主"，是"以生为本"理念下课堂文化的核心。适当的放手是培养学生自主学习的必经路径，如果当老师的总是拉着扯着，牵着引着，孩子思想的翅膀怎能高飞呢？

总之，"自主"就是要给予学生足够的思维和实践空间，让学习真正成为主动为之、乐在其中的事。在上文的教学策略部分，"玩绎""内怪"等策略充分体现了学生的"自主"，此处不再赘述。当然，"自主"离不开教师的引导，如纠正、点拨、概括、评价、推动、拓展等。

"民主"在我看来，就是指课堂上的各种"关系"的和睦、平等、愉悦。首先是师生关系。"情深"的课堂，师生关系是民主、和睦、愉悦的。

镜头一

生：老师，你有个字写错了。

师：是吗？你上来指给我看看。

生：这个"餐"字，左上角一竖一横下面这个"夕"字，你要把"夕"字的"横撇"的"横"刚好写在上面的"竖"下面。

师：是这样啊，我再看看书上的字……确实是这样。你真是个关注细节的孩子，谢谢你的提醒，我现在改过来。要不你帮我改一下吧。

镜头二

师：刚才你们的表现非常棒，《颐和园》这篇文章的结构、写作顺序，尤其是过渡句都找了出来，文章的脉络理得非常清晰。特别要表扬广源同学，他发现将文章首尾的总起和总结两段，中间加上四个过渡句，一字不变，也是一篇完整的小文章。真会发现，我要把他的名字写在"超级发现王"下面。下面我们就要来看看描写景物方面，作者写出了什么特点，继续自学吧。

生：我来说说"长廊"。这个"长廊"，写出了它很长，而且很美的特点。

师：很精练的回答，再具体说说"长"在哪？"美"在哪？

生1：长廊的长主要是用列数字的方式写的，700多米长，273间；长廊的美就是写了里面的画各种各样，丰富多彩。

生2：我补充一下长廊的"美"。长廊外面的景色也很美，这种花还没谢，那种花又开了。

生3：还有昆明湖上的风吹来，这时候游客的心情也很美。

师：说得好。听了你们的回答，我的心情也很美。再说说万寿山吧。

生：万寿山很高。

师：除了高呢，还有什么？

生：……

师：就一个"高"啊！

生：要不我们讨论一下。

师：行吧，那你们讨论一下。

其次是生生关系。"情深"的课堂，生生关系是友好、和睦、愉悦的。每接一个班，我一定会在黑板上写下一句话："要感谢那些指出你缺点、给你提意见的人，因为他们会让你不断进步。"我一定会和他们说："人有两只眼睛，一只眼睛要多看自己的缺点，另一只眼睛要多看别人的优点。"课里课外，我无时不在渗透关于如何对待朋友、如何与同学相处的道理。

在课堂学习中，孩子们积极思考、自信表达。当一个孩子或一个小组发言完后，其他的孩子会认真倾听，补充观点或想法，或者提出建议。而收到建议的孩子会再次回应，并表示感谢。我想，这样的生生关系，是非常利于孩子们的健康成长的，他们会更宽容、更善良、更客观、更真诚与美好。

2018 年，四年级语文课前的一次三分钟分享，一个男孩自信满满地举手，要求背诵云南昆明滇池大观楼的"古今天下第一联"，一共一百八十个字。背完气势磅礴的上联，下联背到"数千年往事，注到心头，把酒……"记不起来了，"把酒"几次后，他抓了抓自己的脑袋，此时教室里响起了热烈的掌声。孩子笑一笑，继续努力想，还是想不起来。其他孩子纷纷安慰：

"要不你今天回去再背一下，明天上课前再背给我们听吧。"

"你已经背得很好啦，我们都背不出来。"

……

第二天语文课前，孩子大声地自豪地背完了下联。孩子们给予了他更热烈的掌声，更真诚的夸赞。

这样温暖的生生关系，是孩子们彼此促进与成长的强力保障。

再次是师生与教学内容的关系，教学内容是可以根据实际情况取舍或重组的。比如作文，有的作文题目孩子们不太喜欢写，我们就会讨论，用什么方式既贴合单元主题，又能让他们有兴趣、有灵感写。

还有师生与教学方式的关系，教学方式是需要根据实际的学习情况调整甚至改变的。比如在学习六年级下册丰子恺的《手指》一文时，我原本想让学生自学，然后小组汇报，生生互动。但是他们提出来说，可以将丰子恺的几篇文章进行对比阅读，包括四年级学到的《白鹅》，主要感受丰子恺的写作风格。因为我们这个单元学习了朱自清的《匆匆》和林清玄的《桃花心木》，又提前阅读了《朱自清散文》《林清玄散文》《丰子恺散文》，前面谈了朱自清、林清玄散文的风格，这次可以让他们自己来学习展示丰子恺的散文风格。我一听，简直是心花怒放，果断放手。学生有这样的想法，何乐而不为？我就坐着期待好了。

　　最后是师生与教学评价的关系，可以师生一起商量布置什么样的作业，采用什么样的教学评价。比如学完四年级上册第五单元"世界遗产"主题的《长城》《颐和园》《秦兵马俑》后，我说必须完成一项背诵的作业。背哪些内容呢？孩子们交流后，每一篇确定了一个他们认为最值得背诵的自然段，然后再讨论用什么方式背诵。有的说可以背给家长听，有的说可以和同学打电话互背，有的说可以自己背诵并录音，然后自己检查，还有一个说他想打电话背给我听。马上有孩子说不能都背给我听，因为我没有那么多时间。我说听几个是没有问题的。

　　越给予学生自主与民主，学生越能感受到自由。学生越能感受到自由，他们就越能愉快地享受规则，享受"规则中的自由"。

2. 风清：体现"教化与人文"的"情采"课堂

　　"风清"体现的是语文教学的"教化"作用，体现的是语文的"人文"涵养。能潜移默化地涵养人文素养的课堂，定会犹如清风吹过雨后的山林般生机勃勃。

　　2011年7月，来广州后教的第一个毕业班的孩子已经结束了考试，我正在家休息，准备毕业典礼。此时，由华南师范大学基础教育培训与研究院王红院长带队的美国校长考察团要来学校参观，需要展示一节课，学校要我准备。要讲些什么呢？思考之后，我准备上一堂单元整体盘点课，题目就叫《再回首》。人教版小学语文六年级下册第四单元——"外国名著名篇"主题单元——一共有四篇文章，分别是《卖火柴的小女孩》《凡卡》两个短篇和《鲁滨孙漂流记》《汤姆·索亚历险记》两部长篇小说的梗概与精彩片段，旨在通过这个单元的学习，激发学生阅读外国名著的兴趣，关心文中人物的命运，体会文学大师的表达方法。只是，文章都学完了，还能再讲什么呢？

　　我设定了以下目标（课堂流程图如图2-9所示）：

　　1. 以思维导图的方式，自主回顾、盘点第四单元的学习内容，包括文章字词、思想内容、人物感受、表达方法、作者情况等，课堂上交流分享。从单元整体性学习的角度进一步巩固对单元要点的掌握。

2. 在创设的情境中，通过练笔与表达进一步关心人物命运，从人物身上受到心灵的启迪与震撼，深化情感体验。

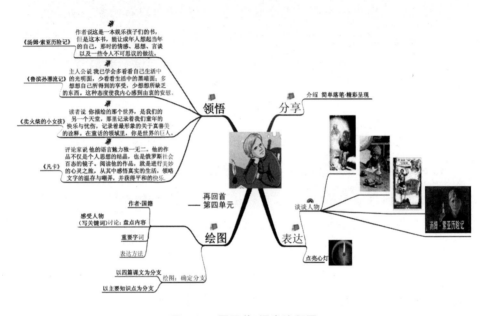

图 2-9 《再回首》课堂流程图

针对目标二，在学生以关键词的方式对人物进行评价后，我设置了"点亮心灯"这一情境，让学生在"幸福、勇敢、温暖、关爱、坚持、希望、童真、自由、快乐、正直、乐观、梦想、勇气、力量、善良、坚强"这16个词语中，先选择一个词语为主题，写几句诗意的文字送给主人公，再点亮词语背后的那盏灯，表达一份美好的祝愿。因为阅读一部作品，读者印象最深的始终是各色人物，从人物的性格命运中窥见百态人生。本单元小说中呈现的四位主人公的故事，或让人心酸落泪，或让人振奋喜悦，这些都能给成长的心灵以养分。这一环节侧重于体现和深化单元重点——"关注人物命运"，让学生在情境练笔和表达中获得了深刻的情感体验，为人物、更是为自己"点亮心灯"。

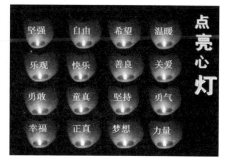

图 2-10　"点亮心灯"情境课件展示

这一环节我相信会铭刻在很多孩子的心中，给他们以成长的养分。我也不会忘记孩子们写出的一段段深情、精彩的文字，以及有的孩子在朗读时眼中闪现的泪花。

40 分钟即将结束，我开始总结："今天非常感谢你们！已经放假了，在这么热的天气里，还赶回来，上最后一堂语文课……"我哽咽着，几乎说不下去，"老师只陪伴了你们两年，未来的人生路上，你们会遇到很多很多美好或者挫折。希望你们不管是在怎样的境遇里，都能把刚刚点亮的灯里的词语记在心里，让它们成为前行路上激励你们的力量。这堂课，是我们最后一次一起分享的语文课堂，也是我对你们最真挚的祝福与期待……"

我的眼泪禁不住流下来，学生也难掩泪水。带队的王红教授也是含着泪水做的总结，她说自己很少被感动，但是这一刻真的被感动了。课后，美国校长考察团的一名成员跟着我进了办公室，说要对我进行采访。大约 20 分钟

图 2-11　执教公开课《再回首》

135

的交流后，他对我说："你是一位非常棒的语文老师！"

3. 事信：体现"真实与诚实"的"情采"课堂

"事信"，我将其解读为"真实与诚实"。说到这两个词，我不禁想起2017 年 11 月我上的一堂六年级上册第三单元的口语交际课，主题是关于"善意的谎言"，形式是辩论赛。正反双方前一天都做了充分的准备。其实一般来说，主导的倾向应该是需要"善意的谎言"。因为前提是"善意"的，可以不认为是欺骗，因为对人是有利的。

辩论很激烈。主张善意的谎言有利的一方言之凿凿，事例充分，很快占了上风。这时反方有个女孩子站起来说，她不需要善意的谎言，她宁肯要真实的残酷。她举的例子是她的父母其实已经决定离婚了，但是他们都瞒着她，还很不自然地在她面前掩饰，说着善意的谎言。但是她其实清楚真相，包括听到过父母的争吵，也见到过父亲和另一个女人走在一起。她说她很痛苦，其实她的父母不如坦诚地将事实告诉她，她有自己的判断。最后她说，父母总以为孩子还小，什么都不懂，所以就用一些所谓善意的谎言对待，还说是为了孩子好。真是为了孩子好，就应该让孩子知道真相，他们没有那么脆弱，该接受的会接受，该承担的也会承担。

当这个孩子说完，全班一下就安静了，之前激烈的辩论气氛荡然无存。有两个女孩子忽然就在用手擦拭眼泪——这两个孩子的父母也是离异了的。其中一个擦去眼泪站起来说："在这样的事情上，我们确实不需要善意的谎言，我们需要真相。就算它再残酷，也能让我们成长。"

女孩的话说完，教室里就响起了掌声，那几个平时懒洋洋的很有个性的男生，也在认真鼓掌。

接着辩论赛悄悄改了方向和氛围，学生们自觉地不再将论点针锋相对，而是开始折中。讨论在什么情况下需要善意的谎言，什么情况下宁愿面对真实的残酷。有个孩子说，虽然对待重病的人，有时候善意的谎言是需要的，但是如果有一天他老了病了，他希望自己始终不被欺骗。他能接受残酷的事实，并且乐观面对。

最后，我不再需要总结，因为他们已经将观点说得非常全面了。

这些十一二岁的孩子，在这堂课上，让我深深感动。这就是他们真实的思考，就是真实的"学情"。我们的课堂，难道不需要遵守这样的"真实"吗？

我想起 2016 年的一堂阅读分享课，三年级的孩子们交流分享《爱的教育》，时间是上午的第四节。以往我们一般是先在小组内分享，然后小组代表上台分享。但是小组分享两分钟后，我发现他们一点儿都不兴奋，有的孩子没有参与，蔫蔫的，效果不佳。我马上叫停，将方式改成师生合作。我说我对这本书不太了解，让他们用关键词加两句话的方式，告诉我最佳推荐理由。学生一下就兴奋了，举起的小手如林。黑板上写满了我记录的关键词，说实话，有的方面我在阅读的时候都没有想到过。当孩子们看到满黑板他们的"推荐成果"时，也非常自豪，阅读兴趣被进一步激发。

2014 年一天早上的第一节课，在一年级的语文课堂上，我和孩子们正说着生字识记方法，黑板上忽然出现了一只纺织娘。学生们都兴奋了，我干脆暂停讲课让他们观察。教室里安静极了，孩子们睁大眼睛看着小小的纺织娘。我灵机一动，在黑板上画起了简笔画，给纺织娘画上简易的房子、画上一丛小草、画上笑脸……纺织娘在黑板上爬动，我的画也在变换。孩子们眼睛都亮了，我做着"噤声"的手势，他们屏住呼吸，看着黑板上纺织娘在慢慢移动，走到房子里，走到草丛里，走到笑脸里。我觉得他们观察得差不多了，就擦去画，用书本接住纺织娘，捧到窗前放飞了。接下来也不按计划上课了，我让学生将刚才看到的、想到的，以小诗的方式写下来。他们开始写诗，写得非常生动，很多孩子的诗我都编入了班级儿童诗集——《苹果绿的一年级》。摘录几首：

黑板上来了一只纺织娘，绿绿的身体，长长的腿，它还会飞。纺织娘，纺织娘，你能到我家和我一起玩耍吗？每天都陪着我，告诉我昆虫王国的秘密。（仲元《黑板上的纺织娘》）

早上的阳光还没有走，黑板上就来了一只纺织娘。长长的后腿，身体碧绿碧绿，像一位披着绿色铠甲的大将军！它要和我们一起学习一起识字吗？它想和我们一起玩耍吗？全班的小朋友都和它打招呼"你好"，它好像听懂了，慢慢爬向了肖老师画在黑板上的笑脸，跟我们问好。你好纺织娘，欢迎你来我们的教室，欢迎你来我们的课堂，欢迎你成为我们中的一员。（嘉远《你好，纺织娘》）

2017年的一天，六年级语文课上，环境有点"恶劣"。因为天气闷热无比，外面又在修路，学校处在一个十字路口，车声机器声加上闷热，学生完全静不下心来，我也心烦意乱。于是我决定不上阅读课了，改成习作课。运用上一节课体会到的心理活动加想象的方法，写夏天要来了时的心情。孩子们在这样的"闹中"真的就"求静"了，完成了一篇篇高质量的作文。

"真实"的课堂，是真实生长的课堂：尊重真实的学情，制定真实的目标，确定真实的重难点，在课堂上针对学生的学习情况进行真实的调整，让学生在课堂上有真实的提升，在40分钟起点和终点之间，有真实的变化与收获。就算有不足、有缺失，也是真实的美好，因为以后还可以有真实的提升。

4. 义贞：体现"正确与正气"的"情采"课堂

"义贞"，我理解为课堂教学传递的正确的价值取向，弘扬的正气和正能量。

四年级上册《跨越海峡的生命桥》一文，讲的是大陆青年小钱患了严重的白血病，台湾青年在大地震的余震中冒着危险捐赠骨髓，挽救了小钱的生命，架起了一座跨越海峡的生命桥的故事。当学生进行了深入的品读、精彩的交流分享后，我顺势问了他们课后的思考题："如果有一天小钱和那位捐赠骨髓的台湾青年相遇了，他会对台湾青年说些什么。"一个男孩马上站起来回答："我会对台湾青年说，太感谢你了，你救了我的命，如果你什么时候有困难，有需要，我一定会帮助你的。"有几个孩子也这样附和。

我马上意识到，这几个孩子的认知有一点儿偏差。这位台湾青年感人的善举，肯定是不求回报的，包括"李博士"的不顾安危、争分夺秒。他们敬畏生命、尊重生命，用人间大爱挽救着素不相识的生命，而这份大爱是不能仅仅将回报理解为是对助人者本身的回报的。然而发言的孩子说错了吗？也不能说是错误的。等他说完，我轻轻地问："孩子，台湾青年也许根本没有想过会和小钱见面。他不顾自己安危捐献骨髓，如果真的见面了，他听到你仅仅是想报答他的这番话，会很满意吗?"然后我对全班孩子说："你们也想想这个问题，思考一下。"然后，我决定将课堂原本留给其他目标的时间放到这个问题上，让他们独立思考、小组讨论，小组内达成一定的共识再到课堂上分享，希望他们充分理解与感受这份"爱的传递"。

课堂最后，当我让孩子们自己用一句话来做总结的时候，他们的发言让我感动与欣慰：

当你对他人付出爱的时候，你就成了一个传递爱的使者，接受到你的爱的人，也会把这份爱传递下去。

人与人之间的关爱，是不分国籍、不分年龄的。

这是一座用爱连接成的生命桥，它是最美最美的桥。

我们也要成为传递爱的使者，哪怕只是一件帮助他人的小事也要去做。有句话说"勿以善小而不为"。

......

5. 体约：体现"简约而不简单"的"情采"课堂

我追求简约留白的课堂：目标清晰，环节简单，教师深入解读教材，但是深入浅出，留白给学生思考生成。我在教学的前十年总是牵引过多，总是不放心，总是想把自己的想法、预设、所理解的都教给学生。所以课堂节奏很紧、环节很多、内容很杂，总是觉得时间不够用，不从容。

很多老师也存在这个问题。比如三年级课文《七颗钻石》，年级组在集体备课时，考虑到我们学校"以学定教、单元整体教学"模式的要求，是在单元整体感知课以外，只用一课时上完精读课。一课时中，老师们想巩固生字认读、难字书写、主要内容掌握、从水罐的变化体会到爱心的力量、对比式的想象补白、拓展阅读关于爱书籍故事，还想写写小诗。这么多内容，势必会手忙脚乱，抓不住重难点，怎么理清？我们通过研讨后，进行了如下整合：整合生字词语与主要内容，学生概说主要内容，出示主要词语，串联主要内容，顺便强调几个难字的书写；整合"从水罐的变化体会爱心的力量、对比式的想象补白、朗读"；整合拓展阅读与小诗的书写。于是目标就简化成：(1)识记字词，并通过关键词串联法概说课文内容。(2)通过朗读与想象补白，从水罐的变化中体会爱心的力量。(3)拓展相关的课外阅读，以小诗的形式表达与分享。

在简约的形式下给予学生充分思考与表达的空间，课堂才能生成更多的精彩。例如我执教一年级的《青蛙写诗》时，课堂的环节是：青蛙想写诗(导入)——青蛙的朋友(认识标点符号)——青蛙代言人(想象青蛙写的诗)——青蛙朗读家(朗读)。我执教二年级的《雷雨》时，课堂的环节是：朗读小博士——速度小博士(猜一猜、说一说)——观察小博士(观察字词、文中事物)——古诗小博士(拓展关于雨的诗歌)。我执教三年级的《丑小鸭》时，课堂的环节是：你好，丑小鸭——你好，白天鹅——你好，童话。我执教四年级的《纪昌学射》时，课堂环节是：读短

（概括主要内容）——读长（想象补白，深入思考）——读深（为纪昌庄小学写校训）。我执教五年级的《钓鱼的启示》时，课堂环节是：导入文本——走进文本（概括文意，品读"钓鱼"，品读"放鱼"）——走出文本（拓展"道德难题"）——再回文本。我执教六年级的《闻官军收河南河北》时，课堂环节是：欣赏诗歌，体会诗人之"喜"泪——拓展诗歌，体会诗人之"悲"泪——读有所感，体会诗人之形象。

　　我越来越深刻地感受到，我们的课堂教学需要给自己"做减法"。只有身处简约而不简单的课堂，学生才会目标清晰，学有所得。同时教材解读需要不断给自己"做加法"，教师只有做好深入的教材解读，才能游刃有余地驾驭课堂，应对孩子们的思维风暴。

6. 文丽：体现"恰当的形式之美"的"情采"课堂

　　"文丽"的概念用在课堂教学中，就是"课堂丽"，课堂教学要给人以美的享受。一方面要有形式的美感为内容服务，但是又不能为形式而形式，形式要恰当、要适合。"文丽"的课堂文化，正是"情采"课堂的追求：因情施采，情采圆融。

　　比如上文中提到的《再回首》课例，我主要采用的形式一是思维导图的呈现，二是"点亮心灯"的情境，还有电子白板的运用。思维导图能很好地解决对单元知识点的归纳、总结、巩固问题；"点亮心灯"的情境能推进学生思考、表达的深入，并让他们获得一种成长的仪式感；电子白板在课堂的前半部分可以实现和学生的即时互动，包括在情境表达环节、音乐的渲染等。这些形式都能恰当地为目标服务，教学双方也都能从这样"丽"的形式中获得美感与愉悦感。

　　再如四年级上册《秦兵马俑》一文，我采用的形式一是自主学习，要求找到中心句，用中心句法概括主要内容，快速理清文章脉络；二是同桌合作，在朗读了"将军俑""武士俑""骑兵俑"的神态动作特征以及作者脑海中产生的联想后，我从一个孩子带来的一套兵马俑明信片中选取了几张较有特色的，投影让学生观察，然后让同桌一个描述神态与动作，一个展开联想，合作完成一段话，交流分享；三是小组交流，交流自己在旅游中见过或是在阅读中了解过的其他"世界遗产"。三种学习形式，第一种解决了概括主要内容、体会文章结构的年段目标；第二种解决了课堂教学重点，让学生学以致用；第三种解决了推进阅读，进一步激发阅读兴趣的问题。作为一篇略读课文，这样的形式就合适而高效地达成了学习目标，学生的学习也一直兴致盎然，积极主动。

总之，刘勰说"体有六义"，我认为课堂也有"六义"：情深、风清、事信、义贞、体约、文丽。注重了"六义"的课堂，就是自主的、民主的、有教化作用的、涵养了人文的、真实的、引导着正确的价值取向的、简约而不简单的、教学形式恰当地服务于教学内容的、高效快乐的课堂，就是"情采"的课堂。

（二）过程：流过童年的快乐河流

我喜欢把每一堂课都比作一条河，流淌的是灵动的生命之波。这灵动，是诗意生长的地方，是兴趣繁茂的地方，是思维发展的地方，是思辨畅通的地方，是留白生成的地方，是真实温暖的地方，是素养落地的地方……不管是"上游"的整体感知、"中游"的深入品读、"下游"的内化运用，还是最后"入海"的拓展延伸，每一段旅程都有着独特的快乐。

1. 上游：整体感知之趣味

初读课文，整体感知，一般都从"内容"入手，概括主要内容，理清文章脉络。其实，从"形式"入手对中高年级的孩子来说，有时能起到意想不到的效果。

2018年11月，我和新接的四年级（8）班的孩子共同学习一晃快三个月了。随着感情日增，了解日深，这些孩子们和我也越来越有默契了。某日，学习第五单元《颐和园》一文，我对文本的解读是：就其核心价值而言，"形式"大于"内容"，即写作方式上的价值大于内容上的价值，其中"移步换景的游览顺序"是重点。在整体感知时，我让学生阅读自学，以"中心句法"概括主要内容。他们迅速找到了首尾的总起句和总结句，补充上中间主要游览的几个景点——长廊、万寿山、昆明湖，于是主要内容很快就概括出来了。然后我问景点与景点之间的介绍是怎么衔接的，学生很快找到了段首的过渡句，我们顺势体会了"承上启下"的概念。因为难度不大，孩子们都能完成任务，所以他们兴致很高。这时有个男孩站起来说他有新的发现，他说把首尾的中心句和中间四个过渡句连起来，一个字都不用加，一个字都不用减，就是一篇完整的文章。孩子们都来劲了，马上朗读这几个句子，读完后，"哇"声一片，使劲为这个男孩鼓掌，"太神奇了！""真的是这样呀！"我也很开心，在黑板上的"超级发现王"上面写上了男孩的名字"广源"。

"入手"的策略有很多，我主要谈一下"朗读"和"情境"两种。

从"朗读"入手整体感知，能调动学生积极性，提高课堂效率。例如四年级上册第五单元《秦兵马俑》一文，学生自学后，我问他们作者字里行间充满一种怎样的心情。学生很快回答出来"很自豪很骄傲"。然后我让他们找出特别体现了"很自豪很骄傲"的词语朗读给大家听。在第一段和最后一段，作者写了对兵马俑的高度评价，学生很快找出来了，读起了这些词语：举世无双、享誉世界、艺术珍品、惟妙惟肖、雄兵百万、战车千乘、强大力量、英雄气概、绝无仅有……读得那叫一个铿锵有力，气势如虹。带着这样的情感，我们紧扣中心句，走入了对兵马俑"规模宏大、类型众多、形象鲜明"的品读，整堂课高效而投入！

从情境入手整体感知，能很好地激发学生的兴趣，营造良好的学习氛围。以部编版语文教材一年级上册的《青蛙写诗》为例，面对刚入学不久的一年级孩子，我创设了"青蛙想写诗"情境。当时虽然是异地上课，课前和学生也没有见过面，但是这个情境让他们兴致盎然。实录如下：

师：孩子们，我们开始上课了！现在是什么季节呀？

生：秋天！

师：立冬啦，冬天啦！不要以为不冷就是秋天，已经是冬天啦！告诉我，和冬天相差最大的是哪个季节？

生：夏天。

师：夏天！因为夏天实在是太——热了！所以我们要找一个凉快的地方。我们要去到夏天的池塘边。（贴"池塘"卡片到黑板上。）池塘边长满了青青的水草。（画水草。）还有——

生：荷叶。（师贴"荷叶"。）

师：荷叶旁还有一只——

生：青蛙。（师贴青蛙图片。）

师：然后荷叶下面还有——

生：小蝌蚪。（师贴"蝌蚪"生字卡。）

师：然后池塘里还有一根一根——

生：水草。

师：对了。（画"水草"。）水草中间冒出一个个——

生：水泡！（师贴"水泡"生字卡。）

师：这时候！雨点儿下来了。（贴"雨点儿"生字卡。）跟我读：雨点儿。

生：雨点儿。

师：真大声！来，儿化音读好一点——雨点儿。

生：雨点儿。（第一遍：三个字分开读。）

师：来，稍微把舌头卷起来一点——雨点儿。

144

生：雨点儿。（第二遍：连起来读。）

师：这叫作儿化音。再来——雨点儿。

生：雨点儿。（第三遍：读得好。）

师：孩子们，下雨了，我们看，小雨点儿是怎么下来的？（课件出示：雨飘落的动画。）请观察，雨点儿的这个雨字，跟刚刚飘落的小"雨"点儿，有什么关系呢？

生1：雨点儿飘下来，飘到其他地方去了。

师：（笑）噢，你说雨点儿没有飘到青蛙上，你替青蛙难过了。好，观察得很仔细。那这个"雨"字跟刚刚的小雨点儿有什么相像的地方呢？

生2：中间有四个"点"。

师：四个点有什么规律吗？怎么排的？

生：四个点左边两个，右边两个。

师：还有发现吗？

生：四个点的方向是斜的。

师：向右下方斜的！（手势示意。）这个"雨"字呀，只要把这四个小点儿写好了，你就会写得很漂亮了。老师一笔一画地在这个田字格里写，请你们伸出小手在空中跟我一起写。先写拼音，整体认读音节 yǔ。（生跟读。）然后先写一短横，第二笔呢？

生：竖。

师：（在横中线起笔往下一竖。）第三笔呢？

生：横折钩。

师：横折钩，太好了！第四笔呢？

生：竖。

师：这一竖不要太长了，不要超过"雨"字的框框，好，到这里可以了。我现在要写点啦，先写左边的点，竖着排啊，三个点，四个点。难不难写？

生：不难。

师：打开你们的书，找到"雨"字，在田字格里认认真真写三个。（生书写，师巡视指导，纠正坐姿。）写完了吧，刚刚说到了下雨，青蛙看到雨落到池塘里的美景，哇！太高兴啦！我们再来看看它看到了什么，我们一起读一读黑板上的词语。

师带读"池塘、荷叶、蝌蚪、水泡泡，雨点儿"。强调读儿化音"雨点儿"。

师：青蛙一高兴，就说："哇，我要写诗了，我写了一首这样的诗！"来，把它的诗读出来吧！（课件出示青蛙的诗："呱呱呱……"）

生：呱呱呱呱呱呱呱呱呱呱呱呱呱。（笑。）

师：肺活量很好，一口气读完了，有没有发现什么问题？

生1：都是呱呱。

生2：太多呱了。

师：太多呱了！受不了了！还有吗？

生3：它是连在一起的，不是分开的。

师：对了！全部都连在一起了，读得很累是不是？不行，这个不叫诗，这样读下去成噪声啦！（生笑。）所以，我们得想想办法。马上打开书孩子们，84页，你们轻声地读一读课文。不认识的字呢，你可以看看拼音读一读，要想一想哦，青蛙的诗读不下去了，朋友来帮忙了，是谁来帮助它了呢？

生：小蝌蚪、水泡泡、水珠帮助了它。

2. 中游：深入品读之喜悦

"品读"是指仔细地阅读和品味。文章的品读，是从字里行间去读懂与读悟。品读内容，品读形式，读出自己独特的感受。

品读忌细碎，最好以一个核心问题引领；品读忌面面俱到，目标设置上要懂得取舍；品读忌流于形式，要在师生互动、生生互动中有

146

真实的生成；品读忌过于浅显，学生不用动就能摘到的苹果，他们不会认为最香甜；品读忌乏味，要适当运用教学策略，激发学生的兴趣；品读需要教师适当引导，但忌牵引过多……从品读环节能看到学生的思维发展、表达水平，更能看到老师的教学智慧、知识储备、学科素养。

品读环节核心问题的设计尤为重要。核心问题的提出，有赖于教师深入文本解读后的用心设计。核心问题要能激发学生兴趣、点燃学生的思维火花、引领学生走向深入。有了这样的大问题引领，课堂才能活起来、灵动起来、生机勃勃起来，才能让孩子们的思维之花绽放起来。

以六年级上册前三个单元的几篇课文为例。在品读环节，我都设置了一个大问题引领学生深入品读。

第一单元的主题是"大自然的有声有色、有情有义"。单元重点是体会作者对大自然的细心观察、想象联想，写出的独特感受。我为《山中访友》一文设置的品读问题是："朗读并分享一下你觉得作者笔下最'有情有义'的描写。"学生找了很多比喻句、拟人句、排比句进行分享。我为《山雨》一文设置的品读问题是："朗读并分享一下你觉得作者笔下最'有声有色'的描写。"学生抓住山雨的音韵美、色彩美进行了交流。学习《草虫的村落》一文时，我对学生说："我曾听到别人这样评价《草虫的村落》一文：'眼睛是放大镜，想象是万花筒。'你能从文中找到佐证吗？"一方面是细致的观察，另一方面是充分的想象，学生的阅读和思考就都围绕这两个重点展开了。《索溪峪的"野"》这篇略读文章非常简单，我们就抓住一个"野"字进行品读。

第二单元的主题是"祖国在我心中"，单元重点是"体会关键词句在表情达意方面的作用"。我为《詹天佑》一文设置的品读问题是："詹天佑的爱国心是从哪些方面体现的，我们来解密一下。"学生抓住关键词句，从社会环境、历史背景、詹天佑的言行、心理活动等各方面进行了"解密"。学习《怀念母亲》一文时，我设置的品读问题是："请围绕'魂牵梦萦'和'中天之恨'两个词，解读一下季羡林先生对祖国母亲和对生母的感情。"学生从文中找到了很多词句，如"暗夜织上天空，织上对面的屋顶"的"织"、"浓浓地糊在心头"的"糊"、"听风声在窗外路过，风里夹着雨，天色阴暗如黑夜"等，他们的品读深切感人。我为《彩色的翅膀》一文设置的品读问题是："'插叙西瓜的来历'一段和其他的几件事之间，有什么关系呢？"这样的问题非常好地激发了学生主动思考探究的欲望，课堂气氛非常活跃。在解答问题的同时，也达成了文章的语用目标与情感目标。

第三单元主题是"人间真情"，单元重点是体会环境描写和深化人物描写的方法。学习《穷人》一文时，我让学生进行"鉴赏性"品读："从环境描写、心理描写、语言描写三个方面探究一下托尔斯泰大师写作技巧的高超与魅力。"学生通过对写作形式的探究，同时也体会了人物的高贵与善良。学习《别饿坏了那匹马》一文时，我让学生探究："文章以'别饿坏了那匹马'为线索，串起了哪些人的高贵？怎样的高贵？"学生对残疾青年、"我"、碧云、"父亲"几个人物的言行都进行了品读。学习《唯一的听众》一文时，我则是抓住文章的文眼——"唯一"让学生进行品读，探究"唯一"体现在哪些方面，并根据学生的交流分享，汇总出"唯一"的含义、"唯一"的表现、"唯一"的力量三个方面。学习《用心灵去倾听》一文时，我则只抓了文末的一句话："汤米，我要到另一个世界去歌唱。"这句话前文有没有铺垫？说说你的感受。

2009年，我在天河区华景小学上了一堂比赛课——六年级上册《这片土地是神圣的》。品读环节实录如下：

师：现在，你们把自己当成酋长演讲现场的一名听众，说说哪些地方深深打动了你？

生："大地不属于人类，而人类是属于大地的"这句话打动了我。我的理解是大地上的生物不可能被人类所支配，而人类是生物界的一部分，所以人类一定要保护好大地。

师：你解释了二者的包含关系，人类是大地上生物的一部分，而这些都是属于大地的。

生：这句话也是说，人类是在大地上生长的，而人类没有大地就无法生存。

师：没有大地就无法生存。能不能举个例子说给我们听听？

生：比如说，人类如果没有大地的资源……

师：哪些资源？比如说。

生1：比如食物、水和空气，这都是人类不可缺少的，如果破坏了大地上的这些资源的话，人类也无法生存下去。

生2：我也补充一下，我的理解是，大地是属于大家的，我们人类不能独占它，就是我们是属于大地的，因为我们的生活是离不开大地的。所以我们要像珍惜妈妈给予我们的一切那样珍惜大地。

师：谢谢你的回答，你说的这句话让我想到文中的一个句子，你们能读出来吗？

生：我们热爱大地，就像初生的婴儿眷恋母亲温暖的怀抱一样。

师：有被这句话打动的同学吗？

生1：他把大地比作母亲，表现出大地与人类密不可分的关系。

生2：假如没有大地的话，人和动物都无法生存下去。

生3：我们的家园是要好好地去保护的，不保护的话家园也是会痛苦的。

师：在这句话中，我特别欣赏一个词——"眷恋"，哪位同学有同感？

生：我也好喜欢"眷恋"这个词。"眷恋"的意思就是非常留恋，离不开的。初生的婴儿非常需要得到保护，而母亲的怀抱是非常温暖的，当婴儿躺到母亲的怀抱里的时候，就会有一种很亲切的感觉。

师：母亲的怀抱亲切而温暖，你说得真好。肖老师刚刚生了一个小宝宝，我现在做母亲的感觉特别强烈。你们也曾经是小宝宝，在小婴儿眼里，母亲的怀抱就是他的一切。还有想分享的吗？

生：请大家看第 7 自然段："空气与它滋养的生命是一体的，清风给了我们的祖先第一口呼吸，也送走了祖先的最后一口叹息。同样，空气也会给我们的子子孙孙和所有的生物以生命。"因为空气是宝贵的，它滋养了生命。人和所有动物都需要呼吸来生存，所以，那个酋长呼吁要保护这一片土地。

师：酋长说到空气的宝贵，打动了你，请带着你的理解来读一读这个句子。（生读。）

生 1：请大家看第 4 自然段中的第 1、第 2 句："溪流河川中闪闪发光的不仅仅是水，也是我们祖先的血液。那清澈湖水中的每一个倒影，反映了我们的经历和记忆；那潺潺的流水声，回荡着我们祖辈的亲切呼唤。"这里表达了水对印第安人的重要，讲了没有了河水的话人类就不可能生存。

生 2：我补充一下，他把河水的重要和祖先的血液的重要融为一体。

师：你能告诉我为什么要这样把他们融为一体吗？

生 3：祖先的血液是很宝贵的，河水也是很宝贵的。如果没有了河水，也没有了我们的祖先，我们就不会存在。

生 4：我觉得水是生命的源泉。在历史的长河中，水之所以能保持清澈就是因为祖先的保护。就是提醒人们要保护水资源，珍惜水资源。

师：非常好，你谈得很深入。溪流河川当中那闪闪发光的不只是水，那闪闪发光像金子般的还象征着什么呢？祖先的什么？

生：血液。

师：祖先的什么？为什么河水会这样清澈，会这么美好？

生：因为祖先爱护河水，尽力去保护水资源，捍卫自己的家园。

师：爱护河水，捍卫家园，祖先的精神像金子一样闪闪发光。

生：这篇文章里反复出现了"这片土地是神圣的"这句话。

师：说得好，这种写法就叫"反复"，反复了几次？

生：三次。

师：为什么要这样反复呢？

生1：因为是强调要保护和珍惜土地。

生2：我觉得反复出现可以突出这片土地的重要性。

师：强调要表达的感情，突出重要性，这就是"反复"的作用，理解得非常到位。带着你们的理解，把反复出现的句子读一遍。（生读，师引读，指导朗读反复出现的句子。）

师：善待空气，善待河水，善待动物，善待——

生：所有这片土地上的一切。

师：善待万物生灵。继续分享打动你的地方。

生：酋长说，任何降临在大地上的事，终究会降临在大地的孩子身上。我对这句话的理解是，地球是人类的家园，人类生活在大地上，在大地母亲的怀抱里快乐地成长。如果大地遭受到破坏，那么任何对大地的破坏都会成为对人类自身的伤害。

师：你理解得非常深入，和刚才那个男孩的说法有异曲同工之妙。我们的家园的确是不容破坏的。

生：请看善待动物这一段。酋长不希望动物被人类伤害，因为没有了动物就没有人类。

师：请进一步说一说这个观点。

生：因为人类和动物都是息息相关的。

师：解释一下。

生：大自然有一个食物链，动物的灭亡，一定会影响到人类，如果

151

世界上所有的动物都没有了，那人类就灭亡了。

生：我有另外的理解，因为人类本身就是动物，人类的命运和动物的命运都是一样的，因为人要吃饭要喝水，要呼吸空气，动物也要，所以要保护好动物。

师：好，谢谢你。从生物链的角度和人类生存的角度都解释了这个句子。

图2-12　在天河区华景小学执教
《这片土地是神圣的》

生：如果动物灭绝了，我们人类会因为精神上的痛苦而死亡。

师：精神上的痛苦，你体会得真深入。孩子们，看来"西雅图宣言"确实打动了你们，让我们再来读一读酋长最后反复的请求吧！

3. 下游：内化运用之满足

内化运用即学以致用。除了思想情感上的熏陶涵养外，我经常用的就是"读写结合"的形式。当课堂充分体现了文章的"形式"价值、"言语"价值，读写结合就很容易达成，并且能够精彩呈现。对于单元主题习作来说，也更有质量和创意。

以六年级上册的课文为例，在品读了《山雨》一文的"音韵美"与"色彩美"之后，我让学生以"风"为题，现场口头仿写。他们在小组内进行了分工，小组合作完成了一篇口头作文。《索溪峪的"野"》一文学完后，我让学生聚焦到文章的题目，能不能也用这样的方法，将"文眼"放在题目中，给自己的"有可能"的习作命题。学生思考后，说出了《月牙泉的"幻"》《海珠湖的"柔"》《万绿湖的"绿"》等题目。

以部编版一年级上册《青蛙写诗》一文为例，一个主要的教学目标是：整体感知课文，体会儿童诗的生动有趣，以"青蛙代言人"的形式，想象青蛙写的诗的内容。"青蛙代言人"环节，即是在老师的引导下，学习三年级的孩子写的"青蛙的诗"后，引领他们内化运用，尝试创作。这一环节的教学实录如下：

师：哇，我们终于可以把青蛙的诗读下去了，可是孩子们问题来啦，青蛙的诗都是"蛙语"啊！我们怎么知道它到底写的是什么呀，全是呱呱呱呱！你能不能当这只青蛙的代言人，想一想这只青蛙到底想说什么呀？请你想一想，把想到的告诉你的同桌好不好？（同桌互相说后汇报。）

生1：池塘好凉快。

师：好凉快呀，一句感叹。

生2：写给它的好朋友。

师：噢，对朋友说什么？

生2：就是给它帮忙的那些好朋友。

师：谁？

生2：小蝌蚪。

师：那你就对小蝌蚪说一句话。

生2：谢谢小蝌蚪。

师：小蝌蚪，谢谢你帮我的忙，让我的诗——（生：写成了。）

生3：夏天真的很好玩，大家快来玩吧！

师：一只快乐的青蛙，男孩你呢？

生4：（沉默。）

师：还要想一想是吧，笑得这么可爱地看着我，我也想对你笑了。

生4：（也笑了。）

师：你呢？

生5：（摇头。）还没想到。

师：不要紧，我有备而来。知道我要给一年级的小朋友上青蛙的诗，我有几个三年级的学生可来劲了，他们说："老师老师，我知道青蛙写了什么！"然后就拿起笔写了。你们看看，三年级的哥哥姐姐写出来的青蛙的诗是这样的。（课件出示学生作品，配乐。）哪位"识字大王"读一下。（生读，师指导个别字读音，并鼓励。）

第一首：我要开演唱会啦，荷叶，你来当音响，雨点，你来伴奏，雷公公，请敲个鼓。丁冬冬，沙啦啦……

第二首：红色的荷花，是漂亮的手套。绿色的荷叶，是有魔力的飞毯。我要戴着手套，坐着飞毯，去找我的妈妈。

第三首：下雨啦，珍珠洒，池塘是我家。开心唱，快乐游，整天笑哈哈。有困难，找我吧，我是勇敢的青蛙大侠。

师：你们看，青蛙的诗可以写好多好多内容！看了三个哥哥写的诗，你们再想一下吧，我觉得你们也可以写得跟他们一样好。再想想，它还有可能写了什么呢？

生1：夏天来了，在荷叶上是一件最快乐的事了。

师：嗯，怎么个快乐法？比如，我可以？

生1：可以出来玩，在荷叶上可以跳舞。

师：我还可以在水里面……

生1：我还可以在水里面玩。

师：我还可以跟小鱼儿……

生1：我还可以跟小鱼儿快乐地玩耍，可开心了。

生2：我要努力，为了家人好。

师：噢，这真是一只勤劳的有责任感的青蛙！

生3：如果我一直游一直游，能不能去到池塘外面看看呢，那里有没有美丽的风景呢？

师：这是一只向往自由的青蛙。

生4：夏天了，下雨了，青蛙开心地在荷叶上蹦蹦跳跳的，它欢快地在那儿唱歌。

师：欢快地在那儿唱歌呢，也许就是你们学过的歌，什么歌？

生：青蛙写诗。

师：哈哈哈，把这首诗当歌唱去了。好了孩子们，如果你们再想一想，一定还会想出许多精彩的内容来，（有学生举手。）你还想说呀？好吧，你举了半天了。

生5：夏天了，雨点儿淅淅沥沥地下来了，青蛙蹦蹦跳跳地在那里说："我要写诗啦！"

师：嗯，写一首最棒的诗。

4. 入海：拓展延伸之欣慰

入海，是课上与课后的拓展延伸，连接阅读、连接生活、连接更多的思考与表达。入海，是一条河努力奔流、收获一路风景后，带着期待与梦想奔向的更广阔的世界。入海，是一堂课完美的句号，同时又是一个隽永的省略号，更是开启一段新的路程的逗号。

拓展阅读就不用多说了。除了不断推进阅读、进行单元主题阅读、重视整本书阅读等，还要创设阅读交流平台，这些是每一位语文老师都应该做到的。

在课堂教学中，教师也要非常重视在师生互动、生生互动中，在品读分享中，让学生联系生活实际、联系课外阅读，读出自己的独特感受。

2016年的一个上午，我在班群里和家长们分享"温馨一刻"：

今天学习《科利亚的木匣》一文，科利亚最后得到启发，懂得了时间一天天过去，人也一天天在长大，周围的一切都在变化，我问孩子们由此想到了什么。

茗月说，想到了朱自清的《匆匆》，觉得时间不停流逝，想留也留不住。

映彤说，想到长大后要和小伙伴们分别，会非常思念。（说完就趴在桌上哭了。）

锐林说，想到自己一天天长大，可是父母会一天天变老。（说完眼睛就红了。）

子越说，想到以前的自己什么都不懂，但是现在懂得的知识越来越多了，以数学为例。（下课还拉着我说以前多么不着调。）

钰霖说，想到童年会很快过去，以后想起来，一定会非常怀念。

子悦说，想到以前写的字是那么难看，可是现在的书写已经很漂亮了，成长真是不知不觉。

之娴说，想到这篇课文就是一件小事，但是让自己有了很大的启发。

嘉睿说，想到以前的自己非常顽皮，总是恶作剧，让哥哥暴跳如雷。可是现在觉得每个人就像一道闪电，一下就长大了，看以前的自己好幼稚。

镇哲说，看以前看过的漫画书，那么简单幼稚，现在看的书已经完全不同了。

培恕说，想到以前用"大哥大"觉得很神奇，现在人们用智能手机也觉得很平常，说不定以后每人都可以有直升机了。

悦鸣说，以前在河北的时候玩蟑螂，还把蟑螂撕开，真是幼稚。现在不会再干这样无聊的事了。

芸墨说，以前的自己写作业好困难，又慢，可是现在又快又好。

……

还有很多孩子想说，下课了。

悦鸣看到映彤哭了，说："怎么比我还感情丰富呀！"

2016 年的一个下午，我又在班群里和家长们分享了"开心一刻"：

今天学习《矛与盾的集合》，说到"谁善于把别人的长处集于一身，谁就会是胜利者"，我让孩子们用其他事例说明这个道理。

钰霖说，我给妈妈做的饭，用黑米和黄米一起，妈妈吃了说既有黑米的香，又有黄米的甜。（我说这是钰霖牌暖心煲。）

之娴说，爸爸数学很棒，妈妈英语很棒，所以我数学英语都不错。（同学们叫：你语文也很好啊！）

……

教材中的文章只是一个个例子，作为一位语文老师，应该尽量拓展更多的资源，引领学生拓展更多的资源，推进阅读，促进思考与表达，让学生的学习奔向更广阔的海洋。

5. 河流：从你的童年流过

生命如河流，"子在川上曰：逝者如斯夫！不舍昼夜"。我也喜欢用河流来比喻每一堂和学生共度的语文课。一条河流，或涓流之浸润，或激流之澎湃，有上游的整体感知之趣味，有中游的深入品读之喜悦，有下游的内化运用之满足，有入海后的拓展延伸之欣慰，还有河岸的不同风景，可以追溯源头，看冰雪消融，万物勃发。这样的课堂，便足以浸润学生的童年与心灵。

以下是 2017 年到 2018 年上的两节公开课的课堂实录，一节是在广州市小学语文教师青年教学风采展示活动上上的《触摸春天》，一节是在广东外语外贸大学附属小学教育集团上的示范课《锡林郭勒大草原》。两节课都是异地教学，不是说有多么精彩，而是这两节课能体现出我的"因情施采，情采圆融"的"情采"教学主张。当然，从"学情"上来说，因为是异地教学，对于学情只能把握年段特点，通过课前短暂的谈话和课堂进行中学生的表现，不断微调我的教学策略。

驰骋与翱翔

——语文 S 版三年级上册《锡林郭勒大草原》课堂实录

图 2-13　执教《锡林郭勒大草原》

(一)漫步草原，写了什么

师：今天我们来学习一篇优美的课文，大家齐读课题。

生：锡林郭勒大草原。

师：锡林郭勒大草原在哪里，你们知道吗?

生：内蒙古。

师："蒙"字注意读第三声。现在拿出你们的课文纸，自己读自己的，快速小声地读一次课文，注意把注音的字读准确。开始。

师：都读完了，有没有不好读的字? 都会吗?

生：都会。

师：那请把文中标注拼音的字读一遍，看准不准。

生：锡林郭勒、内蒙古……

师："不仅"的"仅"是前鼻音，"雄鹰"的"鹰"是后鼻音，跟老师来一遍。(生跟读。)

师：孩子们，你们看上面有个"散发"，"散"第四声都读对了。下面还有个?

生：散落。

师：散落，"散"读第三声，记住这个多音字。最后我们再来读好一个词：撒欢儿。这是一个儿化音，小舌头稍微卷一卷，把儿话音读出来：撒欢儿。（生跟读。）

师：课文读完了吗，说说课文主要讲了什么吧！

生：它讲了锡林郭勒大草原的美景。

师：你做了最简单的概括。孩子们，课文中有没有哪句话其实就告诉了我们课文写什么？因为课文就是围绕这句话来写的。能不能找到这样的句子？（这时，班上的学生齐刷刷地举起了手，老师走到前排一个男生身边。）男孩，你来。大声读。

生：内蒙古锡林郭勒草原是广阔而又美丽的。

师：找得真准，这就是课文的中心句。

生：草原不仅美丽，还是个欢腾的世界。

师：你一下就找到了这个承上启下的过渡句，真聪明。我们一起读一下这两句话。

齐读：内蒙古锡林郭勒草原是广阔而又美丽的。草原不仅美丽，还是个欢腾的世界。

师：我要写几个词在黑板上，写什么呢？

生1：广阔、美丽。

生2：还有"欢腾"。

师：好，就听你们的。（写上"广阔、美丽、欢腾"。）文章就是围绕这两句话这几个词来写的。写了草原的广阔、美丽，还写了草原的欢腾。那广阔、美丽写了哪些景物呢？欢腾又写了哪些景物呢？请把相关的景物词圈出来。开始吧！（学生看课文，圈词语。）

师：圈画完了吗？

生：圈画完了。

师：同桌一个读自己圈的词语，另一个对照自己的看看，然后一起说说有没有漏圈哪个词，或者是多圈了哪个词。（同桌朗读、交流。）

师：读完了，我们来汇报一下。先说说写草原的广阔、美丽，写了哪些景色呢？

生：分别写了野草、湖水和鲜花。

师：我把这几个词写上，其他孩子还有补充吗？

生：还有平原上、山岭上、深谷里，还有草滩。

师：你找得非常仔细，有的景物作者并没有展开，只是用一个词把它带过去了。这样的景物写得太简单，一笔带过了，咱们就先把它放下，可以吗？（指着黑板上的板书。）所以"广阔和美丽"重点其实就是写了这三个景物。接下来写它的"欢腾"又写了哪些景物呢？

生："欢腾"写了雄鹰、百灵鸟、牛羊、小马驹，还有黄羊，没有了。

师：还有补充吗？

生：还有牧民、蒙古包。

师：好，我把你们找到的词都写上了。广阔、美丽的景物是这些，欢腾的景物是这些，你们有什么发现吗？

生：左边的景物不能动，右边的能动。

师：你太会发现了。动起来了的景物，咱们称之为动景，没有动的呢，称之为静景。

生：老师，那蒙古包也不可以动。

师：是哦，蒙古包不可以动。咱们先把它圈出来，移除到旁边一点，好不好？它是属于什么？

生：静景。

师：一下就明白动景和静景了。你看，文章先写了静景，然后是动景，我们班孩子真厉害。

（二）驰骋草原，喜欢什么

师：现在请看静景的部分，（展示课件。）野草、湖水和野花。请你们安静地看一看，你最喜欢静景当中对哪个景物的描写呢？为什么呢？你得想想理由，不急着举手，仔细看看文章。

生：我最喜欢静景中的湖水。因为文中说了，湖水像童话故事里的宝镜一样，这代表湖水非常清。

师：这是一个比喻句，你觉得这是把什么比作什么呢？

生：把湖水比作宝镜。

师：写出了湖水非常？

生：非常清澈。

师：清澈的湖水真让人喜欢，还有喜欢这湖水的吗？（学生纷纷举手，一个男生说：我也是。）那你来说吧。

生：就是湖水可以映出蓝蓝的天空，我感觉湖水有蓝蓝的天空在下面。

师：因为它很清，所以倒映着蓝天白云，太美了。还有谁说一说？

生1：我觉得湖水清亮，这样就可以带给人们愉快的感觉。

生2：和城市的湖水相比，那肯定是草原的湖水更清亮啦。

师：的确是这样。你看，文中说它像嵌着一洼洼清亮的湖水。这个"嵌"字是一种什么样的感觉？谁来说说？

生：一般说镶嵌宝石嘛，这个"嵌"字，就是说湖水好像宝石一样。

师：像晶莹的宝石镶嵌在绿色的草原上，太美了。刚刚说了湖水的几个孩子站起来，把湖水的美好读一遍给我们听。

生读：高低不平的草滩上，嵌着一洼洼清亮的湖水，水面映出太阳的七彩光芒，就像神话故事里的宝镜一样。

师：谢谢你们对湖水的分享。湖水非常清澈，特别美丽，像宝镜一样。其他的景物谁来分享一下？

161

生：我想说野花。这里写着"宝石蓝"的铃铛花，宝石蓝是花的颜色，我觉得眼前就像开着蓝光闪闪的花，像蓝宝石一样。

师："宝石蓝"这个颜色词让你的眼前有了画面感，你真会阅读和想象。

生：这些花的种类和颜色都很鲜艳，然后很优美，给人一种很舒服的感觉。

师：看到这些文字，视觉上我们觉得很鲜艳，读起来，听觉上也有一种愉悦是吗？我们班孩子的表达很有意思，我非常喜欢。还有想说的吗？

生：宝石蓝的铃铛花，散发着阵阵清香。这种清香也让人很舒服，让人心生愉悦。

师：第一个孩子从颜色说，第二个孩子从愉悦的感觉说，第三个孩子从哪个方面说喜欢？（师边问边指着自己的鼻子，学生回答：香味。）香味，从嗅觉说。你们能从不同感官的角度来讲，了不起。

生：它是不同的颜色，五颜六色的，放眼望过去，就像可以画画的颜料一样。

师：你也展开了丰富的想象，五颜六色的画画颜料，让小画家们真想创作一番了。

生：这样子是大自然让它自己长出来的，所以有一阵大自然的味道。

师：我听懂了，因为它们是自由自在地生长出来的，所以它们的清香带着自由的味道，带着泥土的味道。说得太好了，请所有女生读一读漂亮的野花。

女生读：草丛中开满了各种各样的野花。鲜红的山丹丹花，粉红的牵牛花，宝石蓝的铃铛花，散发着阵阵清香。

师：你们的朗读让我仿佛闻到了阵阵清香。还有野草，我们不能把它遗忘了，谁来说说？

生：我觉得野草长得很高，作者说可以没过十来岁的孩子，就是比我们还高。一般我们看见的野草最多只到膝盖这儿，那里的野草竟然没过十来岁的孩子。

师：那得有我这么高了。所以，你喜欢的是野草的"高"。

生：我想补充一下，我们看到的都是人工修剪到膝盖的。要是我们学校的草没有人修剪的话，也可以长很高。

师：所以你喜欢的是它那种自由生长的状态对吧！

生：我觉得我们这个大城市里的草都是人工种植的，然后呢草地也很少，草也不多，我们的环境也没有草原好，废气排放很多。而那里却草很多，满眼绿色，让人心胸开阔，还能在里面捉迷藏，所以我喜欢野草。

师：我们的草没有一个最好最好的生长环境，而你觉得锡林郭勒的草有最棒的生长环境，所以它长得又高又壮，一直——

生：铺向远方。

师：铺向远方。刚刚你们说"嵌"字说得很好，谁来说说这个"铺"字的感觉？

生：铺向远方，我觉得它一定很宽广，好像绿色的地毯一样，很舒服。

师：读出了宽广，像地毯的感觉。除了宽广，还有什么特点吗？

生：像地毯的话，就是颜色很均匀。

师：说得好，很均匀，很密。让我们一起来完成板书，湖水是清的，野花是美而且香的，芬芳扑鼻。野草呢，又高，又广，又均匀，或者叫又密。你看，它的景色特点一下子就被你们说出来了。全班同学再齐读"野草"部分，读出那种高呀，广呀，密的感觉。

生读：蓝天下面，满眼绿色，一直铺向远方。平原上、山岭上、深谷里，覆盖着青青的野草，最深的地方可以没过十来岁的孩子，能让他们在里面捉迷藏。

师：孩子们，对草原的广阔和美丽，咱们通过野草、湖水和野花有了深刻的体会。那接下来，咱们要体会它的什么了？

生：欢腾。

师：欢腾是什么意思？

生：高兴、欢快。

师：接下来我们看看是谁这么欢快、欢乐呢？咱们不仔细说了，就通过朗读读出那种欢快的、高兴的、欢腾的感觉。首先，雄鹰和百灵鸟谁来？

生：雄鹰在天空中飞舞着。

师（笑着说）：啊？让你读课文，先别想象。

生读：矫健的雄鹰在自由地飞翔，百灵鸟在欢快地歌唱。

师：哇，把"自由"和"欢快"这两个词读得可好了，真是朗读小能手。牛羊谁来读？

生读：成群的牛羊安闲地嚼着青草。

师："安闲地"咱们读慢一点，读出安闲的感觉。再来一次。

生读：成群的牛羊安闲地嚼着青草。

师：嗯！可安闲了。小马驹谁来？找一只小马驹，男孩，你来。

生读：小马驹蹦蹦跳跳地撒欢儿，跟着马群从这边跑到那边。

师：我喜欢你读"撒欢"这个词的感觉，你撒过欢吗？

生：有过，我经常在我爸爸妈妈面前撒欢，尤其是有好吃的东西的时候。（全班笑。）

师：嗯，在父母面前，天性毕露，撒撒欢挺好，不任性就行。黄羊谁来？黄羊哦，你要读点速度出来才行。来，风一般的男子，你来。

生读：偶尔还会看到成群的黄羊，它们跑起来快极了，像一阵风。

师：像一阵风，那这阵风能不能快一点，再来一只黄羊读一读。（生读。）像一阵风一下就跑过去了，说明它速度特别——（生：快。）但是能不能经常见到它？（生：不能。）哪个词？（生：偶尔。）偶尔什么意思？（生：不经常见到。）是的，你要有机会才能见得到。（此时指导"偶"字的写法，最后"竖、提、点"的笔顺。学生练写两个。）

师：继续，牧民谁来读？

生读：牧民骑在高高的马背上，神气地挥舞着鞭子，放声歌唱："蓝蓝的天上白云飘，白云下面马儿跑……"（中间纠正了"鞭"字的发音。）

师：太激动了，读得非常好。全班读一下牧民，你们都是小牧民，欢腾在草原上。

生齐读。

（三）翱翔草原，想象什么

1. 动静结合的想象

师：我们读懂了草原的广阔和美丽，读懂了草原的欢腾，我们读懂了它的静景，也读懂了它的——（生：动景。）如果我们的想象是一双翅膀，这双想象的翅膀会带着我们像雄鹰一样在草原上翱翔，如果这些动景当中的动物和人，和静景组合一下，你觉得你可以想象一个什么样的场景来呢？比如雄鹰和野草，风一样的黄羊来到湖水边，比如……还要不要比如？

生：不要啦，我们自己想象。

师：好的，那你们思考一下，把要说的话想具体一点。动静结合，想象开始。

师：想好了吧，现在想好的孩子在小组里说给其他同学听，然后你听到谁的句子说得太棒了，就举手告诉我，好吗？开始。（学生积极交流，师指导。）时间到，有没有推荐？我看看我们班谁是最会欣赏别人的孩子。

生：我推荐刘同学。

师：好，刘同学起立。

生：黄羊在碧绿的野草地上飞快地奔跑。

师：那可是能没过十多岁孩子的野草，它一下钻进里面，我们就——（生：找不到啦。）找不到啦，风一样的黄羊失去踪影啦，你看野草被黄羊一钻进去就动起来了，静变动啦。继续。

生：我推荐我自己。像风一样的黄羊，越过那一片野花，然后到像宝镜一样的湖水停下来，在那儿喝了几口。

师：哇，它喝了几口，觉得这个水——

生：太清澈了，太甜润了。

师：你把静景中两个景物都用上来了。

生：我推荐肖同学。

师：肖同学是谁？（男生举起了手。）我觉得同学推荐会更自豪。

生：成群的牛羊和撒欢的小马驹跑到像宝镜一样的湖水边。

师：然后呢？低着头——

生：尽情地喝着清澈的湖水。

师：除了喝着清澈的湖水，它们能不能看看自己的倒影？

生：它们在水边看着自己美丽的身影。

师：觉得？

生：觉得自己好帅，草原上的生活真是太幸福了。

师：那匹帅呆了的幸福的小马驹，原来是自己呀。再来，还有谁推荐吗？（以下略去学生互相推荐的部分。）

生：矫健的雄鹰在空中掠过，像宝镜一样的湖水中倒映着它的身影，帅极了！

师：帅极了，湖水多想留住它矫健的身影。

生：欢快歌唱的百灵鸟，到了像宝镜一样的湖水边照镜子。

师：嗯，照镜子，照着照着呢？

生：发现自己这么美丽。

师：于是就想对湖水说几句话。

生：湖水呀，你这么清澈，如果我是一个超级搬运工，能把你搬运到我们居住的城市就好了！

生：神气的牧民在碧绿的草原上奔腾，骑着马儿在海洋中飞快地跑着。

师：他就像是在一片绿色的——（生：海洋。）在自由自在地奔跑，跑着跑着，他觉得他就想——（生：放声歌唱。）噢，我美丽的家乡。特别好，如果你们把这个想象再展开一下就更好了。

生：矫健的雄鹰飞过草原上一片宝镜一样的湖水，它在高空看着的时候，它想：哇，草原上什么时候有了一面宝镜呢？然后它慢慢地飞低，飞低，哇，那湖水里面还有蓝天和白云，难道是蓝天和白云掉到湖水里了吗？我是不是要把它捞上来呀？

2. 身临其境的想象

师：这样想象太棒了，想象有一双翅膀，可以让你们都高高飞翔。刚才我们想象的是马、牛、羊，是雄鹰、百灵鸟，现在让我们换个方式继续想象。请闭上眼睛想象，如果你现在就在锡林郭勒草原上，脚下是青青的草地，头顶是蓝天白云，此时此刻，你最想做什么呢？先思考一下，联系刚才学的课文内容。

师：想好了吗？想好的请坐好。（师将话筒交给一个学生，学生自己传递话筒依次回答）

生1：我想如果我到了锡林郭勒大草原，我会和小马驹捉迷藏，跟牛羊快乐地奔跑。

生2：假如我在锡林郭勒大草原上，我会骑着马，在广阔的草原上呼吸新鲜的空气。

生3：假如我正在锡林郭勒大草原，我会跟黄羊比赛跑步。

生4：假如我到了锡林郭勒大草原，我最想拿着鱼竿去像宝镜一样的湖水里面钓鱼。

师：钓上来把它放了吧，让它回到大自然的怀抱，好不好？

生5：假如我到了锡林郭勒大草原，我最想和小马驹一起蹦蹦跳跳地撒欢儿。

师：撒欢儿。知道老师想做什么吗？（出示课件。）你们来读一读，看看我想做什么。

生读：我想叼着一根野草躺在草地上；我想光着脚踩在清澈的湖水边；我想蹲在清香的铃铛花旁；我想静静地站着看白云飘过；我还想骑在马背上奔向远方。

师：你们也可以想更多、更多，因为想象是一双——（生：翅膀。）能带着你自由地——（生：飞翔。）

（四）对比草原，做点什么

师：孩子们，我们要感谢这位作者，他写了一篇这么这么美的文章，让我们体会到了锡林郭勒大草原他见到的美好，留住了美好。肖老师两年前去过草原，也是锡林郭勒草原，我去的那片草原也许不是最好的，我也见识到了它真实的模样。我当时写了一段话发在我的微信上，请你们读一读。（出示课件：照片与文字。）

生：我走到锡林郭勒一片草原的深处，蓝天下面没有看到青青的野草铺向远方，草是那样稀疏，都没不过我的脚。文章里写的那"十多岁孩子高的野草"呢？那"铺着像地毯一样均匀"的野草呢？那"可以在里面捉迷藏"的野草呢？

师：所以我当时很遗憾，还有点儿伤心，因为和文章里描写的草原对比太大了。刚才这里有个老师，他是内蒙古的，他也告诉我，现在内蒙古的草地退化得特别特别厉害。（出示课件。）看资料，锡林郭勒草原

168

退化的面积达到了 64%，你们知道为什么会这样吗？

生1：因为环境被破坏得越来越严重了。

生2：因为地球持续温度上升。

生3：很多人排放废气，导致空气变差。

师：环境变差，草原的生态被破坏了。曾经广阔而美丽、欢腾的世界，在作者的笔下让我们这样向往。但是你们想过吗，如果我们不去采取措施，让草原继续退化，会怎么样呢？（师生接读。）

师：如果有一天，当矫健的雄鹰，看到在草原上施工的吊车和挖土机，把草原破坏得七零八落；

生：如果有一天，当百灵鸟看到的只是裸露着大片黄土的草地，

师：它再也找不到那朵宝蓝色的铃铛花；

生：如果有一天，当牛羊、小马驹和黄羊看到草原再不是一碧千里——

师：而是一片干涸死气沉沉。如果有一天，草原成了这个模样，草原上的生灵啊，它们还会自由地飞翔吗？（音画情境中，学生主动追问。）

生1：它们还会欢快地歌唱吗？

生2：它们还会安闲地嚼着青草吗？

生3：它们还会蹦蹦跳跳地撒欢儿吗？

生4：它们还会像一阵风一样奔跑吗？

生5：他们还会神气地挥舞着鞭子吗？

师：这是锡林郭勒草原的乌拉盖，已经沙化成这样了。当有一天，我们看到曾经的草原，已经变成荒漠，变成风沙的源头，你会怎么想呢？用几个词说一说你想的。

生1：我想说破坏草原的人实在是太坏了。

生2：我感觉很悲伤。

生 3：我觉得很可惜。

生 4：我觉得如果有一丝机会可以把它营救回来的话，我们肯定会努力把它营救回来的。

师：我们要感谢作者，他用文字留住了锡林郭勒大草原美好的样子。而我们呢？我们在读过这篇文章的美好、欢腾之后，更应该怎样？

生 1：用行动去留住草原，保护草原。

生 2：我们应该用行动去弥补人类的过错，就像那个成语"亡羊补牢，为时未晚"一样。

师：说得真好。我们不能只是悲伤、只是可惜，要行动起来，让草原荒漠化的地方重新回到绿色的、一碧千里的模样。其实很多人已经开始行动起来了，我们国家也非常重视，所以这几年草原慢慢、慢慢地变得越来越好，只是我们还需要努力。看这张图，原来已经成为荒漠的地方，经过大家的努力，正在慢慢地披上——（生：绿色的外衣。）长大了，你们会做这件事吗？（生：会！）就算你们不从事这个行业，也尽自己的努力吧！现在让我们再读一读这段话。

生读：蓝天下面，满眼绿色，一直铺向远方。平原上、山岭上、深谷里，覆盖着青青的野草，最深的地方可以没过十来岁的孩子，能让他们在里面捉迷藏。高低不平的草滩上，嵌着一洼洼清亮的湖水，水面映出太阳的七彩光芒，就像神话故事里的宝镜一样。草丛中开满了各种各样的野花。鲜红的山丹丹花，粉红的牵牛花，宝石蓝的铃铛花，散发着阵阵清香。

师：读得非常好！这节课要下课了，在下课前，我们完成最后一个任务——尝试背诵这一段。如果忘了，就看一眼。（生背诵。）

师：大部分的孩子都能背下来了，说明刚才的学习非常用心。孩子们，锡林郭勒大草原，我们读懂了它的——（生：美丽、广阔。）以及——（生：欢腾。）让我们一起用行动永远留住它的——（生：美丽。）

好，这节课就上到这里，下课。

我和你

——人教版四年级下册《触摸春天》课堂实录

图 2-14 执教《触摸春天》

（一）你的故事，我来概括

师：同学们好！我们今天要认识一个小姑娘。（出示课件。）她和你们一样大，和你们相比唯一的不同就是她——

生：盲。

师：盲，就是看不见。看不见这个世界的八岁的小姑娘安静是什么样子的呢？做了件什么事呢？默读课文，边读边思考，在特别有感触的地方画一画。（生阅读毕。）安静做了件什么事？

生：安静的手指悄（第一声）然合拢，（师提醒"悄"的读音。）竟然拢住了那只蝴蝶，真是一个奇迹！

师：你直接把安静做的那件事情的经过说出来了。能一下找到这个句子，不错！再找一位，男孩请你说，她做了一件什么事情？

生：就是安静看到月季花上停着一只花蝴蝶，她竟然拢住了那只蝴蝶，真是一个奇迹！

师：你在前一位同学说的基础上，进一步把经过说清楚了。孩子们，还记得记叙文的几个要素吗？

生：时间、地点、人物、事件。

师：事件里面又有——

生：起因、经过、结果。

师：其实，写事的文章，按照这几个要素说下来就是主要内容了。时间是——

生：春天。

师：具体一些。

生：春天的早晨。

师：地点是——

生：小区里。

师：人物是——

生：安静。

师：加两个字更好。

生：盲童安静。

师：春天的早晨，盲童安静在小区的绿地，这是时间、地点和人物。"经过"是刚才那个孩子说的一句话，起因和结果呢？

生1：起因是安静在绿地上散步，她顺着花香的指引，走向了一朵月季花。

生2：结果是，她把蝴蝶放走了。

师：现在把六要素连起来说。同桌一个说，一个听，听完后评价，开始。（学生练说，师指导。）应该说得差不多了，请这位男生说一说，一开始的时候他不敢说，可是后面和同桌开口说了，挺好的，来试试。（生小声地说：我不会。）没事，我会帮你的。（生站了起来。老师小声提醒）一个春天的——

生：一个春天的早晨，她……

172

师：人物——

生：盲童安静在小区的绿地上散步……

师：嗯，然后她在——

生：她顺着花香的指引，走向了一朵月季花。（师：在那里?）在那里……（同桌小声地提醒：拢住了。）拢住了一只花蝴蝶。最后她把花蝴蝶给放飞了。

师：掌声送给这个孩子，特别特别好。（摸了摸同桌的头。）你也是个很棒的同桌，当他没有把"拢住"说出来的时候，你悄悄地告诉了他，你看你们合作多愉快啊！以后碰到写事的文章，我们都可以这样用要素法去说说它的主要内容。孩子们，这篇文章除了安静做的这件事情，还写了什么？

生：还写了作者对安静的感受。

师：而且还不止一点点感受，我看他写了好多好多的感受，是不是？能不能够把他感受里面你觉得最重要的句子找出来？

生：我没有惊动安静。谁都有生活的权利，谁都可以创造一个属于自己的缤纷世界。在这个清香袅袅的早晨，安静告诉我这样的道理。

师：把"道理"的那个句子再读一次。

生：谁都有生活的权利，谁都可以创造一个属于自己的缤纷世界。（师板书：权利、缤纷世界。）

师：谢谢小姑娘，老师把你说的话简单写下来了。这是作者的感受，也是他明白的道理。这篇课文，就是一件事情。（板书：事。）然后让作者有了许多的感受，受到了——（生：启发。）（师板书：启发。）这就是它的写作特点。其实以前这样的文章我们学过很多，只是感受部分没有这么多。把你刚才说的主要内容，加上"让作者明白了……"，就是整个文章的主要内容。现在我们快速试一试。（学生认真练说，老师走到学生中间指导。）

(二)你的动作，我来读懂

（出示课件，课件上是作者的感受与明白的道理，其中"深深地感动"用红色字体标出来了。）

师：这是作者的大段感受，这节课我们先不看他这些感受。（课件上去掉作者的感受。）让我们先读出自己的感受。可是要了解安静有点难。安静一句话都没说，安静看不见，那我们怎么去了解她呢？

生：从她的一举一动里了解。

师：或者换个说法，从她的——

生：动作。

师：是的，让我们通过动作来了解安静。请看到前面"事"的部分，把描写安静动作的语句画下来，把让你印象深刻的词语圈出来，一会儿来分享。

师：现在请带着你们的思考，在四人小组内交流一下，注意要让每个人都有机会说一说，可以互相补充。

生：请大家看这一句："安静在一株月季花前停下来，她慢慢地伸出双手，在花香的引导下，极其准确地伸向一朵沾着露珠的月季花。"请大家看"极其准确"这个词，从这个词，我觉得她一点都不像盲人。

师：为什么呢？

生：她在那朵有蝴蝶的花前停下来，而且还慢慢地伸出双手。要是一般人去抓蝴蝶的话要慢慢地，快的话，会惊动蝴蝶，而且她还准确地拢住了那只蝴蝶。所以我觉得她根本不像是一个盲人。

师：安静的动作极其准确，不像个盲人。请将"极其准确"几个字写到黑板上。

生：请大家看这两个词："仰起头"和"张望"。这说明她明明看不见，可是她内心是希望看见这种美好的东西的。

生1：我补充一下前一位的发言，我觉得这两个词体现的是安静对光明的渴望，她希望她自己能看到这个美丽的世界。

师：请你将"仰起头"和"张望"写到黑板上。你从中读懂了安静是一个内心充满希望、渴望光明的女孩。

生：安静的脸上充满了惊讶，从"惊讶"这个词我体会到安静从来没有做过抓蝴蝶这件事情。

师：她惊讶什么？

生：她自己居然抓住了蝴蝶，自己不敢相信。

师：完全难以置信。（走向下一个女孩。）你来补充。

生2：这对她来说是一个全新的经历。

师：你把前面她抓住蝴蝶时的那句话读一读。

生3：蝴蝶在她的手指间扑腾，安静的脸上充满了惊讶。这是她全新的经历。

师：从"扑腾"这个词，你有没有话想说？

生4：生命还能这样"扑腾"，是多么的美好！如果不"扑腾"了，就代表生命都消失了。

生5："安静细细地感受着春光。"从"细细地"地这个词，我感受到她想更了解这个世界的美好，她有一颗渴望见到光明的心。

生6：我从"张望"这个词感受到，安静好像看到蝴蝶飞走了。

师：她好像看到蝴蝶扑扇着美丽的翅膀——（生：慢慢地飞走了。）飞得越来越——（生：远。）是的，它去探索这个世界的美好了。如果翅膀上带着安静的梦想就好啦！

生：我从"悄然合拢"这个词感觉这真的是不可思议，一个盲人，怎么就做到这一点呢？

师：你可以做一个"悄然合拢"的动作吗？（生做动作。）这是一种什么感觉？

生：很轻，很静的感觉，一点都没有惊动蝴蝶，或者说蝴蝶一点都不怕安静。

师：一点都不怕？

生：可能是蝴蝶觉得安静根本不会伤害它。

师：蝴蝶真有灵性，能感受到安静的友善。带着这种理解，你再读一读这个句子。

生1：安静的手指悄然合拢，竟然拢住了那只蝴蝶，真是一个奇迹！

生2：请大家看第3段，"安静在花丛中穿梭。她走得很流畅，没有一点儿磕磕绊绊"。安静在"穿梭"，她走得非常流畅，没有一点磕磕绊绊，就像看到了路上的障碍物一样。看到了障碍物，就会走得很流畅，但是她没有看到障碍物，我觉得她的内心里面就像真的能想象出路的样子，所以她走得很流畅。

师：说明她对这个地方特别——（生：熟悉。）为什么会这么流畅？原因，不妨看一看第2段。为什么呢？

生：这个小女孩，整天在花香中流连。从"整天、流连"这两个词，就可以看出她总是来、经常来。说明她很喜欢这里，喜欢这里的美好的感觉。

师：安静特别喜欢这里浓郁的花香、喜欢春天的景色、喜欢小区的绿地、喜欢大自然的美丽，所以经常在这里流连。

（三）你的生命，我来共鸣

师：请你们想一想平常印象中盲人的样子，对比安静的所为。此时，你们还有什么想说的吗？

生：一般的盲人知道自己眼睛看不见，可能会在家里很少出门。而安静却偏偏出来，她的举动和一般盲人是不一样的。

师：所以你觉得她是一个内心——

生：内心没有那种不敢出门的自卑的盲人。

师：不自卑，我们可以说她——

生：开朗、阳光、自信。

师：请把"阳光、开朗"两个词，写到"我们读懂的"这一边。我们继续概括，你从文中读懂了安静是个怎样的孩子？

生：内心中充满着希望的孩子。

师：不会沮丧、充满希望，写上去。

生：我不同意他的观点。

师：请说说理由。

生：我觉得安静以为世界是充满黑色的。（话音刚落，教室里响起一片讨论声。）

师：为什么呢？

生：眼前看不见的时候，就是一片黑暗。

师：其他孩子针对他的发言，你们发表一下意见。

生：我认为不是的，我觉得在她心中世界是充满美好的、彩色的。

师：嗯，彩色的，就像文中这个词一样——"缤纷"。其他同学有没有补充？

生：因为她的内心是多姿多彩的，她并没有自卑，她是向往光明的。

师：说得好，多姿多彩，向往光明，阳光开朗。安静的眼前虽然黑暗，但是她的内心不会黑暗。还读懂了什么？她是一个怎样的孩子？再说一说。如果你觉得一个人的思路还有点打不开，你可以同桌一起讨论讨论。（同桌间认真地讨论。）说完了吗？（走向一个女生。）请你说说。

生：安静是一个喜欢大自然的女孩。因为在她的心中，世界是缤纷的。

师：请把"热爱大自然"写到黑板上。同桌的女孩，你继续说。

生：她是一个珍惜生命的人。因为即使她抓住了蝴蝶也要把它给放走，这样体现了她对生命的珍惜，哪怕是一只小小的蝴蝶。

师：说得太好了，请把"珍惜生命"写上。

生：她还是一个喜欢动物的孩子。她喜欢蝴蝶，一定也喜欢别的小动物。我想如果她抓住的是一只蜻蜓，她也会把它放飞。

师：我想一定会这样。去吧，看你想在黑板上写点什么。孩子们，你们看黑板上，你们写了这么多的阅读感受，和作者的感受比一比怎么样啊？

生：厉害。

师：你们更厉害？好，我喜欢你们的自信，不管你们读出了多少感受，都是属于你们自己的独特的感受。刚才，我们走近了她，了解了她，她就是一个普通的女孩，但是她又是那么的——

生：不一般。

师：（出示课件。）孩子们，安静触摸到了春天，仅仅是用手触摸的吗？

生：还有用心。

师：用心触摸到了春天。不光是安静，还有一位最知名的、最了不起的盲人——（生：海伦·凯勒。）她也触摸到了春天。在"阅读链接"上有一长段的话，老师选了几句话。（出示课件。）咱们来读一读海伦·凯勒对春天的"触摸"。

生读：春天，我抚摸树木的枝条，我感受到花朵的美妙，我把手轻轻地放在小树上，感受到小鸟在枝头高歌，引起的欢乐的颤动。

师：男孩，刚才你认为盲人看不见，所以眼前的世界一定是黑暗的，现在你觉得呢？（男孩摇摇头。）黑夜给了她黑色的眼睛，她却用她的心触摸到了——（生：三天光明。）。可是海伦·凯勒同时也有这样一句话，默默地看一看。（课件："那些有眼睛的人显然看得很少。对于世界上充盈的五颜六色、千姿百态万花筒般的景象，他们认为是理所当然的。也许人类就是这样，极少去珍惜我们所拥有的东西，而渴望那些我们所没有的东西。""假如我是个大学校长，我要开设一门必修课程，就是'怎样使用你的眼睛'。"）看完了吗？

生：看完了。

师：感叹啊，有些健康人实在不配拥有一双眼睛。（出示课件《你和我》：你看不到月季花的色彩，可是你闻到了它的芬芳，触到了花瓣上露珠的模样。你看不到蝴蝶的色彩，可是你拢住了它的翅膀，放飞了飞翔时美好的希望。我看得到月季，看得到蝴蝶，看得到这个美丽的世界，因为我有一双明亮的眼睛。你告诉了我……）

师：今天，我们就像安静的一个朋友一样，慢慢地、一点一点地了解安静，走近安静。请男孩读第一句。（男生齐读。）女孩读第二句。（女生齐读。）全班读第三句。（全班齐读。）接着想，接着说：你告诉了我……想好了举手。

生：你告诉了我，谁都有生存的权利，谁都可以创造一个缤纷多彩的世界。

师：可以用自己的话，说出自己独特的、独一无二的感受。

生1：你告诉了我，眼睛是心灵的门窗。

生2：你告诉了我，我们要珍惜眼前的一切。

生3：你让我明白，一定要保护好自己的眼睛。

师：保护眼睛，更要用好眼睛，用它去发现美好和光明。请最后那个没有说过话的男孩说。

生：眼睛是心灵的门和窗，不要把你的门和窗都关上。

师：你的故事，我能概括；你的动作，我能读懂；你的心情，我能想象；你的生命，我来共鸣。因为，触摸春天，热爱生命，你和我，没有不同。怪不得作者说呀——

图2-15　为广东第二师范学院本科生
示范课例

生齐读：谁都有生活的权利，谁都可以创造一个属于自己的缤纷世界。

师：那这个"谁"，到底是指谁呢？（很多学生都说是作者本人，很快就有同学反应过来说是所有的人。）是的，也许是听不见声音的伟大音乐家贝多芬，也许是全身瘫痪却了不起的科学家霍金，也许是更多的人，也许是作者、你和我，下一节课我们继续体会。下课！

五、"情采"评价

"因情施采，情采圆融"的"情采"教学，匹配的也是"情采"的评价。如果说"因情施采"是教学理念，也是教学策略，那么"情采圆融"就是教学效果，也是评价的总指标。

（一）"情采"评价的指标

前文在"情采"策略中提到的"入情、见异、博观、内怿"，我认为既是策略，同时也是评价的指标。

表 2-1 "情采"评价的具体指标

总评价指标	具体指标	指标指向	具体描述	备注
情采圆融	入情	情动辞发	对文章有深入理解和感悟而有精彩表达（口头或书面的表达精彩）	从文本的内容和形式两方面"入情"
		披文入情	由文章的文辞形式而更了解表达的情感（理解和领悟的感情深刻）	
	见异	发散思维	尊重文本前提下的个性化阅读，多角度思考	不是每篇文章都有必要质疑和批判性思考，重在"发散思维"
		质疑精神	善于质疑，有批判性思考和创新精神	
	博观	广泛阅读	由一篇到多篇的阅读推进，或互动中体现的阅读拓展	一般是在交流互动中体现，在略读课中，阅读推进体现更显著
		深度阅读	对整本书的深度阅读以及分享交流	在阅读分享课和阅读交流会中体现
	内怿	学有兴趣	学习氛围愉悦，学习过程兴致盎然	从语文学科的"工具性"与"人文性"两方面愉快获得
		学有所获	习得言语运用，涵养精神品质	

（二）"情采"评价的方式

"情采圆融"的阅读教学评价方式要多元化，重体验、重实践、重激励，要能激发学生持续学习、阅读的兴趣与探究的热情。

1. 互动式评价

阅读教学的评价主要是互动中的评价，有师生互动、生生互动，还有倾听学生与文本的互动时的评价。

师生互动评价时，教师或激励肯定、或循循善诱、或幽默点拨、或无言共鸣、或总结完善、或画龙点睛……点拨是基于教学目标的点拨，激励是基于学生生命成长的激励。我相信这些充满关爱与鼓励的评价语，会成为学生成长的雨露甘霖。

学习二年级下册课文《日月潭》时，在让学生小组分享和汇报了查找到的台湾的资料（景物、历史、民族、美食等）后，学生谈感受环节的师生互动评价如下：

锐林：台湾真是太美了，我恨不得马上去看看。

师："恨不得"三个字用得非常好，将你这种迫切的心情和对台湾的向往表达出来了。

季容：台湾有许多经典的景观，非常漂亮。希望台湾能回到祖国母亲的怀抱，让更多的人都能去看她的美丽风景。

师：台湾就像一个离开妈妈的游子，我相信，总有一天她一定会回到祖国母亲的怀抱。

欣航：我觉得台湾非常漂亮。可是漂亮的地方不止台湾，在中国很多地方都是非常漂亮的，我们的家乡也很美丽。

师：是的，生活中处处都有美。你热爱自己的家乡，就能看到家乡的美丽。生活中不是缺少美，而是缺少发现美的眼睛，希望你们都能有一双发现美的眼睛。

培恕：我觉得我们看待问题要全面，我们不只要看到台湾的美丽，也要更多了解，也许台湾也有不太好的地方。

师：说得好，要全面看待事物。你们可以多去调查，也可以亲身去体验，了解更多更全面的台湾。

之婳：我觉得台湾的风景非常美，希望人们都能保护好那些美丽的风景，让她可以一直美下去。

师：我们不仅要能欣赏到这样的美，还要保护好这些美，让我们的子孙后代都能欣赏到。环保意识非常强。

悦鸣：其实你以为一个地方不好，以为那是地狱，但是从另一个方面来说，也许就是天堂。

师：因为《日月潭》一文中说到下起细雨时，日月潭笼罩着一层轻纱，好像仙境一样，我们当时说到简直像天堂一样。又说到如果笼罩的不是这样的薄雾，而是雾霾，那就不好了。是的，学会换一个角度看问题，你就能有不同的发现。

生生互动评价时，学生互相肯定优点、提出建议、补充观点，课堂就会充满生机。生生互动在听说读写各个环节都可以进行，比如同桌互动朗读课文时，一个读，一个听，提出建议；背诵课文时，一个背，一个看，提醒错漏；概括主要内容时，一个说，一个听，听后优化。比如四人小组互动，一个说观点感受，另外的人从不同方面评价与补充，等等。生生互动中的有效评价，能够迅速提高学习的有效性。

还有亲子间的探讨、交流和评价。比如在学习四年级上册《乌塔》一文时，我让学生和家长对这个 14 岁孩子独自一人游欧洲的事例进行探讨；在学习《幸福是什么》一文时，基于家长的人生经历和学生的生活实际，一起谈谈对于"幸福是什么"的理解，并互相评价。当教师、家长、同伴三者的评价形成合力，就能为学生素养的提高添砖加瓦。

2. 应用性作业

乔斯坦·贾德在 2017 年再版《苏菲的世界》时写的"致亲爱的中国读者"中说:"伦理学中有一个至关重要的原则,叫做'黄金律',亦即互惠原则:你想别人怎样待你,你就要怎样待人……这一互惠原则的运用,不仅仅可以跨越空间,也应该跨越时间。你希望下一代人怎样待你,你就要怎样待他们。我们留给后代的不应该是一个'贬值'的地球。一个海里少了鱼,少了饮用水,少了食物,少了热带雨林少了珊瑚礁,少了动植物种类……少了美,少了奇妙,少了光辉和幸福的地球。"

带着许多类似的阅读积累和思考,我们学习了《青山不老》:一位山野老农,面对自然条件的恶劣和生活条件的艰辛,义无反顾地投身到植树造林工作中,用 15 年的时间在晋西北奇迹般地创造了一片绿洲,实现了自己的人生价值,造福于后代。共同学习时,我让孩子们从"善待地球""善待后代"的角度,思考如何看待老人的"平凡与伟大",并问他们如果老人也能入选"感动中国"人物,可以写怎样的颁奖词。孩子们当堂写下这样的句子:

十五年如一日,平凡的老人用勤劳的双手,以顽强的毅力和博大的胸怀,将荒山变成了绿洲,创造了令人震撼的生命奇迹。他的灵魂与山川共存、与日月同辉。

在绝望中开辟一丝生机,在困难中不断挺进,助人之路才是真正的归宿。一句话惊天动地,一个动作开天辟地。生之为民,死也死在助人路上。

他也许没有想过自己是环保的卫士,是地球的天使,他想的只是要为子孙后代留下一个可以生活的地方,所以,他这样义无反顾地扑向那片山野。

当我们为一位 81 岁植树造林 3700 亩的老人感动的时候,我们更应该反思自己，我们的行为是在为子孙后代毁灭什么，还是创造什么。

一位老人，81岁，在中国晋西北植树造林。一生都与那晋西北的大山、树林密切相连。他是那么无私，那么坚强，那么不屈。他拒绝了女儿三番五次接他去城里享清福的请求，为了让子孙后代能生活得更好，他用15年造出了一片了不起的绿洲。绿化8条沟，造了7条防风林带，3700亩林网，这是多么了不起的奇迹。

什么是平凡，一位81岁的老人，每天劳作在风沙肆虐的荒野，这是平凡；什么是伟大，一位81岁的老人，让风沙肆虐的荒野变成绿洲，这是伟大。

一段段简洁的颁奖词，体现的是孩子们对老人的深深敬仰，对环境问题的深入思考，以及对"平凡与伟大"的感悟。我想这样的学习，是走向了高处和深处的。

颁奖词的方式我在六年级上册《这片土地是神圣的》一文的学习后也用了。我对学生说："如果评选西雅图酋长为感动世界的人物，你们能不能和老师合作完成一段颁奖词？"

师：你是翱翔蓝天的雄鹰的兄弟，是大地母亲最信赖的儿子。在许多人破坏大地，让山川、动物悲鸣的时候，你的宣言让我明白了——

生1：大地上的一切都跟我有关，不管怎么样大地是我的一部分，我也是大地的一部分，我要同大地一同呼吸。

生2：你的宣言让那些破坏我们家园的人醒悟过来，让我们明白，离开了大地我们就无法生存，我们是属于大地的。

生3：你的宣言感动了世界上的万物，让人们更加想保护动物、植物和世界上的万物，从此大地上的万物不再哭泣。

生4：你的宣言让我看到，你们把全部的爱都撒向了深爱的这片土地，你们认为万物都是大地的一部分，万物都是圣洁、神圣、不可侵犯的；你们认为这个世界都是公平的，所以我们应该像对待自己的祖先一样对待这片土地，对待这个世界上所有生物。

生5：你的宣言告诉我们，大地不属于人类，而人类是属于大地的。那些破坏大自然的人，听了你的宣言一定会羞愧，希望人类都能警醒，希望大自然不再伤心和悲痛。

生6：你的宣言使许许多多悄悄破坏大地的人们醒悟，使许许多多正在学习的人们得到深刻的教诲，也会使大地母亲少受到许许多多的伤害，让人们的心灵又一次受到洗涤。

……

还有如在学习四年级下册《纪昌学射》一文时，我和孩子们一起探讨了"纪昌精神"后，我设计的应用型作业是"设计校训"，环节是：说说本校的校训——出示哈佛大学的一些校训名言——出示河北省邢台市宁晋县纪昌庄乡纪昌庄小学的校训，让孩子们设计出能体现"纪昌精神"的校训。"设计校训"这个环节，孩子们兴奋极了，特别有自豪感，写得也非常好！

3. 多样化平台

在飞速发展的时代，我们的评价也需要与时俱进。恰当运用设置多样化的平台，能让评价的方式多样化起来。

（1）恰当运用网络。如2017年霜降那天，语文课上，我和孩子们一起朗读了曹丕的《燕歌行》："秋风萧瑟天气凉，草木摇落露为霜，群燕辞归雁南翔。"我告诉他们，在2016年11月30日，中国的二十四节气被正式列入联合国教科文组织人类非物质文化遗产代表作名录。我布置的作业是：阅读网上关于"霜降"的介绍，查找相关古诗词，然后自己写上一两句感受。并要求他们，以后每一个节气都要做这项作业，提前做，在语文课前分享。

（2）布置语音分享。可以通过班级 QQ 群、微信群，通过"为你读诗""配音秀"等软件，让学生上传自己的朗读、背诵、读后感等。

（3）布置电话作业。电话作业很受学生欢迎，既减少了书面作业的负担，又起到了很好的效果。比如学了六年级下册《真理诞生于一百个问号之后》一文后，我让学生选择一个观点用事例进行论证，然后找一个伙伴，在电话中读给对方听，互相评议。学生比在课堂上交流更感兴趣，上交的文章质量都不错。针对少部分学生，我还会要求他们单独给我打电话完成交流作业。

（4）设置个性化奖状。每到期末，就是总结评奖时，我会根据每个孩子的特点，设计个性化的奖状，如"作文大王""答题先锋""诗词王子""阅读题高手""阅读状元"等。这些"量身定制"的奖状让孩子们都能得到鼓励，孩子们也都喜欢这样的鼓励。

（5）以小组为单位评价。比如布置一些小组完成的作业：调查报告、口语交际和作文（如回南天的成因、危害、生活中应对措施、怎么看待）、组员电话（背诵、讲故事、复述等），还有小组周末观察，甚至小组周记等。同时鼓励小组长组织组内评价，如小组成员写表扬信、小组温馨提示等。而教师也根据小组的整体表现给予小组奖励或提醒，如小组免作业日、小组自选作业等。

（6）创设活动平台。用心创设活动，以活动的方式检测学生的学习效果。如学习了六年级上学期的"祖国在我心中"单元后，我组织了"向上吧，中华少年"演讲会。演讲以小组自由组合的方式进行，他们先独立写稿，然后小组集组员稿件之长修改优化，整合成一份稿件，小组演讲。每个小组演讲后，都会颁发一张贺卡（如图 2-16 所示）。

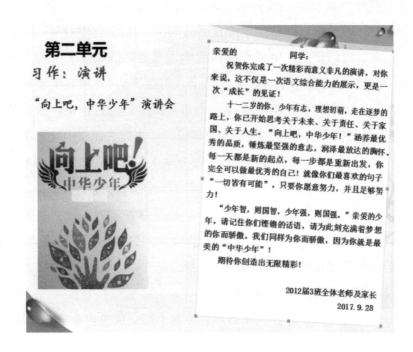

图 2-16 "向上吧，中华少年"演讲会贺卡

如六年级上学期"人与人之间的相互关爱"主题习作，我让学生写好后，每天安排四人上台朗读自己的作文，如果认为还需要修改，可以延后朗读。当所有同学朗读完后，全班同学一起评选出"感动六(3)的十位习作人物"。最后，入选的人物分别出自以下作文：《余温》《角落里的微光》《红衣·风·少年》《不会倒的伞》《借出的友谊》《开往幸福的 78 路公交》《甜》《春暖花开》《"穷"人》《春暖花开》。上榜的孩子自是欢喜，没有上榜的孩子也开开心心地评价。平日学生不太愿意写这样的主题作文，因为有了这样的评价方式，他们写出了别样的真切动人。

2015 年 5 月 15 日(周五)晚 7 点到 9 点，我组织自己带的 2014 级 2 班开展了一次"小小演说家"的活动。我写下了这样的活动初衷："一直觉得'成人礼'可以有三次：6～7 岁的'小小成人礼'，12～13 岁的'小成人礼'，18 岁的'成人礼'。初入小学，初入中学，即将跨入大学，都是成长中非常重要的阶段。如果能在这三个阶段，用与众不同的方式让他们深切感受到：我们长大了！我想会对他们的成长产生非常积极的影响，能够促思、督行，进而立志、笃学！对于 6～7 岁的孩子来说，我希望这次隆重的演讲活动，可以对他们的行为习惯、语言表达、合作意识等都起到积极作用！"班级一共 12 个四人小组，我和学生商议后，确定了 12 个主题：尊重他人，懂得倾听；做个爱劳动的孩子；为什么要多阅读；做个诚实的孩子；孝敬父母，学会感恩；团结的力量；面对困难，不要退缩；为什么要有责任心；勇于承认和改正错误；学习是自己的事；做个乐于助人的孩子；做个有目标的孩子。同时，我们还设立了两个特别小组，由四位妈妈演讲"妈妈最需要教给孩子什么"，四位爸爸演讲"爸爸最需要教给孩子什么"。活动的小奖品也由孩子们自己准备，他们有的写书法，有的画国画。活动非常成功，不仅提升了孩子们的语文素养，更促进了他们的成长。

还是 2014 级 2 班，从一年级开始我们就读诗词、读《声律启蒙》、写儿童诗，家长参与班级活动的热情也非常高。于是在一年级下学期，我就大胆设计了一个"三国英雄传"的经典诵读节目。将全班孩子分三个阵营、穿三种服装，每个孩子都是三阵营中的大将。八位爸爸分别扮演曹操、孙权、刘备、张飞、司马懿、周瑜、关羽、诸葛亮，两位妈妈分别扮演大乔（弹古筝）和小乔（朗诵），而班级 46 个孩子则分别是魏、蜀、吴的一员大将。我让他们自己找一个喜欢的人物代入，组成三国方阵。朗诵脚本如下：

（背景配乐《滚滚长江东逝水》，入场。）

齐诵：滚滚长江东逝水，浪花淘尽英雄。

　　　是非成败转头空，青山依旧在，几度夕阳红。

白发渔樵江渚上，惯看秋月春风。

一壶浊酒喜相逢，古今多少事，都付笑谈中。

（音乐渐弱，孩子领诵。）

生1：东汉末年，天下三分，群雄并起，逐鹿中原。

生2：草船借箭，单刀赴会，七擒孟获，九伐中原。

生3：桃园三结义，温酒斩华雄。

生4：战赤壁，失荆州，火烧连营七百里。

生5：过五关、斩六将，走麦城、空城计，究竟谁主天下？

生6：是一代枭雄曹操，是大仁大义的刘备，还是少年老成的

孙权？

齐：尽在三国英雄传。

曹操：对酒当歌，人生几何？譬如朝露，去日苦多。

慨当以慷，忧思难忘。何以解忧？唯有杜康。

生齐诵：明明如月，何时可掇？忧从中来，不可断绝。

山不厌高，海不厌深。周公吐哺，天下归心。

司马懿：天笔惜才书将星，俊杰奇韬出魏营。

机玄迭宕羞经史，筹略显隐救国倾。

生齐诵：老骥伏枥，志在千里。烈士暮年，壮心不已。

幸甚至哉，歌以咏志。幸甚至哉，歌以咏志。

刘备：运筹决算有神功，二虎还须逊一龙。

初出便能垂伟绩，自应分鼎在孤穷。

关羽：威镇乾坤第一功，辕门画鼓响冬冬。

云长停盏施英勇，酒尚温时斩华雄。

张飞：英雄露颖在今朝，一试矛兮一试刀。

初出便将威力展，三分好把姓名标。

诸葛亮：受命以来，夙夜忧虑，恐付托不效，以伤先帝之明；故五

月渡泸，深入不毛。今南方已定，甲兵已足，当奖帅三军，北定中原，庶竭驽钝，攘除奸凶，兴复汉室，还于旧都。

全班齐诵：三顾频烦天下计，两朝开济老臣心。出师未捷身先死，长使英雄泪满襟！

孙权：紫髯碧眼号英雄，能使臣僚肯尽忠。二十四年兴大业，龙盘虎踞在江东。

周瑜：折戟沉沙铁未销，自将磨洗认前朝。东风不与周郎便，铜雀春深锁二乔。

全班齐诵：遥想公瑾当年，小乔初嫁了，雄姿英发。羽扇纶巾，谈笑间，樯橹灰飞烟灭。

嗟乎，苍天既已生公瑾，尘世何须出孔明！

曹操：何处望神州？满眼风光北固楼。

刘备：千古兴亡多少事？悠悠！不尽长江滚滚流。

孙权：年少万兜鍪，坐断东南战未休。

家长齐：天下英雄谁敌手？曹刘！生子当如孙仲谋。

（大、小乔朗诵、古筝，孩子武术表演。）

看刀光剑影，听鼓角铮鸣，湮黄尘古道，漫烽火边城。

兴亡谁人定，盛衰岂无凭。一页风云散，一曲长歌终。

聚散皆是缘，离合总关情。担当生前事，何计身后评。

江潮化作泪，江流起歌声，浩浩英雄气，天地任纵横。

齐诵：大江东去，浪淘尽，千古风流人物。故垒西边，人道是，三国周郎赤壁。乱石穿空，惊涛拍岸，卷起千堆雪。江山如画，一时多少豪杰。江山如画，一时多少豪杰。

在准备节目及表演的活动体验中，孩子们对《三国演义》的阅读更感兴趣了，对诗词的诵读更感兴趣了。

4. 开放性成果

教学评价以开放性的成果展示，更贴近学生的实际，更受学生的欢迎。

(1)多选项的作业。提供不同难度的作业给学生选择，能够满足不同程度学生的实际需求。比如学习六年级上册《少年闰土》一文，我布置的三个作业选项分别是：

A. "月夜刺猹图"的环境描写和人物动作描写堪称经典，尝试仿写。

B. 学习用典型事例刻画典型人物，将"潮汛看跳鱼儿"这一事例写详细。

C. 阅读小说《故乡》，体会从少年闰土到中年闰土的转变。

(2)"阅读卡"的设计。记录学生课外阅读情况的个性化阅读卡。不管是思维导图，还是阅读感受，还是配的画，都是美好的阅读痕迹的记录。

(3)阅读分享会。可以是主题阅读分享会，也可以是整本书深度阅读分享会，还可以是自由主题的好书推介会。

(4)编印儿童诗集。儿童是天生的诗人，小学语文课本中有许多儿童诗。以此为范本，我带领孩子们走入了儿童诗的学习和创作，一年级至六年级我们将创作 6 本诗集，分别是《苹果绿的一年级》《柠檬黄的二年级》《西瓜红的三年级》《葡萄紫的四年级》《柑橘橙的五年级》和《蓝莓蓝的六年级》(已创作 4 本)。儿童诗，将他们的阅读与想象灵动地融合在一起。

(5)编印作文集。我将孩子们的作文收集起来编撰成册。通过学习分享，取长补短，学生有了很大的提升。

图 2-17　班级编撰的作文集以及学生自己的作文集封面

"情者文之经，辞者理之纬""情动而辞发"，刘勰追求的"物、情、辞和谐的美"，也是小学语文阅读教学需要追求的和谐的美。《毛诗序》中说："情动于中而形于言，言之不足，故嗟叹之，嗟叹之不足，故咏歌之，咏歌之不足，不知手之舞之、足之蹈之也。"有了基于文情与学情确定的教学内容之"情"，再配以课堂文化、课堂实施与教学评价之"采"，学生的学习就能更深入，教学目标的达成就能更彻底。

193

第三章

竹杖芒鞋：
共同成长的"情采"法宝

　　不知哪个孩子在我的书里偷偷塞了一幅火柴盒面大小的画。是怎样的想法和心情，让他把画画在这么小的一张纸上，还要放在我的书里呢？没有考虑过我很有可能不小心弄掉了，甚至掉出来都不会注意到吗？

　　然而我是很喜欢这幅小画的。右边这个影像，是表示坐着在思考的这个孩子吗？在这张小小的画上，孩子也许是在星空下仰望着梦想，或许是在难过的心情里憧憬着美好；也许他是一个科幻小达人，在构思着奇妙的故事；也许，这是孩子从哪本书上或哪个场合看到的一幅画，因为喜欢，所以照着画了下来。小小的画，无限可能，无限想象……

　　爱孩子，我们就会呵护与尊重孩子；爱孩子，我们就会用善于发现美的目光去关注孩子。

　　"竹杖芒鞋轻胜马"，爱与诗，就是给孩子的"竹杖"；勤与真，就是给自己的"芒鞋"。我们与孩子们一次次美好地遇见，然后，带着"竹杖"，穿着"芒鞋"，美好地共同成长。

一、给学生的"竹杖"

（一）以爱为杖

苏霍姆林斯基说："没有爱就没有教育。""爱就意味着用心灵去体会别人最细微的精神需要。""谁的童年被爱的阳光照耀着，那他就会互相创造幸福。"

教师对学生的爱，是创造幸福与奇迹的"源头活水"。

2013年9月，我在家长会上和家长们说起我曾听到的一首歌——一个9岁的四年级小男孩创作的《我只是个孩子》："……地球上有一种孩子呀，叫'别人家的孩子'，可在我心底，老爸老妈我不想比！我只是个孩子啊，其实我也会调皮；我只是个孩子啊，给我多一些拥抱吧；我只是个孩子啊，游戏里有我的秘密；我只是个孩子啊，让我的童年留下最美的记忆。"9岁，鲜嫩童真的年龄，真实感人的呐喊，作为家长，作为老师，我是被深深触动了的。所以在课堂上，我一遍遍告诉班上同样9岁的这些孩子："你们都是独一无二的，只要努力了，不用和任何人比，都是家长和老师心中最喜欢的宝贝！"

当我播放这首歌的时候，很多家长的眼睛湿了。我希望家长也能明白，如果我们真的爱孩子，就不要那么急功近利，不要那么焦虑，慢慢来，慢慢来，因为成长，是一段长长的路。

1. 叙事：爱的回忆流淌

还记得2007年我刚到广州市天河区石牌小学的时候，怀着忐忑与期待第一次走进四年级（1）班的课堂，我用10个数字，"征服"了这班可爱的孩子。我将这第一堂课的感受写成了文章，发表在《天河教育科研》

上，后来这篇文章在全国中小学思想道德建设优秀成果评选中获得了二等奖。

第一堂课

由于工作调动，我从长沙来到了广州，长沙的三月偶尔还飘过凛冽的雪，但广州的木棉花却早已摇曳在这个温暖的早春。我的心情是忐忑的，因为这个城市的繁华和陌生，因为新的环境里一切都需要重建的关系，因为以往的种种成败此刻都化为了一阵远逝的风，因为曾经熟悉的教室里还留着学生难舍的泪水，因为听说新学校的孩子都比较调皮……

整理了纷乱的思绪，我终于走进四年级（1）班的教室，上课的音乐铃声响起，一堂课开始了。

教室里有小小的骚乱，这些 10 岁、11 岁的孩子的脸上，有着我熟悉的神情：一点儿好奇，一点儿兴奋，还有一点儿挑衅。他们都在想着，我这个新来的老师，能管得住他们吗？会用怎样的方法上第一堂课呢？

我微笑着，缓缓在黑板上写下了一个数字"0"，再在"0"的旁边画上一个笑脸，然后转过身，静静地看着他们，不发一言。教室里安静下来，所有的目光都注视着我，我还是不说话，做了一个"坐好"的手势，他们的姿势马上端正了。"我不认识你们当中的任何一个，你们也不认识我，我们对彼此的了解都是'0'。但是，我喜欢这个'0'，因为它不光代表'没有'，更代表着一个新的起点，代表重新开始的勇气。所以，我不会去从你们的班主任或任课老师那里去了解你们，在我这里，你们都是一个个'0'。不管以前你的表现是好还是不好，不管你以往的成绩是优秀还是不尽如人意，不管你对自己是满意的还是不满意的，在我这里，你们都在一个同样的起跑线上。请你们重新开始努力，让我认识通过努力以后呈现的最真实的你们。"

学生听得很专注，有一个孩子的眼睛忽然湿了。我心里一动，继续说："也许你曾经是个最调皮的、成绩也不好的孩子，但是没有关系，一切都来得及改变，你不比任何人差。虽然我还不认识你，但是我相信你!"这个孩子的眼泪悄悄滑落下来，他马上擦掉了。（真好，也许我这番话能促使一个孩子的转变。）"同样，我在你们面前也是一个'0'，但是，我希望把我的这个'0'变成你们心中的 80 分，90 分，甚至 100 分，因为我也会努力做你们心中最好的老师，但是我们需要共同配合，共同努力。你们都是很懂事很聪明的孩子，从第一印象我就可以感受出来，所以，刚才老师说的话，相信你们都能理解，对吗?"

"对!"孩子们响亮地回答。

"今天这节课，我们就以 0～9 这 10 个数字为线，来介绍一下我们彼此，说一说对彼此的期盼，对新学期的计划，等等。刚才老师已经用'0'先介绍了一番，现在我们来到'1'。（我在黑板上写下一个'1'字。）大家能用'1'说点什么呢?"

学生沉默了几秒钟后，忽然活跃起来，争相举手。

"在农历一年的第一个月，有一个新的老师来到了四年级(1)班，我们大家一起欢迎。"学生鼓起了掌。"一年之计在于春，新的一年里，我们一定努力学习，更上一层楼。""我要得到全班第一名!"……我心里暖暖的，看来这些学生还是挺不错的。

"说得真好，让我们再来到'2'吧!"

"'2'像只丑小鸭，我们现在都是丑小鸭，但是总有一天我们都会变成白天鹅。"说得多好啊，我都忍不住鼓掌了。"如果老师和学生这二者之间能互相理解，互相尊重，那么我们就能学习得更好，老师也会更开心。"这个孩子真是不一般啊，我多看了两眼：斯斯文文的，戴着眼镜，目光真诚。

说到"3"时，有个孩子的发言让我禁不住笑了："老师，认识你真是三生有幸啊!"另一个说："我们对待学习不能三心二意，要专心致志，特别是做数学计算题的时候一定要认真。"一个长得很乖巧的女孩站起来："我和乐乐、子欣三个人是最好的朋友，我希望我们三个人在这个学期数学都能上90分，希望老师和同学们能帮助我们。"还有的说起了名言："三人行，必有我师。"肯定了他们的发言后，我接着说："说到'3'，老师也有话想说。我想送给你们三颗'心'，因为如果做到了这三点，你们会非常出色，一是恒心，一是自信心，一是责任心。知道我为什么要送这'3'颗心吗？"学生的回答让我非常满意。

我们继续来到"4"。有的说，他们正在上四年级，要好好学习；有的说，一年有四季，希望四季都开心；有的说得更干脆——四季发财。

说到"5"时，他们的想法也让人欣慰。"一个星期只有五天，每天只有一节数学课，总共五节，但是有很多内容要学，所以我们应该珍惜每节课的40分钟，不要浪费。""我们班上的同学，有东北的，有湖南的，有广东的，有广西的，还有四川的，等等，我们来自五湖四海，但是，我们要团结友爱。"

班上的6号是个看上去古灵精怪的小个子孩子，他说到"6"的时候，幽默了一下："我6岁上的一年级，我的学号是6号，当了6个学期的小组长，最差的成绩是60分，家里一共6口人，小学一共要读6年，我希望在我16岁的时候就考上大学，而且是最好的大学！"真是个可爱的小家伙。

关于"7"的发言让人难忘。有个孩子说，他的老家在广西的农村，家里有几亩田，他的爷爷70多岁了还要干很多农活，天天扛着一把锄头去田间查看，爷爷的锄头就像这个"7"……我趁机对他们进行了一番教育，如果像农民伯伯拿着锄头在田地里辛勤耕耘一样，他们在知识的领地里也辛勤耕耘，那么就能像庄稼的丰收一样，取得知识上的大丰收。

"8"这个数字让大部分学生都想到了"发"。于是我引导了一下："如果把这个'8'字横着看，它就变成了'∞'，这是数学里面代表'无穷'的符号，看到这个符号你能想到什么？"学生的思维马上打开了，"我想拥有无穷无尽的知识""我想拥有无穷的力量""我想拥有无穷的智慧"，还有人说"我想拥有无穷无尽的财富"。我于是加了一句："无穷的财富需要靠知识与努力去获得！"

终于来到了最后一个数字"9"，我们一个梯级一个梯级地爬，已经爬上了顶峰。"孩子们，站在峰顶，你们想说什么呢？"

"'9'像一面胜利的旗帜""'9'像一个人在挥手""象征着我的成绩终于上了90分"……

"你们说得很好。老师也想说，希望我们经过努力，最后都能实现自己的目标，到达顶峰。（在'9'的旁边画上胜利的旗帜。）你们一定会成为我长长久久（'99'）都会记得的学生，而我也希望自己能成为你们长长久久（'99'）都会记得的老师，让我们互相勉励好不好？"（师生一起做"加油"的手势。）

"但是，要到达胜利的顶峰并不容易，在这个攀登的过程中，我们需要做到一些什么呢？"我的话音刚落，许多孩子的手就高高地举起来了，"要坚持不懈""要有恒心""要有毅力""要有自信""要有责任心，要说到做到""要专心致志"……（我选取了几个主要的，板书在黑板上。）

"你们说得太好了！那么，具体到语文这门学科的学习，我们又要做到哪些呢？"我继续引导他们。

"要多阅读、多思考""要多思考，不会的不能去抄同学的，也不要马上去问爸爸妈妈""要认真完成好作业"……

……

真是可爱的孩子，我感叹着。其实，我并不是对他们一无所知，也稍微了解过，知道这个班上有一部分孩子比较调皮。但是，通过这一节课，在他们精彩的回答里、坐得端端正正的身形里、那么专注的目光里、在那个我还不知道名字的孩子悄悄抹去的泪水里，我已经有了信心。他们是这个陌生而美丽的城市带给我的第一份温暖，是这个新的学校送给我的第一份礼物。原来，只要是孩子，不管是哪个地方的，不管说着哪种方言，他们的本质是相同的，都是一张张有待引导去涂上最美丽色彩的白纸，都有着同样纯真的心灵。

我微笑着，给这堂课设计最后的环节："孩子们，刚才我们一起度过的这几十分钟，我觉得是最快乐的。这份快乐是来自你们的聪明与懂事，来自你们精彩而美丽的回答，来自你们坚定的决心。现在，我觉得你们都不陌生了，我很高兴成为你们的老师，我相信在接下来的学习中，我们一定会学得好，学得开心。现在，你们还有什么要说的吗？"

"老师，我们认识你也很高兴。但是，你还没有告诉我们你来自哪里，叫什么名字呢！"

"老师，你以前那个学校的学生听话吗，是不是比我们聪明一些啊！"

"老师，你一定会成为我们长长久久都会记得的老师。"

"老师，我一定会努力学习，实现目标！"

……

下课的铃声响了，孩子们意犹未尽。我给他们布置的作业是一份"开心问卷"，他们会填上些什么呢？我期待着。

图 3-1　和石牌小学的孩子们在课堂上互动

2010 年，我参加天河区班主任技能大赛，回忆起之前和长沙的一个学生的故事，感慨良多，写下了演讲稿《"∞"在向你微笑》。这篇文章后来也在广东省教育厅组织的"以身立教　为人师表"主题师德征文中获奖。

"∞"在向你微笑

走过街角，我远远望见了那个在风中等待的孩子，他背着一个背包，静静地站在那里。其实已经不是孩子，二十一岁的他，是个大人了。望见我，他跑过来，冬日的阳光在他的身后洒下一片暖暖的金黄。记忆在瞬间涌起，那曾经是怎样一张叛逆和忧伤的脸啊！恍惚间，他已经跑到了我的跟前，握住了我的手说："老师，您好！我来看您了！"他灿烂地笑着，我也笑着，无限欢喜。这个八年前曾经教过的孩子，千里迢迢坐着火车硬座，颠簸了几天几夜，到陌生的南国来看我了。

八年前，我接手一个五年级班，班上有一个全校闻名的"问题天王"。他的爸爸因盗窃罪进了监狱，妈妈改嫁，他由脾气暴躁的奶奶带着。周围人看他的眼光，似乎他也是一个小偷。他打架、骂人、逃课、不做作业、撒谎等，对老师的批评报以挑衅，对同学的嘲笑施以拳脚，几乎是"刀枪不入"了。然而，我分明看到了他眼中的无助与伤痛，他落寞的身影是那么孤独。

我找他谈话，不管多么语重心长，他都无动于衷；我找他家长，可怜的老太太只知道叫骂和流泪，而他在一旁不为所动。这真是块顽石啊，还能炼成金吗？

找个周末，我邀他去我家，亲自下厨给他做了一桌丰盛的饭菜，然后让他和我一起洗碗；和他一起看当时热播的电视节目《生存大考验》；给他听我最喜欢的歌，比如赵传的《勇敢一点》、金学峰的《笨鸟先飞》

等；为他洗干净脏了的衣服；把书桌腾出来让他做作业，而我在一旁静静地看书……我只希望能让他体会到一点点母亲般的温暖，尽管这远远不够。

然后，我告诉了他我小时候的经历。我小时候是个让人头疼的孩子，可能是入学时间过早，加上母亲也在学校任教，因此毫无纪律观念，成绩不好又任性顽皮。有一次，大约在三年级时，因为老师批评了我，我故意倒着写了一页数字"8"，表示我幼稚的"反抗"。但是那位五十多岁的华发早生的班主任，并没有责怪我，只是在我的作业本里夹了一张字条："大家都喜欢数字'8'，因为它代表吉利。可是你更厉害，让'8'字倒下来，变成数学符号'无穷'。所以，你一定会拥有无穷的智慧和力量。我坚信你是个聪明的孩子，从明天开始，证明给大家看吧！因为那个倒下的'8'正在对着你微笑！"我与那张字条对视了许久，忽然就开窍了，从那开始终于步入了学习的正轨。我告诉这个孩子，虽然生活只给了他一个倒下的"8"，让他没有完整的家庭，感受不到父母的关爱与温暖，他是比别的孩子不幸，但是，不幸的遭遇更能激发他一个人的斗志，他会拥有更精彩的人生，因为"天将降大任于斯人也，必先苦其心志，劳其筋骨，饿其体肤"，因为倒下的"8"同样在对他微笑。他似懂非懂，但终于重重地点了点头。

从那开始他有些改变了，虽然不是那么明显。我对他的要求不高，只要每天都有点进步就可以了，至于成绩，可以慢慢赶上来。我偷偷地和班上的学生约定，多鼓励他，发现他的优点，让他的身边充满友爱，充满关怀！周末，我仍会偶尔邀他去我家，偶尔买点小东西送给他：一个书包，一个本子，一双袜子……在里面写上几句激励的话。还特意买了几本书给他，一本散文集《没有一种草不是花朵》，一本杰克·伦敦的小说《热爱生命》。他很喜欢看，还写了长长的读后感，看得出来很受启发。

一个学期后，他彻底改变了，可以说是改头换面，变得健康、自信、阳光，对家人也学会了感恩。后来，他毕业了，考上了不错的中学，而我也离开了那座城市。我们一直保持着书信联系，他在信里说，很想叫我一声妈妈，又怕把我叫老了。他说六年之后，一定会带着小小的成功来看我。

六年后，他考上了西安交通大学。我问他为什么选择西安那么远的地方，他说听我在课堂上说起古城西安，说起那里苍凉的秦腔、日落时的古城墙，所以便想去感受一下老师曾经去过、喜欢过的地方。读着他的来信，我禁不住泪如雨下。这孩子一路走来，是多么的艰难，但是，他终于破茧成蝶了。

是的，没有一种草不会开花，蒲公英会开出金黄的花朵，狗尾巴草会开出绿穗穗，连荠菜都会开出露珠般的花。每个孩子都是一株会开花的草啊，作为教师的我们，难道不应该帮助他们开花吗？

我看着眼前的大小伙子，笑容灿烂，一脸阳光，再找不到叛逆与失落的痕迹。这岂止是"小小的成功"啊，对他的人生来说，这真是"大大的超越"。我知道，他已经能够应对生活中的一切了。

我想起了我的那位老师。时光无情，二十年后，在那个依然闭塞的山乡村野，他已经化为了一抔黄土，但他撒下的种子，已如芳草，绿遍天涯。

我想起了陶行知先生的名言："你的教鞭下有瓦特，你的冷眼里有牛顿，你的讥笑中有爱迪生。"我庆幸当年年轻的自己，没有放弃这个本质优秀的孩子，否则，我将犯下一个多么不可饶恕的罪过。对于教师这一职业，我更增添了许多敬畏。育人的职业啊，一定需要用爱去灌溉，用心去耕耘。

今天，我依然在用心感受着每一个孩子，对每个孩子都充满希望，永不放弃。我希望能成为我的学生心灵的最后一道"避风港"："即使所有人都对我失望，还有我的老师，她一直在注视着我，用最温暖的目光……"

还记得 2011 年，在一个阳光温暖的中午，我看着孩子们午睡，忽然就觉得很幸福。晚上一气呵成写了篇《不亦快哉》。

不亦快哉

"今人不见古时月，今月曾经照古人。"昔有金圣叹三十三则"不亦快哉"，几百年后，吾偶咏之，顿觉清风徐来，茅塞顿开。让金先生如此快意的那些事，我等浮生，又忽视了多少呢？

其一：广州的五月，平时已经很热了，今年却变化无常，时而骤冷，时而又阳光灿烂。又是一个午后，学生在教室午睡，我坐于教室门口守着，全身沐浴在阳光中，闭目养神，眼前一片赤橙黄绿，我的思绪一下就穿越到了悠远的大荒年代……谁言看午睡苦？沐风浴日，思接千载，不亦快哉！

其二：我接手的这个班，可谓"群魔乱舞"，个性张扬。某日语文课，讲到小新凤霞刻苦练功时，我总结"百炼成钢"。几个学生及时反应："老师，可惜你是恨铁不成钢啊！"他们还真是有自知之明。我半晌无语，忽觉心酸，坚定地大声说："你们都是好材料，都可以炼成钢！"学生笑了，我也笑了。孺子可教，不亦快哉！

其三：市里组织"诗润南国"比赛，我把学生学写的第一首诗收上来，细细挑选了几首，逐一修改。其中有一首是一个假小子的"致考试"，大呼考试虐待了她的屁股，黯淡了她的童年。我把她末尾的几个长句子改为了三个短句：请善待笑容，善待创造，善待童真。诗交上去，竟入围决赛了！小家伙参加现场决赛又拿了第一名，她告诉我写的是童年的苦与乐。童心童言，不亦快哉！

其四：学校每年举办大型的艺术节晚会，我接到主持任务，却一直沉溺于某本小说，日子过得浑浑噩噩。到了当天下午才猛然醒悟。我连忙奋笔写串词，急急背诵，到了演出前还是磕磕巴巴的。我忐忑不安地上了台，一长串词一气呵成，临场发挥却也顺利过关。哈哈，华发虽有几根，然青春仍在，当以此激励学生，不亦快哉！

其五：偶得一听课票，周末赶往市体育馆听课。名师新秀一同登台，千磨万炼的课，无可挑剔，又无从夸起，直到那个身患晚期癌症的台湾教师登台。50 岁的年纪，穿着背带裙，遮掩着因腹水而肿大的腹部，穿着条纹的长袜，上面还荡着一个卡通玩偶。她讲一首郑愁予的现代诗《俯拾》，但是大部分的时间在讲台湾，讲台湾的人与艺术，台湾的美。她不断重复着："台湾绝不是仅有阿里山和日月潭……"80 分钟里，大部分是她的声音，但是，她关注到了每一个学生；她没有完成教学目标，但是，她展示了什么是真正的"大语文"；她没有训练一个个的知识点，但是，她在学生的心里播撒了一把必将发芽的种子；她没有告诫学生必须怎么样，但是，学生从课始到课终，却悄悄地学会了尊重，拥有了自信；病痛让她的容貌少了一些美丽，但是，她把"美丽"二字连同那个叫"苏兰"的名字，深深镌刻在了在场的每一个人心里……她的课题叫作"从正确到美丽"。

邂逅苏兰，不亦快哉！

其六：据《南方周末》报道，2012 年 1 月 16 日，深圳中学语文老师马小平带着他独特的教育理念和对教育事业的一腔赤诚，离开了这个世界。从湘潭，到东莞，到深圳，一个个十年，他的脚步沉重却坚定。他因编印《人文素养读本》，被学生评为"最受欢迎的教师"，却在家长会结束以后，被很多家长围住，责问他为什么不教课本上的内容，他因而独自哭泣。但他始终秉持着自己的原则——教育不是折磨，不是遥不可及的幸福，而是当下的幸福。

澎湃于马老师知艰难而为之背后的情怀，任泪眼依稀，不亦快哉！

其七：听了一节二年级的绘本阅读教学课《小猪变变变》。一只小猪美慕长颈鹿、大象、斑马、袋鼠、鹦鹉，于是想尽办法变成它们的模样，当然都以失败告终。它从树上掉下泥地后，和泥中的另一只小猪一起翻滚，越滚越脏，越脏越快乐，终于明白，最快乐的就是做自己。执教的特级教师将绘本阅读与识字、朗读、想象力的培养、说话写话整合为一体，非常精彩，然而，在我脑海中萦绕良久的却是那故事的结尾。我感慨于淤泥中的小猪的快乐：作为老师，我们不也常美慕那些名师课堂的精彩吗，想去模仿却都如小猪一样不成功，因为那不是自己啊！抛却了自己，一味去学别人是不合适的，学习、借鉴的前提，是不失去真实的自己，始终有自己坚持、执着的东西。

其实，我们每个人都需要一片泥地，那不代表脏污，而是一种最朴实的本真，是碰壁无数后、迷惘无数后的从容转身与蓦然清醒，是众里寻他千百度后的灯火阑珊。也许，我们的目光并不需要始终放在那些姹紫嫣红上，并不需要那么多炫目的色彩与精彩跌宕的情节，我们其实只需要一片温暖的、可以疗伤的、可以快乐翻滚的、属于自己的泥地。

呵呵，受教于一只寻回自己的快乐小猪，不亦快哉！

2. 互动：爱的笛音悠扬

美国教育心理学家海姆·吉诺特博士说："在经历了若干年的教师工作后，我得到了一个令人惶恐的结论：教育的成功和失败，我是决定性的因素。我个人采用的方法和每天的情绪，是造成学习气氛和情绪的主因。身为教师，我具有极大的力量，能够让学生学得愉快或悲伤，我可以是制造痛苦的工具，也可以是启发灵感的媒介；我能让人丢脸，也能让人开心；能伤人，也可以救人。无论在任何情况下，一场危机之恶化或解除，儿童之是否受到感化，全部决定在我。"所以，我们和孩子的每一次对话、每一次交流，都需要满怀爱心，慎重对待。

2018 年 6 月 6 日中午，我随手记录下这样几句话："小不点追过来，伸出小手递给我一颗荔枝，说是爸爸带回来的，他的餐后水果。他还是一年前那样瘦瘦的样子，麋鹿似的眼睛，小脸还没有我半个手掌大。我摸摸他的脸，和他头挨头碰了一下，说谢谢。他腼腆一笑，高兴地跑了。"

每一天都由无数个点点滴滴组成，在我和学生类似这样无数的点点滴滴的互动里，我似乎听到爱的笛音在回荡，婉转悠扬。

(1)"我当上班长了"

2018 年 9 月，刚开学不久，刚毕业升上中学的小 H 同学，在放学后径直回母校找我。我搬了办公室，他问了好几个人才找到。看到我的时候，还是有点不知怎么说话，有点腼腆，又有点兴奋。一个假期不见，小伙子一下又长高了不少，我穿着高跟鞋还没有他高。只是他手上缠着绷带，踢球的时候受伤了。

我热情地迎上去问他的情况，他一下就放开了，高兴地告诉我说，他当上班长了。这太令人惊讶了，记得他毕业时，我和他说的最后一句话就是，让他在中学重新开始，开始大方自信，开始与人沟通，开始控制情绪，开始积极面对，开始结交新的同学、朋友。

在此之前，在我仅仅教过他的一年当中，我与他那么多次的谈话，那么多次的开解，似乎都开出了花。我抑制不住心头的喜悦，因为那是一个在小学六年里总是不能与同学好好相处的孩子，不能将自己的想法对他人好好表达的孩子，发生了矛盾也不知怎么和他人沟通的孩子，一个表达自己的喜欢与善意也用着错误的方式的孩子，一个渴望着友谊而不得的孩子啊！而现在，他满脸都是阳光与笑容，这是多么让人快乐的事！

(2)"讨要"的礼物

2017 年 9 月 10 日，教师节。读四年级的一度有点小调皮的钰霖探着头来到我的办公室，不好意思地拿出一张自己制作的简单的贺卡，上面有四幅画，还有一段话："肖老师，你在我们班待了3年，我相信没有人会否认你是一个认真而美丽的老师。尽管我们已经有了新的语文老师，但我们不会忘记你的，不会忘记你为我们付出的心血，不会忘记你对我们的希望，我们永远爱你！"

图 3-2　钰霖送的贺卡

2018年9月，新接任的班级里有个可爱的"恐龙哥"小百，他很爱恐龙，上课也在画恐龙。我让他不要在上课时间画画了，但下课或其他课余时间可以，而且要好好画，因为我希望他送一幅画得不错的恐龙图给我，我一定会贴在办公室墙上。小百很开心，果然没有在课上再画了，但是恐龙画作一直没有给我。他多次告诉我，画得还不满意，必须很满意了才能送给我。所以我一直在满怀期望地等待着他的赠送。

"哇，你的字进步太大了！再练好一点，然后用A4纸写一首王维的山水诗送给我吧，我一定会特别喜欢。"

"今天的朗读非常有进步，你可以在'配音秀'里面配乐朗读一个作品，作为礼物送给我吗？"

"这篇作文太有水平了，构思独特，主题鲜明。请你在电脑上敲出来送给我吧，有合适的机会我还要拿去投稿。"

我一次次向他们"讨要"着礼物，因为我知道，他们会因这份"讨要"而欢欣鼓舞，而获得力量。

（3）"祝你好运"

接手2012级3班时，第一次本该见面的时间，我开会去了，于是我给这些六年级的学生写了几句简短的话，顺便让他们填一份调查问卷，题目是《让我认识独一无二的你》：

亲爱的同学们：

你们好！

我是即将和你们共同学习语文的肖老师，非常开心将和你们度过一年的学习时光。暑假摆动着欢快的尾巴，恋恋不舍地和我们告别，在八月的最后一天里，我期待着和你们的相见。然而我们的见面因事要推迟一天，所以我想请你们用一点点时间完成这份小问卷，让我尽快了解你们，也让你们更了解自己。明天记得带回哦！

你的大名：　　　　　　试着取过笔名吗？如果有，是什么：

哪一天，世界上诞生了独一无二的你？

怎么联系到你？电话1：　　　　　电话2：　　　　　（备注一下是谁的电话）

如果用几个词或一句话形容自己，你会写点什么？

五年来，你念念不忘的阅读过的书是什么？说说原因。

如果这学期班级共读一本书，你有什么好建议？

请用简短的话告诉我，这个暑假你做过的最有意义的事是什么？

你最喜欢怎样的语文课堂？

语文学习最让你烦恼的事是什么呢？

请告诉我你最喜欢的老师有什么特点？

哪些类型的作文你比较喜欢写？你拟几个题目吧。

对于还未谋面的语文老师，你想对她说点什么呢？

收上来的问卷答案呀，真是个性十足，尤其是最后一条，满满全是对我的建议，还有"忠告"，甚至"警告"说他们非常不喜欢怎样的老师，希望我不是这样的人。还有孩子在最后一条上对我说："祝你好运！"

我忍俊不禁，当然一点都不生气，因为这是孩子的天性，说明他们的思维很活跃，他们期待得到尊重与理解。事实证明，后来这个班的孩子确实与我共度了一年最美好的时光。

图 3-3　华阳小学 2012 级 3 班的孩子毕业时与我的合影

（4）"亲爱的少年们"

还是 2012 级 3 班的这帮孩子，2017 年 12 月，当我们班级的作文集《逐迹》编印时，我写了一篇寄语《快乐书写吧，亲爱的少年们》：

阳光部落，有一群阳光少年。

我的脑海里，印下了一张张鲜活的笑脸。

亲爱的少年们，这个学期，和你们共享的每一个 40 分钟，对我来说都是愉悦的体验。我喜欢你们在课堂上积极思考认真参与的状态，喜欢你们经过思考后精彩的有深度的回答，喜欢小幽默一下后我们的会心一笑，甚至也喜欢课堂上你们回答不出而怔住的样子，因为一时的冷场后，总会有如同春风催发般的妙语连珠……

我当然也喜欢你们的笔下那越来越流畅的文字，越来越独到和自信的表达。从这个学期的第一节课开始，我就告诉你们，写作是一件快乐的事，是和自己的自由对话，是真诚地认知这个世界与认知自我。我非常欣慰地看到，你们的写作兴趣和写作自信都在不断提升。翻开这本记录着你们一个学期"逐迹"的厚厚的文集，我真切地感受到，这近两百篇文章，是你们的思想绽放出的鲜艳的花朵，是你们的心灵流淌出的梦想与童真，是你们认知世界和自我的青涩答案。

当然，这还是"青涩"的答案，难免不完善，难免有欠缺，然而这不完善与欠缺本身就是一种真实的美好，因为你们的"逐迹"，一直是前进着的。还记得我常常和你们说的我的"糗事"吗？这些关于"糗事"的回忆，其实也是快乐的，我想表现给你们的，是一个真实的自己，我希望你们做的，也是正确认识自己，悦纳自己，然后在思考、表达和行动中，努力完善自己。

你们文中写的许多事，或令我忍俊不禁，或令我掩卷沉思，还是较好地体现了本学期的写作要求：真实的情感，合理的想象，具体的表达。我感叹着，少年啊！就如这本集子的几大板块：用童心去感受——思考的少年；在想象里徜徉——飞翔的少年；用心灵去倾听——温暖的少年；充满爱的世界——感恩的少年；有书香能致远——阅读的少年；保护地球使者——担当的少年；做动物的知音——细腻的少年。亲爱的少年们，阳光路上，你们都是最闪亮的少年！

此刻，冬阳铺满窗外的走廊，窗内的你们正在倾听与思考。你们写的文字里，会有冬日的暖风，吹开你们额前的碎发。你们望向天空的眼睛，倒映着最纯粹的蓝，有时这蓝会染上淡淡的灰，有时会被瑰丽的云霞浸染。当然，还会有雨，还会有霾，然而主色调都是明丽的，是生机勃勃、豪情满怀的模样。

快乐书写吧，亲爱的少年，让心灵流淌出文字，思想绽放出鲜花，让成长的"逐迹"在你们的笔尖，欢快吟唱！

213

(5)"让我欢喜让我忧"

十多年来，不知给学生写过多少次评语，每一次都不敢敷衍，因为我知道每个孩子和家长都会怀着期待认真阅读，也许我的哪句话，就能给孩子以激励和勇气。十多年来，那么多份评语，有手写的，有电脑录入的，没有哪个孩子的评语会和其他人的相同，因为，我写的是独一无二的每一个孩子，我的眼睛观察到的每一个孩子都是独一无二的。我希望借这份"独一无二"告诉家长：我非常关注你的孩子！对你的孩子充满信心与期待！

找出 2014 年给一年级孩子写的评语，摘录几条吧：

想到你的样子，我就禁不住笑了，那个可爱又有点懵懂的你；那个在课堂上非常热切地望着我举手想要发言的你；那个当我说到"熊大熊二"时如数家珍滔滔不绝的你；那个因追跑被我批评却真诚而无辜地望着我的你；那个在学期的后半段表现得越来越好的你；那个笑得像个阳光灿烂的小娃娃的你……这样的你，真是让我欢喜，有时又有点小忧啊！（写给小睿）

那天老师在大山下的小溪里捡了许多石头，想到你喜欢石头，想和你来个"石头的约定"，我还给你讲了石头的故事，可是没想到这个约定只进行了一天。老师其实是很喜欢你的，喜欢那个爱阅读、爱练字的你，喜欢那个上台领奖时迈着正步神气十足的你，喜欢那个在班级晚会上用一曲《小小少年》让大家惊讶赞叹的你，喜欢那个勇于承认错误的你，喜欢那个语文成绩优异的你，还有那个喜欢昆虫、满脑子奇思妙想的你……每次和你讲道理你都明白，但是紧接着的一句话又让我哭笑不得："我觉得我做不到，我觉得我管不住自己！"真是坦诚得可爱啊！（写给小鸣）

喜欢看你写的小诗，不管是你理解的"什么是英雄"，还是你告诉"汉斯"的要"笨鸟先飞"，都非常有思想，有自己的独特见解；喜欢你上课时高高举起的小手，然后带给我们别具一格的精彩回答；也喜欢你的宽容大度，和每个小朋友都能友好相处；喜欢你强烈的自尊心，每当老师找你谈话时，我才刚开口，你认识到了错误已经红了眼眶……（写给小霖）

写下你的名字时，我的眼前就浮现出一幅幅画面：对着认真听课的同桌讲笑话把同桌逗得忍不住笑的你；写字非常认真写得很棒，但是谦虚地说同桌写得更棒的你；值日时提着大水桶，展示小小男子汉力量的你；做操认真时动作会非常标准，面对老师的大拇指自己也会有点小得意的你；在班级晚会上，上了舞台准备表演时，兴高采烈地喊一声"妈妈"的你；兴致高时眼睛亮亮地期待发言的你；兴致不高时偶尔会趴在桌子上快要睡着的你……（写给小仲）

这个学期的你让人心疼，因为摔伤了手，几个月的时间都揪着心等着康复，看到你都瘦了很多；这个学期的你也让人欣慰，因为虽然受伤不适，但是你一直在坚持同步学习和阅读，坚持学围棋，坚持做好自己该做的事。很多男孩子的成长都经历过受伤，但是我想，这样的经历会让你变得更加勇敢和坚强。当我不放心你去做一些动作的时候，你总是说："没问题的，我要多锻炼。"当我不放心你值日时去提水的时候，你总是说："没问题的，我可以。"你看，不知不觉中，我觉得你长大了很多！还有你写的小诗，多精彩呀，小脑袋里真是有无穷的奇思妙想。希望假期里，你将身体恢复得棒棒的，锻炼得壮壮的，继续带给我们更多的惊喜！（写给小钰）

（6）幸运大抽奖

还是以 2014 级 2 班为例，一年级时，在每周五的总结上，表现好的或有进步的学生可以抽奖。我定了一些特色奖项，当然这奖项也是在充分了解孩子的学习情况、家庭情况以及他们的兴趣爱好的基础上制定的，奖项内容根据孩子的实际情况不断在发生变化，确保能真正吸引孩子、激励孩子，甚至抚慰孩子。每周到了抽奖的时候，就是他们的节日啊！

一年级(2)班幸运大抽奖奖项

1. 课前为同学们讲一个故事。

2. 课前出两个谜语或脑筋急转弯让同学们回答。

3. 为同学们表演一个拿手的节目。

4. 得到十位同学的赞美。（赞美卡，有十位同学的签名。）

5. 得到老师送的一份小礼物。

6. 得到老师写的一封表扬信。

7. 与老师共进午餐。

8. 老师单独为你讲一个故事。

9. 有一天中午不用午睡，和老师一起散散步或看看书。

10. 明天可以穿上自己最漂亮的衣服来学校。

11. 可以邀请你的一位家庭成员来学校为同学们讲故事。

12. 可以要求家长带你去看一场电影。

13. 可以要求家长在周末带你外出玩耍。

14. 可以点一道你最喜欢吃的菜，让妈妈（爸爸）为你做，或者让他们为你做一个"爱心大汉堡"吧！

15. 让爸爸（妈妈）和你做 30 分钟亲子游戏。（比如让爸爸背背你。）

16. 可以当两天路队长。

17. 可以带零食来与好朋友分享。

18. 连续三天放学后可以多看 30 分钟电视。（推荐看探索和科教频道的节目。）

19. 连续三天放学后可以多玩 30 分钟电脑上的益智游戏。

20. 明天可以当一天班长。

21. 今天是你的"无作业日"，可以什么作业都不做。

22. 让家委会的奶奶、叔叔阿姨们为你颁发一枚进步小勋章。

23. 让爸爸妈妈和老师各做一张卡片，写上你的十大优点，表扬你是个最棒的孩子！

24. 让爸爸（妈妈）在周末陪你一整天。

爱的互动太多太多，只能撷取几个片段。当我们给予学生信任的爱、尊重的爱、呵护的爱、宽容的爱、理解的爱，让孩子的学习成长有了更多爱的土壤，何愁他们不会绽放？

（二）以诗为杖

1. 缘起：我们为何要写诗

（1）儿童是天生的诗人

2017 年，学生小羽 12 岁，读六年级。六年来，她几乎没有写过诗，但是她一直保持着大量阅读的好习惯，诗意也许没有经常出现在她笔下，但是我想一定深深蕴藏在她心里。看她在某个晚上灵感迸发写的《童谣》：

童谣是儿时床边的《三只小猪》，是爱丽丝幻境中的呓语，是胡桃夹子的纵火焚身，也是我们之间的，已然远去的年华。小时候，我笑着问妈妈："妈妈，妈妈，为什么卖火柴的小女孩，她的妈妈不见啦？"妈妈轻声答道："有些事情啊，必须等你长大了，才能明白它。"于是，我便盼着快快长大。后来，我不再幼小，也渐渐地明白，您所说的话。可隔着我们的，不再是门板上的小红花，而是一块，毫无生机的大石板，就像童谣里，小姑娘她那，逝去的妈妈。后来的后来，我渐渐知晓，这个世上，已没有什么人，我可以依靠。于是我又继续成长，结果，我已不需要讨好，不需要依靠，不用再像从前一样向您赌气撒娇，也无须再次，受欺负后向您诉苦号哭。但却不禁，想起了那首童谣——"小兔子乖乖，把门儿开开；快点开开，我要进来！""听啊，她会唱着妈妈的童谣！""对啊，是妈妈回来了！"

小姑娘的妈妈非常忙，可是我想，当她的妈妈看到这样的诗句时，不会被打动吗？不会想要和女儿躺在夜晚暖烘烘的被子里谈谈心吗？

诗歌，将我们的情感，挥洒得那样淋漓尽致，又含蓄得那样婉转悠长。

儿童诗，就是孩子们愿意读、愿意吟咏的最美的童谣。

2017 年 10 月的一个晚上，10 点了，我打开班级群，听学生们发在上面的语音作业，内容是朗读自己写的小诗。我在耳朵里放着耳塞，在家里走来走去，边做家务边听着那属于 12 岁孩子的声音，或清脆如百灵，或轻柔如流水，或含蓄如月夜，或欢快如溪流，或感伤如雨夜……每个声音都是那么动听，赏析的名作令人愉悦，自创的小诗更令人欣喜。然后我在深夜 11 点多在群里回复："梓熙的《作业啊作业》真是真情实感；子琪的《梦回童年》让我不胜唏嘘，不用梦回，你正身处童年啊；雯瑾的《秋》若有秋风吹过；好雨的《你好，再见》尽显小姑娘的细腻；熙睿的《带着花香的彩虹雨》，这是小公主的美丽世界啊；星汉全情投入的朗读感染了我；彦睿的《月亮》蕴含哲思：'月亮总有一个阴暗面，不让人看见，就像人一样，这样，才会觉得日子很长，很长……'；承泽的《虞美人》是大胆的填词尝试；嘉彤的《我生活的城市很大》是那样走心；雯瑜的《眼神》言简意赅，但意味深长；希睿的《海边访友》让我也开始揣想；梓莘的《童年》像一首悠扬的歌；梓莹《蝎子的故事》是很好的故事体诗歌；若芸《秋天的落叶》如她自己所说'带着励志与悲伤'；轩乐的《草帽》可爱俏皮；曾沁的《雪松》让我仿佛看到了冬天大雪下的松柏；子腾深情地读着辛弃疾的词作，我想他一定会就此爱上苏辛词，自创的《童年》诉说着童年的声音；浩霖的《棉花糖》是心情的甜美味道；珞谦的《数字》充满了想象与思考……

"儿童是天生的诗人，在你们觉得自己快要告别童年的时候，你们与诗歌深度相遇。几分纯真，几分思考，这纯真与思考，是如此可贵，如此动人！你们创作的诗歌，我会全部收集起来，放到本学期末的作文集中。

"怪盗基德、林边莲雾、绍尔摩斯、落木萧萧、皇家上将、乌璐居士、孤城旧雨、飘花无影、接受挑战、木子先生、祥春、飞流……小诗人们，你们的笔名我也非常喜欢，语言和文字都是充满温度的，学语文，运用语文，享受语文，期待你们的六年级，在语文的世界里，'快乐与童真齐飞，思考与表达共精彩'！"

加油少年们！

（2）我们为什么要写诗

2016—2017学年末，应家长邀请，我为他们班的诗集写了一篇序《我们为什么要写诗》，这是我内心深处最真实的感受：

儿子的阅读记录卡上，化用了帕斯的诗句："写诗，是为了忘却真实生活的虚伪，是为了记住虚伪生活的真实。"在这个六一儿童节的下雨的深夜，我在想：我们为什么要写诗？

我们不是诗人，我们为什么要写诗？

我们平凡如许，我们为什么要写诗？

可谁又能说我们不是诗人呢？只要我们愿意，每天的生活就是一首诗；我们经历的每件事，每个人，每段风景，都是一首诗；我们留存的每段记忆，每份美好，每场遗憾，都是一首诗。

谁又能说我们平凡如许呢？我们可以与微风携手迎接清晨，与晚霞做伴告别黄昏；我们可以忘记泥泞与艰难，极目星辰大海；我们可以无视冷漠与寂寞，心有温暖阳春；我们可以让梦想和信仰更坚定，就做一个简单而纯粹的人；我们可以怀着诗意、善意、诚意和爱意，一直像一个孩子，保留孩子的纯真。

不论我们是孩子，还是成人，我们，都应该写诗。

北岛在《给孩子的诗》"代序"中说：某种意义上，诗歌之光照亮突然醒来的人。

布莱克的"一沙一世界，一花一天堂"，雨果的"当一切入睡"，普希金的"假如生活欺骗了你"，迪伦的"答案，在风中飘荡"，叶芝的"当你老了"……还有泰戈尔的"我不记得我的母亲，只是当我从卧室的窗里外望悠远的蓝天，我仿佛觉得我母亲凝注在我脸上的眼光，布满了整个天空"。

顾城的"我是一个任性的孩子"，食指的"相信未来"，余光中的"乡愁"，冯至的"深夜又是深山"，卞之琳的"断章"，席慕蓉的"出塞曲"，还有海子的"我只愿面朝大海，春暖花开"。

有多少诗，慰藉了我们回望的苍茫来路？有多少诗，照亮了我们眺望的苍茫前程？

我们为什么要写诗？

当你还是孩子，写吧，你的世界本就是最美的诗，你本就是诗人。

当你已经长大，写吧，诗意会点亮苟且，脚下就是远方。

当你正在变老，写吧，青春在属于你的字句里，和着风浅吟低唱。

2. 活动：我们采菊东篱下

(1)诗润南国：是山野的清风

广州市教育局教研室小学语文科举办了多年的"诗润南国"活动，从初赛到现场决赛，为喜欢写诗的学生和老师提供了一个很好的平台。2012年，我在石牌小学五年级(1)班任教，为了鼓励班上几个比较内向自卑的孩子大胆写作，向"诗润南国"活动投稿，我为他们写了一首诗，题目就叫《写一首诗》：

让从不曾写过诗的你，写一首诗，无视你惊讶的眼神，无视你抓耳挠腮的样子。

就写你刚刚和同学在操场奔跑的欢喜，就写你在课堂上因"凡卡"而伤心的哭泣，就写你放在妈妈枕边的那封信，就写 11 年的岁月里你忘不了的那些记忆。

让一直没有想过要写诗的你，写一首诗，哪怕成绩单上的分数还在让你忐忑，哪怕作文本上老师的"A"总是远离。

就写你春游时面对那丛杜鹃花的沉思，就写你下课时趴在栏杆上抬头望天的心迹，就写你在墙报上画的那个淡淡的背影，就写那些仅属于你的让你神游天外的小秘密。

写一首诗，让平凡的日子多些快乐与生气；写一首诗，让年少的日子少些怅惘与迷离。

写一首诗，别担心写不好，别担心有人笑，因为，因为，你——就是一首诗！

写一首诗，不愿写、不敢写的孩子都敢尝试了。当他们用心完成的一首首小诗交到我手中时，我惊喜不已，感觉那就是一股从清新的田野吹来的风啊，那样真实自然，那样美好剔透！

比如田晓娣小朋友写的《小鸟的梦想》：

我一直想知道，穿过云层后的天空，是什么模样，可是，我飞不了那么高！我一直想知道，钻进那片绿油油的灌木丛，会看到什么，可是，灌木丛边全是带电的铁丝网。我一直想，站在最高的枝头，为许多人高声歌唱，可是，我的观众从来只有树叶和风。我一直想，用彩虹做丝巾，把自己装扮漂亮，可是，妈妈说，再装扮，我也不过是一只平凡的鸟。

比如刘诗诗同学写的《如果》：

站在乡下田埂间的孩子，那么孤单。如果我的手一挥，就能出现一座虹桥，让他的父母，马上去到他的身边……妈妈脸上的皱纹越来越多了，那么憔悴。如果我的心一动，就能出现一瓶驻颜水，让她的容颜，永远像二十五岁……时间一天天过去了，那么匆忙。如果，如果，我瞬间长大，世界会不会，为我而不同？

比如薛梓榕同学写的《随想》：

我的书包越来越重了，配上我五百度近视的眼镜，还有胖胖的身躯，我的样子，像不像一只可怜的蜗牛？远去的乔布斯，还有聪明的盖茨，哦，还是寄望于某个聪明的中国人吧，能不能把我们所有的课本，都变成一块薄薄的芯片，直接作用于我昏沉的大脑？丑小鸭变成了白天鹅，可它本来就是天鹅蛋孵化的啊，镜子中的小姑娘，你的憧憬，是不是也会在冰河解冻的时候实现呢？

池嘉俊同学写的《玩具总动员》充满灵气：

"砰"的一声，门关上了，玩具们的狂欢开始了！模型独角兽跳着机械舞，那笨拙的舞姿，想笑掉人的大牙吗？柜子里的玩具恐龙叫得愤怒："放我出去，否则叫你们都灭绝！"一直被我拘在床下的UFO，闷闷的声音很有穿透力："灭绝了就去我们的星球吧，那里没有污染，发展可持续，呵呵！"我的两辆汽车又在比飘移了，先翻车的居然是兰博基尼。唉，不能相信名车啊，看旁边的推土机笑得多解气！

透过门缝，是我羡慕的目光，走吧，不打扰他们，继续去完成，我那做不完的作业！

再看韩佳宇同学写的《星星》：

你是童年一起嬉戏的，小伙伴的眼睛，在分别后的日子里，闪耀着深深的思念！你是我心灵深处的，那只自由的小鸟，在无拘无束的天空中，划过一道快乐的印痕！你是我时常陷入的，对于未来的憧憬，在静静的微凉的夜里，陪我一起在梦里欢欣。

胖乎乎的蔡凌志同学写的《童年》：

童年，在家乡那棵老树的树杈上，我一次次从树杈上跳下，摔得额头起了大包。童年，在屋后那片竹林冒出的笋芽上，看着它在雨中睡醒，在风雨中茁壮成长。童年，在皱着眉冥思苦想的那道难题里，我和同桌彼此调笑，再一起攻克兴奋拥抱。童年，在流逝的时光里，有什么？还有什么？让我十一岁的天空充满了怀念，还有淡淡的惆怅。

最后再看看陈家濠同学的《垃圾的梦》：

我是有害垃圾，但是，害人不是我的目的，你们的随意丢掷，让我身不由己。我是厨余垃圾，在你们酒足饭饱之后，如果可以，请让我回到泥土的怀抱里，孕育新的生机。我是可回收垃圾，我可以变成新的物品，再为你们服务，我鞠躬尽瘁，你们何乐而不为？我是不可回收垃圾，就让我安静地，去到我该去的地方，我不愿消失前，再留个污染环境的罪名。如果可以，请成全我的梦！

诗润南国，诗润心灵，每次参赛，我的学生都会获奖，冼钰恩、刘慧佳等还在现场创作中获得过一等奖。

冼钰恩这样写《描述梦境》：

美好的时光，总是在不经意间悄悄流逝。宛如流水向东，过去了便再也追不回来。睁大我的眼睛，我想找寻时光的踪影。我们是时光的孩子，憧憬着可以不用长大，可

图3-4　带学生参加广州市"诗润南国"
现场诗歌创作比赛

以生活在好看的漫画、甜蜜的巧克力，还有永远喝不完的可乐里。憧憬着真诚的朋友可以陪伴永远，永不分离。我们将逐渐长大，为了理想而

各奔东西，仿若，融入泥土中逃逸的雨滴。从此，漫画、巧克力还有可乐，渐渐成为一首遥远的歌，只漂浮在我们的记忆里。什么时候开始，我向往着开在悬崖上的那朵花，我寻求着路径，渴望着机遇，——我已经长大了吗？渐渐地，我们被现实淹没，忘记了最初的自己。沉睡，沉睡，每一次在尘世的苏醒，都只是一次短暂的旅行。而那一个个快乐的梦境，我们坚定地以为，那才是属于我们的人生。我们不愿醒来，不愿醒来，于是，在每一个绵绵雨的日子，且用一盏清茶，闻一缕幽香，描述我们的梦境。

刘慧佳这样写《致考试》：

我讨厌你们，一张 A3 的纸，决定着屁股的命运，虽然也会给我带来快乐，但那只是黑暗丛中，小小的黎明。如果我可以，做你们的主宰，一定要教会你们：善待笑容，善待创造，善待童真。

儿童诗，让石牌小学的孩子们灵气飞扬！

(2)东篱诗社：在东篱下采着雏菊

2013 年，调到华阳小学的我希望将儿童诗的种子继续播撒。那一年，学校每周一下午有老师们开设的各种兴趣班，供孩子们自由选择。我在林和东校区开了儿童诗兴趣班，后来创建了儿童诗社，取名"东篱"，意为"采菊东篱下"。采菊东篱下，悠然写童年，儿童诗如山野的小雏菊，清香淡远，生机勃勃。

当时，我每周会给他们上一堂关于儿童诗的课，每次布置一个主题创作。一学期下来数量颇丰，且很有质量。

2014 学年，我新接任了一个一年级班，去了天河东校区。面对的孩子们更小了，我觉得我的儿童诗情怀更浓了，因为低年段的孩子，更是天生的小诗人啊！

我将 2014 级 2 班命名为"东篱诗社分社"，每个孩子都是小社员。我推荐他们读诗，课堂上学诗，经常就地取材让他们口头创作诗。一年级结束的时候，班级编印了一本《苹果绿的一年级》，里面收录了几百首孩子们写的诗。

图 3-5　义卖活动海报

图 3-6　义卖活动现场

2015 年暑假的第一天，我们在广州正佳广场组织了一次非常有意义的公益活动——名为"付出爱·学会爱"的爱心义卖活动。义卖品就是孩子们的诗集，义卖款项捐助给韶关南雄市南母镇中心小学及多个分教点的留守儿童。当日，有广州日报、广州少儿频道、中国少年报、岭南少先报等媒体赴现场采访。

现在，班级已经编印了四本诗集，分别是《苹果绿的一年级》《柠檬黄的二年级》《西瓜红的三年级》《葡萄紫的四年级》。未来还会有《柑橘橙的五年级》《蓝莓蓝的六年级》。后来的诗集，班级没有组织大的义卖活动，而是学生自发以小组的形式去进行义卖。以诗的名义，"付出爱，得到爱"，希望他们的童年，一直与诗歌相伴，希望他们的人生，一直与诗意相伴。

图 3-7　四年里班级的四本诗集

除了义卖活动，我们还举行了"遇见，大树下的童声""为你读诗"等活动。以下是诗社的家长社长撰文《隐于大树下的儿童诗社》节选：

在去年深秋的某一天，广州的郊外阳光明媚。秋风曼妙，在天地回旋之间扑面吹来。秋叶飘落，满天飞舞，如同舞蹈中的少女，若仙若灵，若隐若现。午后的阳光懒洋洋的，轻柔柔的金色梦幻洒落在闪闪发光的大树上，洒落在微波荡漾的湖面上，洒落在童年疯狂玩耍的灿烂笑脸中。借着班级秋游，孩子们在午后阳光的见证下，在湖边的大树下，举行了"遇见，大树下的童声"诗歌朗诵活动。童声在树下盘绕，秋风相伴，以花为媒，以鸟为邻，以风为乐，以水为鼓。童声、风声、水声轻轻飘逸，融为一体，如闻林籁泉韵。这样的意境融彻，天人合一，尽收大自然风韵，尽吸天地之灵气。

大树下的朗读，"大树"有更多的含义，如文章开头提及，所有给予孩子们陪伴和庇护的，其实都是他们成长中的大树。通过"遇见，大树下的童声"诗歌朗诵活动，大树在童年的记忆里长存，他们将来长大后，必会理解"大树"的更多含义。淘气的小孩，在秋天午后的大树下，轻轻地诵读，在诗声中憧憬未来。在大自然中，所有的想象充满着灵气。浓浓的诗意，声、色、文俱全，绝美！

3月21日是联合国教科文组织设定的"世界诗歌日"，以此为契机，"为你读诗"平台组织了走进校园的读诗活动，二班也参与其中。诗已经有上千年的历史，有自身的发展轨迹和规律。由古至今，不同的时代背景下，诗也在不停变化着，不同时期有不同的呈现。时光是残酷的，"年年岁岁花相似，岁岁年年人不同"，诗还在，而人生已不知换了多少年华。然而，我们可以在诗的世界里，和每一位曾经年轻的心灵手握着

图3-8　孩子们在大树下朗诵

手，静守时光，以待流年。时间带走容貌，但无法带走心中的年华，无法带走年华里的诗。诗的年华永远年轻，并且一代接一代相传，诗的情怀和感悟，不随时间改变而改变。从诗心起航，以承上启下为目的，以传承为根本，以承载诗的情怀作为出发点，正是我们参与其中的原因。

活动有"朴真无邪""唐韵宋雅""古风新作""自由之光""天涯比邻""童趣童诗"六个篇章，分六个小组，分别选择不同时期、不同形式的诗词进行编演和诵读。其中包括从先秦到明清的古典诗词，包括近代自由诗和海外诗人的作品，也包括童诗及孩子们自己写的小诗，可以说纵贯今古，横跨东西。我们挑选淳朴又简单的舞台，每个小组搭配不同主题的衣饰，对比强烈，视野和视觉兼备，诗心和诗情并存，对孩子们有很大的启发。诗作为生活的记录、精神的传承，具有至高无上的文化价值，让孩子们受益匪浅。《礼记》云："诗，言其志也；歌，咏其声也；舞，动其容也；三者本于心。"诗、乐、舞自然合为一体，或演、或读、或唱，无论何种形式的演绎，都是那样的精彩绝伦，因为诗是艺术的最高殿堂。

图 3-9　2014 级 2 班的孩子参与世界诗歌日"为你读诗"活动，
获得最佳线下参与奖

采菊东篱下，遇见最美的童年。还是以东篱诗社的家长社长子越爸爸的话作为总结吧：

诗和远方，是志向也是理想，只有敢于尝试的远行者，才可以得到不一样的璀璨光芒。只有敢于尝试的远行者，才更能体会到人文教育是人性教育的开始，人性的健全比人生掌握的诸多技能更重要。一份诗心一份仁心，诗是人性最根本的精华，是精神世界的血液，它长留心海，永不枯竭。我为华阳小学有自己的儿童诗社感到无比的欣慰，我由衷为她喝彩！

"流水的学生，铁打的校园"，周而复始，人生的黄金时代转眼而过。每年毕业季，带走的，是他们成长的年华，带不走的，是留存于心的永恒记忆。每年开学季，又有新的种子在校园里生根发芽，他们的人生，又开始缓缓起航。正如播下什么样的种子，就会长什么样的芽一样：我希望毕业季离开华阳的孩子，能带上华阳的精神，带着诗社播下的种子，用诗心仁心去建设自己的人生，用艺术的眼光去营造性情，用真善美面对世界，用爱心善心帮助别人，用诗的情怀回馈社会。最后，把自己变成一首优秀的诗歌，回馈给自己的母校。

儿童，是跌落在人间的天使。所以，我们要好好保护他们，陪伴他们。在人生之初，在他们的黄金时代，让他们做洒落在人间的小金沙，而不做林林总总、各式各样加工过的金首饰。在阳光下，小金沙闪烁着金色的小光芒，用诗的意向仰望着太阳，他们，要踏步远行！

以下摘录几首孩子们二年级诗集中的诗：

乌龟跟壳请假，说今天不看风景了，然后把头钻进去，慢慢停留；雪花对天空请假，说今天不跳舞了，然后躲进云朵里，摸着柔软的棉花；屋子跟大雪请假，说今天不盖被子了，然后低着头不说话，望着树林发呆；我跟冬天请假，说今天别让人玩了，然后回家，看着炉火，想

着我的羊肉串。（季容《好冷》）

像鸟儿的脚印，自己却飞走了；像初放的莲花，盛开在大地上；从出生到长大，大树是它的妈妈；却把最美的时间，留给了秋天。（苇杭《落叶》）

一朵朵云彩，在天空上飞翔，不知怎么就变成了云房子。小鸟看见，欢喜极了，它们从豪华的云房子，钻进了美丽的云房子，又从美丽的云房子，穿进丑陋的云房子。忽然，云房子不见了，这是怎么回事呢？因为太阳要把它们收起来，天空只剩下水汪汪的蓝，和鲜血似的太阳。（一聆《云房子》）

3. 课堂：我们让灵动飞扬

2016年5月，天河区名校长班成员来我校参观学习时，我带着三年级（2）班的孩子展示了一堂微型诗教学课。当时带队的天河区教育局王建辉副局长表示"大开眼界"，全程只见校长们都带着笑在倾听。教学设计如下：

翻腾着的小浪花
——微型儿童诗感受与创作

【教学内容】

以三年级下学期第四单元"童年生活"为引，学习创作微型儿童诗。

（注：因第四单元导学提到"童年，像一条弯弯的小河。这组课文就像小河里翻腾着的几朵浪花"，那么孩子们的微型儿童诗，就是翻腾着的小浪花。）

【学情分析】

1. 儿童是天生的诗人，三年级（2）班的学生自一年级起，就开始尝试进行儿童诗创作，在家委的协助下，已经编辑了两本诗集，即《苹果绿的一年级》和《柠檬黄的二年级》。多数学生对儿童诗的创作非常有兴趣。

2. 之前两年，教师主要是提供少数范例作品让其欣赏，简要介绍诗歌格式，鼓励自由创作，兴趣为先。学生的作品多为体验叙事和直抒胸臆类的，部分学生能熟练运用比喻、拟人等修辞手法，展开较丰富的想象。在概括性、简约性、灵动想象、个性化表达方面有待加强。

【教学目标】

1. 初步感受微型儿童诗短、精、深的特点。

2. 以自己童年生活中的见、闻、感、思等为题材，或以阅读过的书中主人公的童年生活为题材，尝试进行微型儿童诗创作，并交流分享。

【教学重难点】

感受微型儿童诗的特点，尝试创作。

【教学过程】

1. 赏诗

(1)情境回顾：出示单元导读，简单回顾"童年"主题课文，出示微型诗句。（全班齐读，共同回顾。）

(2)分享佳句：把带来的诗中最喜欢的两三句读给同桌听，并说说为什么最喜欢。（同桌分享——指名分享。）

2. 谈诗

(1)思考特点：朗读——自主思考——小组讨论——汇报互动。

出示几首微型儿童诗，观察思考，微型儿童诗有什么特点。

云

像一个忙碌的画家在天空作画

又像一个贪玩的孩子

忘了回家

书包

一个

天天让人背的

小懒虫

青苔

一个

被太阳冷落的

孩子

(2)为你打气：老师将以前学生写的诗进行修改，出示"瘦身"的作品。

时间

是妈妈头上的白发

是奶奶脸上皱纹开出的花

是被带走的爷爷，再看不到他　　　　　　　　　　　　　　（茗月）

语文书

看着我身上

密密麻麻的笔记

我觉得自己好有文化的样子　　　　　　　　　　　　　　　（嘉昇）

夏天

你吐出炎热的种子

撒到我们身上

于是汗水宝宝发芽了　　　　　　　　　　　　　　　　　　（锐林）

3. 写诗

(1)小试牛刀

橡皮　　　　　　　　　　　　　　　致窗边的小豆豆

＿＿＿＿＿＿＿＿＿＿　　　　　　＿＿＿＿＿＿＿＿＿＿

＿＿＿＿＿＿＿＿＿＿　　　　　　＿＿＿＿＿＿＿＿＿＿

＿＿＿＿＿＿＿＿＿＿　　　　　　＿＿＿＿＿＿＿＿＿＿

(2)大显身手

要求：可以写自己童年生活中的人、景、事、物等，也可以写给书

231

中的小主人公。记事类可以是有趣事、搞笑事、快乐事、伤心事、后悔事、烦恼事、调皮事、感动事、气愤事等。题目自拟。

4.读诗

(1)为你读诗。(小组内读——推荐读。)

(2)推荐阅读。

以下是课堂上孩子们创作的部分微型儿童诗:

橡皮　一个从肮脏走向洁净的,魔法师。

蒲公英　是你的妈妈不要你了吗?还是让你去看看远处的风景?

赛跑　和时间赛跑的孩子,一步一步,都是成功的脚印。

公主　公主,被王子搭救,却被深深的寂寞包围。

闪电　你用细长而尖锐的身体,劈向大地,是在表达你的愤怒吗?

同桌　胖乎乎的同桌,很可爱,像一只小仓鼠。

清风　你是个魔法师,亲吻着花草树木,你瞧,它们笑了!

大海　你真是个调皮的孩子,一开始玩耍,就把几颗牙磕掉了。

花　一年四季,你们穿着美丽的衣服,在微风中舞蹈。

风扇　一个出汗的孩子,吐出了冰冷的气息,朝我点头。

退步　叫"退步"的朋友,我什么时候才能摆脱你?如果你不离开,我就把进步叫过来,一起把你打败。

房子　你不会说话、走路,不过你可是我们温暖的家。

时间　时间是一块菜地,稍不留神,懒惰这只小兔,就会闯进来,啃掉一个萝卜。

雪花　在冰雪里的一朵花,给雪地增添一份光彩。

叶子　冬天过去啦,你穿上绿的衣服,迎接春的到来。

蝴蝶　宛如一片美丽的雪花,在风中飞舞,看见落叶闻一闻,轻轻飞走了。

以下是肖同在课后创作的一组微型儿童诗《8 岁的天空》：

打篮球

篮球和汗水一起飞舞

让周末的快乐

开出了花

下围棋

围住吃子抢地盘

我的大脑又多转了

几个弯

秋游啦

背着鼓鼓囊囊的包

等车——车坏了

别哭，等待，也是一种快乐

烦恼了

快乐无处不在，烦恼却是

一个不讨人喜欢，却甩不掉的

小调皮

阅读吧

是每天睡前

一次有趣的

约会

2015 年 5 月，时任二年级集备组长的我，带着年级十多位语文老师一起探讨将诗歌与绘本相结合、推进阅读与写作的课堂样式。当时梁少芳老师代表我们集备组展示了一节公开课《当我们在一起时》，深受好评。

绘本《当我们在一起时》教学设计

华阳小学二年级语文集备组

课题	当我们在一起时	课型	读写推进课
教材分析	《当我们在一起时》这个绘本故事讲的是小兔子和家人、朋友在一起时的快乐时光：在床上蹦跳，玩软软的泥巴，踩脆脆的落叶，在沙滩上寻宝，沐浴温暖的阳光诉说心中的小秘密等。学生因为有过类似的经历，所以在观图和朗读时容易产生联想和共鸣 从表达特点上来看，这个绘本的文字内容就是一首优美的童诗，每一小节都由"在一起，是……是……"的句式构成，有着诗歌的音韵美、节奏美和建筑美。所以，以读引说，以读引写，让学生调动自己的生活经历，进行仿写，会是一种愉快的感受、体验与运用		
学情分析	1. 学生已经读过大量绘本，对绘本阅读兴趣浓厚，其识字量已能够支持独立阅读绘本，并能结合绘本上精美的图画，理解诗句的意思 2. 学生的表达能力较好，有相似的生活经历，在回忆与家人、朋友度过的美好时光时，应该都会说得较到位。但是如果仿写成一小节诗歌，部分学生在遣词造句上还存在一定的困难，需要有针对性地引导		
教学目标	1. 仔细观察绘本的图，用心朗读绘本的文字，对诗歌每一小节的写作特点有初步体会 2. 以读引说，回忆自己经历的快乐时光，尝试仿写一小节 3. 对家人与朋友带给自己的幸福，懂得感恩和珍惜		
教学重点	仔细观察绘本的图，用心朗读绘本的文字，说说看到了什么，想到了什么		
教学难点	回忆自己经历的快乐时光，尝试仿写一小节		
教学策略	1. 设置情境 2. 小组分享与汇报		
教学准备	教师准备：PPT课件、收集照片		

教学过程			
环节	教师活动	学生活动	设计意图
一 观察封面 提取信息	（出示PPT） 出示封面：仔细观察封面，你获得了哪些信息	1. 介绍作者 2. 猜想故事情节等	通过观察封面激发学生学习的兴趣，培养学生快速提取信息的能力，同时创设情境将学生带进故事中，为下面的学习做好情感铺垫
二 观察图画 品读文字	1.（出示PPT）观察第1页，你看到了什么 2. 出示文字，指名读，齐读 3. 你喜欢这段文字吗？为什么 4. 轻轻打开手中的绘本，你看到了什么，想到了什么？请你带着感情读给大家听 5. 师生配乐朗读剩下的几页	1. 自主观察、朗读、思考 2. 小组开展交流活动，分享看到的想到的，互相补充与纠正读音	1. 以一幅图为例，指导学生观察、品读，再让学生自主学习，在小组分享，然后小组汇报 2. 从方法到自学到小组互学，能关注到每一个孩子，符合儿童的认知规律
三 调动经历 尝试仿写	1.（出示PPT）配乐欣赏自己和同学、家人的照片 2. 回忆自己和家人朋友在一起度过的快乐时光，将印象最深的那个画面，按"在一起，是……是……"的形式仿写下来	1. 通过图片回忆起经历的快乐时光 2. 思考与仿写	1. 激趣引思，调动学生的生活经历 2. 学以致用，进行仿写
四 汇报交流 好书推荐	1. 学生上台分享作品，师生点评 2. 关于描写亲情和友情的绘本还有那些	1. 以小组的形式上台汇报 2. 学生结合自己平时阅读的书目进行推荐	1. 在互动交流中达成评价目标。关注词句的运用、修改和完善。让学生体会到创作的成就感 2. 拓展阅读。使阅读空间由课堂延伸到课外，融课内外阅读于一体，激发阅读的兴趣，提高学生的语文素养

当时，我们年级的 12 个班都上了这一课，我任教的班级每个孩子仿写一小节，接龙创作了一个"绘本"（节选）：

当我们在一起时

在一起，

是温柔的彩虹底下，

藏着的我的小秘密，

和我心里生产的无穷的快乐。 （仲元）

在一起，

是琅琅的读书声，

是朋友的欢笑声，

是头挨头看着书上的文字，

是友谊的温暖和温馨。 （芸墨）

在一起，

是我们放飞的一大把气球，

就像放飞了无数的梦想，

是我们望着天空一起尖叫。 （一聆）

在一起，

是我和小鱼一起玩耍，

我跳起来，它也跳起来，

我做一个鬼脸，它吓得躲来躲去，

它舞着尾巴，我却没有尾巴…… （隽顼）

在一起，

是我和我想象中的小狗，

我会天天让它饱餐，

带他去公园散步，去大学里踢球，去学游泳，

它也会保护我。　　　　　　　　　　　　　（嘉睿）

在一起，

是我和小狗一起坐在草地上，

看着一朵两朵野花，

小狗忽然跑起来去追那只黄蝴蝶。　　　　　（昀果）

在一起，

是和叔公一起骑摩托车，

听着风从耳边呼啸而过。

是被一只小狗追逐，

我们使劲跑停不住脚。　　　　　　　　　　（季容）

在一起，

是去饭店吃日本料理，

嘴巴里都是幸福的味道，

就像美梦的味道。　　　　　　　　　　　　（桓征）

在一起，

是爸爸带我去欧洲旅游，

我们在瑞士的阿尔卑斯山上滑雪，

在法国的埃菲尔铁塔上眺望。　　　　　　　（于钦）

237

在一起，

是你唱一句我哼一句的欢声笑语，

是你争着说我斗嘴回的嬉笑打闹，

是你躲那边我藏这边的追逐嬉戏。　　　　　　　（欣航）

在一起，

是和爸爸妈妈一起在泰迪熊小镇

走过的那条小路，

和参观的那座美丽的城堡。　　　　　　　　　　（皓轩）

在一起，

是同学生日会上的气球大战，

五颜六色的气球，

就是五彩缤纷的快乐。　　　　　　　　　　　　（君和）

在一起，

是跳起优美的拉丁舞，

是又学会了一个新的动作，

是舞伴带给我的开心。　　　　　　　　　　　　（皓心）

在一起，

是和徐君和在圣淘沙里的疯狂尖叫，

是在木乃伊过山车里被"火烧"，被"坠楼"，被"钻头骨"，

我要和你一起走，做永远的兄弟！　　　　　　　（子越）

在一起，

是在蓝天白云下的尽情玩耍，

是一起说着美好的梦想，

是朋友给我带来的温暖和快乐。　　　　　　　　　　（文慧）

在一起，

是被采访时掩饰害羞的面容，

是被采访时响亮的声音，

感受彼此快乐的呼吸。　　　　　　　　　　　　　　（子悦）

在一起，

是和妈妈去坐有轨电车，

电车像风一样驶过，

我像风一样快乐。　　　　　　　　　　　　　　　　（梓航）

在一起，

是舅舅带着我去录音，

是和家人在一起时，

就算吃着白饭，

也很香甜的感觉。　　　　　　　　　　　　　　　　（乐天）

在一起，

是在明媚的阳光下快乐玩耍，

是玩累了就躺在草地上休息，

闭上眼，有赤橙黄绿青蓝紫的颜色。　　　　　　　　（钰蕾）

在一起，

是下课时在楼下的跑跑跳跳，

是在走廊上的轻声交流，

是和小伙伴们一起的快乐时光。　　　　　　　　　（隽滔）

在一起，

是我和好朋友一起抓螃蟹，

看螃蟹挥动着钳子，

背着黑色的壳。　　　　　　　　　　　　　　　（悦鸣）

在一起，

是和小妹妹一起嬉戏，

听着她欢乐的笑声，

感受她的可爱天真。　　　　　　　　　　　　　（奕彤）

在一起，

像放飞的风筝，

看着风筝像鸟儿一样在天空飞翔，

是自由自在的快乐。　　　　　　　　　　　　　（俊杰）

在一起，

是我和骏马一起奔跑，

我往前跑，它往前冲。

它冲向茫茫草原的尽头，

我冲向布满星星的梦想的天空。　　　　　　　　（嘉昇）

在一起，

是共同抱着一块大木板，漂流在知识的海洋，

像乐高积木，拼出一个个雄伟的城堡（语文），

拼出一门门大炮（数学），

拼出一辆辆摩托（体育），

拼出一艘艘快艇（英语）。

在一起，就像亲密无间的兄弟姐妹，

在欢声笑语中，成为一个大家庭！ （钰汶）

在一起，有无限的温暖，

在一起，有永远的快乐，

在一起，有数不清的爱。 （小琳）

我们不仅尝试将绘本阅读与儿童诗相结合，而且将童话也与儿童诗进行整合，因为二者都是童年最美味的营养，最美好的表达方式。比如，在学习二年级的"童话"主题单元前，我就给学生布置了一张"阅读卡"（如图 3-10 所示），要求他们再次阅读《安徒生童话》，并且选择喜欢

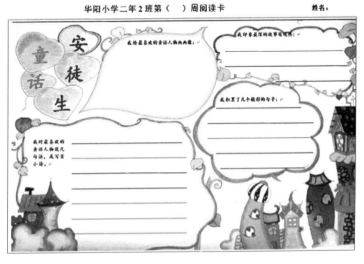

图 3-10 《安徒生童话》阅读卡

的故事深入阅读，阅读卡几个内容项分别为："我给最喜欢的童话人物画画像""我印象最深的故事有这些""我积累了几个精彩的句子""我对最喜欢的童话人物说几句话，或写首小诗"。

收上来的阅读卡完成的质量非常高，尤其是有很多孩子选择以小诗的形式表达对喜欢的童话人物想说的话。童话与儿童诗，让课外阅读的推进与诗意的涵养做到了无痕整合。试列举几首学生写的诗：

我觉得我和曾经的你一样，没有比其他小朋友棒，也没有比他们聪明。但是妈妈对我说，如果自卑，我的光芒就会被挡住，挡住我说话的有趣，主意的特别，还有打球时的帅帅的身影……所以，我要，抬起头，挺起胸……(恩杰写给"丑小鸭")

出生时，你就很艰难，差点被鸭妈妈放弃；成长中，你没有朋友，受尽了白眼和折磨，你一定很痛苦吧！幸好，你成为了美丽的天鹅。成为天鹅的你，不要骄傲，要帮助朋友，快快乐乐地成长哟！(子涵写给"丑小鸭")

你聪明勇敢，又坚强善良，格尔达，你让我懂得了，爱是冬天里的阳光，使饥寒交迫的人温暖；爱是沙漠中的清泉，使濒临绝境的人重生；爱是善良的种子，在人们心中生根发芽。(哲灏写给"格尔达")

二、给自己的"芒鞋"

六年级上册第一单元《草虫的村落》一文里有句话："是什么力量使它们这么勤勉地奔忙呢?"我记得上课时和学生一起探讨了这个问题，是什么力量让小小的虫子们这么勤勉地奔忙？当时学生回答的几点，一是对家庭的责任感，二是对生活的热爱。

一晃工作已近 20 年，有时候我也在问自己："是什么力量让我这样勤勉地奔忙呢?"我想，还是可以参照学生的回答来回答自己吧：一是对工作的责任感，对教育的情怀，二是对生活的热爱。

我就像那只平凡的黑甲虫，平凡的外表，平凡的生活，在平凡的世界里，穿着一双简单的草编的鞋——一只织着"勤勉"，一只织着"真诚"，踏踏实实地，走在教育的路上，走在人生的路上。

（一）以勤为鞋

1. 读思：用阅读点亮自我

2017 年 5 月 23 日，在学校"小思阅读"的启动仪式上，我作为教师代表发言：

此刻站在这里作为教师代表发言，心里有许多惭愧和忐忑。因为就我而言，虽然知道阅读的重要性，但是大把从指间流走的时光，我却没有用阅读让它变得有意义起来，我的生命因而削弱了该有的深度和厚度。幸而，每个阶段的亡羊补牢，都能说为时未晚。

阅读能给予我们什么呢？作为一名教师，我们更需要不断补充自己心灵的养分，因为在这个时代，一不留神，我们就会苍白、迷失与枯竭。只有自己有充盈的水分和生机，我们才能去润泽学生，去实现"点燃、激励与唤醒"的使命。阅读，让我们厚实与踏实。

就在昨晚思考自己该写点什么的时候，我拿起一本张承志的《北方的河》。这本 20 年前读过、基本忘了的书，上周又偶然买了回来。我忍不住又大声朗读它的序言。这本意识流形态的小说，熔铸着强大的精神力量。浪漫到极致，深邃、旷远、博大、恢宏；壮美到极致，对神圣彼岸不死追求，永不言退；诗意到极致，是大地和青春的礼赞，是青年奋击者的诗篇。这样的理想主义者的文字，每看一次，我的胸膛就急剧跃动一次，血液就会熊熊燃烧一次，然后现实中的繁杂纷扰，都成了云烟过眼。阅读，让我们保持着年轻与本真。

　　孤独了吗？去阅读吧！烦恼了吗？去阅读吧！迷惘了吗？去阅读吧！让书籍成为最好的伙伴，不抛弃，不放弃，就这样浸润着，思考着，走过一生。

　　我常问自己，你是个喜爱阅读的人吗？我想应该是的。回顾我一路的成长经历，读过的书依然历历在目：小时候，在外工作的父亲每次回家就会带回来的《今古传奇》《小说月报》《水浒传》甚至"金古梁温"四大家的武侠小说，还有在学校里订的爱不释手的《小溪流》、与同学交换的各种小图书；中学时摘抄的许多宋词元曲，和同学看完还深入交流的《平凡的世界》《人生》《穆斯林的葬礼》《文化苦旅》，等等；读师范时，一个人在图书馆的角落里借阅的尘封着的俄国中短篇小说和法国中短篇小说，在周末少有人的宿舍一个人看的《简·爱》《呼啸山庄》《追忆似水年华》《刀锋》《月亮与六便士》《飘》《百年孤独》《被侮辱与被损害的》《静静的顿河》；工作后看的《自由在高处》《苏东坡传》，当然还有各类专业书籍。我想，我没有停止过阅读，只是每个时期有着不同的阅读喜好。

　　阅读让我没有停止过思考，在阅读与思考中，我逐渐成熟。

图 3-11　和石牌小学的孩子在
少年宫图书馆阅读

图 3-12　主持石牌小学读书节
启动仪式

　　2010 年 6 月，在参评南方分级阅读"百名优秀指导教师"时，我以《拥抱阳光——和学生一起阅读的日子》为题撰文，记录了和学生一起阅读的美好时光。文章的第一部分，我写的是"我读，故我在"：

"阅读的最大理由是想摆脱平庸"，"早一天，就多一分人生的精彩；迟一天，就多一天平庸的困扰"。我非常喜欢余秋雨的这些话，因为"腹有诗书气自华"；因为在书中，我可以体验"观古今于须臾，抚四海于一瞬"的心灵穿越；因为爱读书，所以，我虽然平凡，却绝不平庸，在我渺小的物质载体下，有着丰富的内心世界。是的，我爱读书。

在鸟语花香的清晨，在雾霭萦绕的黄昏，在万籁俱寂的深夜，在开心时，在痛苦时，在寂寞时，在迷惘时，书，都是我最好的伴侣与慰藉。有书，不觉苍山远；有书，不觉白屋贫；有书，不觉天欲冷；有书，不觉人生寒。

我喟叹着李白的浪漫豪迈，屈原的沉郁悲怆，鲁迅的怒发冲冠，冰心的温婉亲切；我思索着杰克·伦敦的《热爱生命》，海明威的《太阳照常升起》，陀思妥耶夫斯基的《被侮辱与被损害的》，托尔斯泰的《战争与和平》……秦时明月今犹在，大漠孤烟越千年。

我读，故我在！

文章的最后，我这样结尾：

书，是这一代对另一代人精神上的遗言，是行将就木的老人对刚刚开始生活的青年人的忠告，是准备去休息的哨兵向前来代替他的岗位的哨兵的叮嘱。所以，我会一直热爱读书，让它使我的生活轻松，让它帮助我了解复杂的思想、情感和事件，让它教导我尊重别人和自己，让它以热爱世界、热爱人类的情感来鼓舞我的智慧和心灵。

池莉说："如果把生活比喻为创作的意境，那么阅读就像阳光。"我愿意去采撷、去拥抱最温暖灿烂的阳光，让书伴着我走完人生之路，我愿意和我的学生一起，在书的世界里，去寻找和超越自己，去发现自己的独一无二！

到石牌小学任教的第三年，我被评为南方分级阅读"百名优秀指导教师"，同时被聘为"特邀审读员"。

2014 年 1 月 12 日，在华阳小学的教师大会上，我做了一次阅读分享，阅读书目是皮连生主编的《学与教的心理学》。

初入华阳，初遇《学与教》

2013 年 8 月，我加入了广州名校——华阳小学。说实话，华阳的生本教育，让许多人向往的同时，也让许多老师望而却步。一方面是因为对生本的不了解，一方面是因为一所学校盛名的背后，往往意味着老师们必须付出更多、奉献更多，还意味着需要改变太多。而改变，往往是艰难的。于是我在淡定与焦灼的交战中，在改变与坚守的纠结中，不经意间已度过了四个多月。

2013 年 9 月，我开始备战广州市青年教师教学技能大赛，赛事一层一层延续到了 12 月，其中的理论考试要求看《学与教的心理学》一书。这本书广州市教研室早已推介，各级领导在许多场合多次强调，学校也要求老师们认真学习，而我却将手头的两本送了一本给别人，另外一本一直束之高阁，耐不下心来，也一直没有太多阅读的冲动。直到这个 9 月，才被动地有了"强大的"阅读动机。看来，亲近经典，总要有些曲折吧！

四个多月的时间里，《学与教的心理学》（以下简称《学与教》）一书给了我许多的灵感与思考，化解了我许多的纠结与"交战"。犹记第一遍读得漫不经心囫囵吞枣的样子，犹记为了备考画记提纲的样子，然而看着看着，被动的心情，就不知不觉变为主动了，快餐式的速读速记，渐渐变成了带着问题带着求知的期望去看了，有的章节甚至一看再看。印象最深的是以下几点：

一、教学目标。书中第九章详细阐述了教学目标的设置与陈述。"目标是预期的学习效果"，目标一定要"导学、导教、导测评"，这是整个章节的核心。这固然是非常可取的，定好目标，可以使老师的教不流于空洞，不走偏，切实服务于学生的学，可以使教学更有效，更有的放矢。对于语文教学来说，毫无疑问，这和现在语文教学极力倡导的"语用"导向是吻合的。目标实实在在了，工具性凸显和落实了，只是，人文性的目标该如何成为可量化和测评的目标呢？虽然这两者不是隔离的，而是有机融合的，只是这个度如何去把握呢？华阳的生本语文提倡的是"大阅读、大感悟、大拓展"，这又如何在目标上呈现出"可量化""可测评"呢？我一度纠结于此，但不管怎么样，"目标"观念已经深深根植在我脑海，现在我写目标，基本上已经不会再空洞地泛泛而谈。比如，《闻官军收河南河北》这首古诗的教学，我设定的教学目标是：

1. 能正确、流利、有感情地朗读诗歌，背诵诗歌。

2. 通过概括画面、读说画面、拓展资料、朗读、引读的方式对诗歌进行欣赏，让学生大体理解诗歌内容，体会诗人"喜欲狂"的情感，通过小组讨论明确诗歌表达上的特点：夸张、想象。

3. 通过对拓展资料《春望》和《兵车行》(节选)的诵读，能说出杜甫"喜欲狂"的真正原因——"为国、为民"，并对诗人的形象进行简单评价。

这样的目标陈述，基本"可量化可测评"了，虽然从《学与教》中提供的范例来看，还有许多可斟酌之处。假以时日，我想华阳生本理念下的"大语文"，一定可以找到合适的目标设置方式。《学与教》一书中，没有范例，但有归途。

二、教学任务分析。教学任务分析是书中第十章的内容，有哪些教学任务需要分析呢？分析教学目标，分析教学目标中的学习结果属于哪一类知识，分析学习条件，分析的终点是学生的起点能力，有了这样详细的分析，就能导出恰当的教学步骤和方法。看到这里，我马上想到了华阳的"以学定教"理念，书中引用了奥苏伯尔在《教育心理学——认知观点》一书的扉页上的话："假如让我把全部教育心理学仅仅归结为一条原理的话，那么我将一言以蔽之曰：影响学习的唯一最重要的因素，就是学习者已经知道了什么，要探明这一点，并据此进行教学。"这一段话其实就是在阐述"以学定教"。

"以（　）定教"，假如这是一道填空题，我想，将任务分析的内容填充进去，就是最完美的答案——以（学习目标、学习结果的类别、学习起点能力、学习条件）定教。如果这样，我们老师就一定会做到心中有数，学生就能每课都有所得，我们的教学，才能切实服务于学生的发展，应试就只是附带的能力而已了。据说山东省正在组织教师们进行各个学科具体到各个知识点的教学任务分析，乍一听会觉得这是一项艰巨的任务，但若有了他山之石让我们借鉴，再结合自己的教学实际加以完善，我想，对我们的教学一定大有裨益。

三、小组讨论。《学与教》第十一章"课堂教学过程、方法与技术设计"中谈到了"小组讨论"学习法，指出小组讨论的目标是培养学生的批判性思维、合作能力和口头表达能力。同时，《学与教》论述了小组讨论的局限性，认为小学低年级不宜采用分组讨论法，一方面，小学低年级学生缺乏必要的知识基础和表达技能；另一方面，他们学习的内容，如写作、阅读、计算等基本技能，需要大量的个别练习，不适合讨论。

华阳的生本教育在一年级的时候就在培养孩子合作讨论的习惯了，事实证明这是非常有效果的，所以，我们也许该用一种虚心却是批判的心态去看待我们学习的内容，哪怕是面对经典与权威。该讨论吗？不该讨论吗？还是用"以学定教"这个词来解决吧，对待某一内容，学生的学情适合讨论就讨论，不适合讨论就不讨论吧！

四、关于特殊学生。书中第三章"学生的个别差异"提到了"特殊儿童的心理与教育"。广义的特殊儿童是指一切偏离了常态且需要接受特殊教育措施才能满足其发展需要的儿童。据某些局部的研究推算，我国特殊儿童的流行率为 14% 左右，这么庞大的一个群体，该怎么样对待呢？我们教的都是将近50个学生的大班，每个班上都多多少少存在着特殊儿童，其中又以学习困难和注意力缺失的儿童居多，我们往往耗费了许多的精力和时间，但效果欠佳。书中给出的建议有以下几条：要在理解特殊儿童的基础上热爱特殊儿童，相信每个孩子都会进步，只是进步的大小不同而已；要从医学模式向社会生态学模式转变，这一点是强调了社会环境因素对学生的影响；要坚持因材施教，提供合适的教育；要坚持正常化，推行融合教育。

建议是好的，但是操作起来并不容易。许多家长说，选择华阳小学就是相信华阳能提供适合孩子的教育。但是，华阳也做不到比如书中所建议的"为特殊学生配备巡回老师，有巡回老师定期或不定期地向特殊儿童提供部分时间的教学，设置资源教室，特殊学生除了在普通教师接受教育之外，再去配有特殊材料、设备的资源教室接受专门教师的补救教育"。

五、学习动机。书中用了一个章节来谈"学习动机的激发"，从内部条件和外部条件谈了许多激发学生学习动机的策略。固然，教师作为学生学习动机的"外部条件"，我们的教学内容、目标、策略都对学生的学习动机有着重要的影响，但是我更多思考的是，今天的孩子学习的内在动机，是什么呢？当不用为物质发愁，当所有风雨都有人遮挡，当在"应试"与"素质"的夹缝间承受着双重压力，当每个孩子都是自我世界的王子和公主时，用什么去构架他们深刻的内部动机？是兴趣的依托，是成功的体验，是理想的鞭策，是自尊的坚守，还是责任的承担？

班上一个孩子考试时心不在焉，字迹潦草，成绩当然也不理想。我找他谈话，问他为何没考好还这么高兴，上课也不想听，一点都不紧张，他说明后天考完后就可以去欧洲旅游了，当然开心。华阳的孩子大多家庭条件优越，有些家长喜欢以旅游、以礼物、以大餐等来激励他们，这些就是许多孩子学习的主要内因。周恩来年少时立下"为中华之崛起而读书"的志向，今天的教育，鲜少能听到这样的声音了吧。然而今天的中国，难道不需要这样的声音吗？

2013年是著名的电视新闻节目《东方时空》20周年纪念，这一年，白岩松、崔永元等许多人都在追忆一个名字：陈虻。这位《生活空间》《感动中国》等知名电视节目的创立人，2008年因胃癌而过早离世，他不断思考的态度感染和感动了许多人。回想当年的自己，青春灰头土脸、头破血流，只为有一份工作而选择了教师，无关太多理想。而今，十多年的岁月呼啸而过，对于教师这份职业，我们思索了多少呢？当年不知道为何而出发的我们，现在回头望望，能在一路的脚印中看到清晰的答案吗？苏芮在《一样的月光》中唱道："是我们改变了世界，还是世界改变了我和你？"我们能改变学生多少？又能改变这个世界多少呢？当俗世的尘埃将我们的视线层层遮挡，让我们的心灵层层设防，平凡的我们，还在一直担当着平凡而沉重的责任吗？当我们身不由己地一点点改变时，曾属于理想、属于青春、属于热血、属于社会责任感的那个自己的模样，还记得吗？

我想，华阳的生本人是记得的，因为他们曾为了一种理想和信念敢为人先，执着了近20年。他们不曾因质疑而退缩，所以，也不曾因成功而自得；他们曾在孤独中坚守，所以，也不会在喧嚣中失落；他们曾经历过蜕变的痛，所以，也不会墨守成规。改变该改变的，坚守该坚守的，拥有骄傲，也拥有谦卑，这，就是生本的华阳最核心的气质和精神吧！而我，已是一位华阳人！

这的确是一本经典的书，每读一次，对书中不同的方面都会有新的收获与思考，难以言尽。重视"语用"的老师会在这本书中找到强有力的理论支撑和实操指引，注重"生本"的老师也会在这本书中找到坚定的方向依托。读懂这本书，会让我们的教学，抛却一些不该有的桎梏枷锁，同时也承受该承受之重；会让我们抛却许多浮光掠影的喧嚣，坚守课程最核心和本质的意义和内容；会让我们在淡泊而执着的信念里，叩问耕耘，而不用纠结于收获……

昨天看了一部刚上映的电影《等风来》。等风来，在这个浮躁的社会，在这个喧嚣的都市，理想遥远着，现实残酷着，未来未知着。而我们能做的只是坚守，只是不急不躁的等待，等待风来，吹走一切雾霾，一切尘埃！

2. 学思：用学习夯实自我

（1）培训之思

这些年，大大小小的培训学习参加过许多次，从京苏粤浙高端研修班的培训，到广东省省级骨干教师培训，到天河区名教师培训，到省名校长、名教师工作室成员培训等，从担任学员，到自己也成为广州市农村教师专项培训工作室、省级名教师工作室的主持人，一路学习，一路思考；一路思考，一路收获。在不断的实践中，我不断完善着自己，读思不止，思行不止。

2013 年 8 月，我刚到华阳，参加天河区四校联动在华南师范大学的培训后，写下了这样的感受：

云随雁字长
——参加天河区四校联动全员培训有感

"天边金掌露成霜，云随雁字长。"我们常可以看见天边一群大雁，排成"一"字形或"人"字形的队形，划过天空，翩然远去。在大雁的飞行编队中，每一只雁都可以看见整个编队，从而进行很好的相互交流和自我调整。最重要的是，领头雁的位置不会总是由一只雁担任，而是可以轮换，能力突出的大雁们轮番做头雁，以保证它们的持续高效飞行。它们目标一致，行动统一，因而能克服重重阻碍，顺利到达目的地。华南师范大学基础教育培训与研究院的王红教授在讲座中表达了对大雁型人才的赞赏和期盼。听完她的讲座，我们都在思考，如果美国教育培养出的是大雁型人才，那么中国的基础教育，培养的又是什么类型的人才呢？教育改革这么多年，我们仍然朝向的是知识导向型的"学会"目标，而非能力导向型的"会学"目标吗？

从美国的"伍德罗·威尔逊全国联谊基金会"提出的面向21世纪美国高中教育的教育目标中，我提取出几个关键词来反思自己的教学，比如"乐学、好学、批判性思考、面对问题需要解决时'乐此不疲'的情怀、知识＋能力＋情感"等。

我的学生乐学与好学吗？大部分孩子应该都是比较喜欢语文课的，因为我总是尽量以情境、以幽默的语言、以丰富的内容营造出轻松愉快的学习氛围，我的教室里常常有轻快的笑声传出。但是，我的学生都好学而会学吗？我没有这样的底气。在学生学习习惯的培养上，在教学方法的优化上，在课堂形式的自主上，也许我都有待提高。

我的学生有批判性思维能力吗？六年级下册语文教材的第二十一课是《我最好的老师》，文中的怀特森先生告诉学生，每一个人都应该具有独立思考和独立判断事物真伪的能力，同时也应该具有怀疑的能力。将这样的一课放在书本的最后、小学毕业的前夕，我想，编者是有用意的。也许，我是缺乏怀特森先生的课堂冒险精神的，只是因为忙于落实一个个的知识点，忙于追求一点点的分数，忙于趋同于那些"权威、听话、标准"，没有给予学生足够的时间，引导他们去怀疑、去自我判断、去追求科学精神。我虽有努力，但仍显得苍白。

当我的学生面对问题陷入莫衷一是的迷惘时，我是如何对待的呢？他们拥有解决时"乐此不疲"的精神状态吗？在这一方面，我是重视学生的自主合作探究的，但是，往往因为"时间关系"而没有给足学生时间，引导过多了。

我们的教学三维目标和他们提出的"知识、能力、情感"倒是一致，作为语文教师的我，还是做到了"工具性"与"人文性"的结合，而且我尤其重视对学生人文精神的熏陶和培养，因为觉得在一个"物化"较为严重的社会，我们更需要"情化"的语文。

进入华阳伊始，我就参加了这次培训，不论是教育讲座的深入，教育论坛面对面，还是教育电影的发人深思，都是令人印象深刻的。我一边参与，一边在随时进行着自我反思。结合自己原有的"生本"观念，翻涌出我一直藏于心中的那份教育情怀，回忆起曾经的那些教育理想……抹去一些尘土，拂去一些苍凉，点亮一些暮色，发现十多年的教学历程之后，我仍然有激情在汹涌，心中不曾褪色的期待一直在澎湃。

再回到"大雁阵形"吧，从它们懂得利用气流助航的科学智慧，到它们目标一致的团结协作，到它们轮番领头的大局意识，到它们秋去春来年年跋涉千山万水的眼界与气概……我们要培养的就是这样的大雁啊，而我们自己，首先就要做一名大雁型的老师，和学生一起，长风万里，云阔天长。

2015 年，我通过选拔参加了京苏粤浙中小学卓越教师高端研修班的培训，南京、杭州、广州、北京，每一站的组织方导师都提出了不同的研修主题：南京站的主题是"教听说读写，育文化自觉"，杭州站的主题是关于"学理"，广州站的主题是如何落实"语用"，北京站的主题是如何让学生有"实际获得感"。培训结束后，我写下了一篇文章《在生本和语用之间》，可以代表我对语文教学的部分思考。

在生本和语用之间

十月的北京，秋风微寒，我透过雾霾，感受这个城市传统与现代、历史与未来的交织，也感受这个城市政治与文化符号深深的烙印。最后这一站，我们研修的主题是：关注学生的实际获得感。

回望这一年来四地的培训主题，我想就是要坚守听说读写的语文内核，站在文化自觉的高度深度，注重学理构建的科学思维，达成语用的目标，让学生拥有实际的获得感。而这一路，自南京始，以北京终；自文化自觉始，经历学理和语用的探索，以实际获得终。对我来说，就是一种圆满，从起点到终点，从生长到回归。

我想，所有的培训学习的体会收获，只有在自己学习生活的土壤上落地生根，才是真正的获得。基于我个人的经历经验以及所处学校的实际情况，我的主要思考点聚焦在生本理念和方式下的语用目标达成，或者说是语用目标下的生本理念和方式的呈现。

我所在的广州市天河区华阳小学，是一所全国知名的生本教育学校，是各地生本教育的追随者经常观摩学习的地方。华阳小学作为最早的基地学校，至今已结缘生本近 20 年。"一切相信学生，高度尊重学生，全面发展学生"是宗旨，"先学后教，先练后讲，以达到不教而教的目的"是核心教学理念。生本在华阳，既是一种理念，也是一种相对稳定的教学模式。我认为，生本教育的初衷应该是不提倡既定模式的，因为"模式"和"天性"本就相悖，只能说，某些方式能更好地体现生本教育的理念，达成生本教育的目标。然而，当部分先行者基于自己的教学实践，探索出了一定的模式后，如果其追随者只学习其显性的模式，而忽略其隐性的方式，忽略不同的学情、文情，忽略深度的文本解读，那么，在"为学生好学"方面，在"以生命为本"方面，是会打折扣的。

"以生为本"就是以学生的发展为本，这是新课标的核心理念，是教育必须遵循的基本原则。"生本教育"是对"以生为本"核心教育理念的充分体现，"以生为本、以学定教"是华阳小学"生本教育"的核心教学理念，每一位老师对此都高度认同，努力践行。我想，我们在"以生为本"的路上已经走得很远，这时候如果进一步打开门和窗，以兼容并包的姿态，吸纳更多他人"以生为本"探索的优秀经验与方式方法，"生本教育"会焕发出更葱郁的生机，会绽放更绚丽的色彩。

记得学友庄咏程老师在南京段的培训上发言，说文化不应是乌龟背上的壳，如山的包袱会让前行的步伐沉重而缓慢。其实语用、学理、生本的概念同样如此，它们都应是语文本体外的彩色翅膀，和助力飞翔的风，带着学生自由翱翔。

模式也是。特色需要以模式为名片，新的理念思想需要以模式为载体，这毋庸置疑。但是当拿着名片、带着载体，走过长长一段路之后，我觉得这时需要回望和眺望，回望出发时的起点和初衷，眺望横向同一时空的、纵向历史长河中的那些教育智慧与教育足迹，缓下来，休息、反思、总结、调整，然后整装待发。这样才会保持激情，不忘初心，坚定继续前行的勇气。

生本教育有一个前提：一切都是为了孩子的发展。就语文来说，一切都是为了孩子语文素养和人文素养的发展。所以我想，生本和语用，从来不是对立的，从来不是河流的两岸，它们是两岸之间的水，互融互促，奔涌向前。

我们已经在改变，比如我们现在研究的重点已经在于：建模后怎样优化模式甚至脱离模式？语文课堂如何从原有充分指向文本内容的教学目标，转变为指向言语本身，指向写的形式，指向语用价值？我们现在最需要探索的是在充分将学生放在正中央后，如何让老师站在合适的、最恰当的位置。

培训中观摩了很多课例，我自己也参与了同课异构活动，学友们的教育智慧与才华让我钦佩，很多课都给了我深刻启发，不断刷新着我的认知和思维。而对有的课，我结合生本理念也有进一步的思考。比如在听了其中的两堂课之后，我有这样的感受——

无疑这是两个精心设计的课例，由这两个课例我们可以看出，两位老师的某些做法，都是契合了生本的部分理念的，比如都重视小组合作、都重视拓展，而且她们采用的这种"生本"的方式，也都结合了"语用"意识。但是，从生本与语用融合的角度，我认为还是有一些可以改进的地方。

1. 关于拓展。许多老师的生本课堂都机械地按照"对课文学懂了什么——由课文又想到了什么"的模式进行，让学生小组合作学习分享，再上台汇报，先后顺序清楚，泾渭分明。拓展什么？在什么时候有效切入？拓展多少？这是很需要教师的教学机智的，而教学机智的前提是结合课标要求，对文本有准确而深入的解读。两节课的老师，都是在课的最后布置学生去阅读其他的书，作为阅读拓展的延伸。其实，既然学生已经在课前有了很多的阅读积累、预学思考，在教学中就应该搭建平台，让学生自然地将文本外的阅读所得融合在交流汇报中、体现在思维碰撞中。这样，他们的拓展阅读才能在课堂上拥有实际获得感。

2. 关于提问和引导。教师的提问应该提出关键的问题，牵一发而动全身，其余的许多问题都会随着关键问题的解决迎刃而解。方法的指导是必要的，先扶一扶是必要的，先给学生思考的支架是必要的，学习毕竟是一个循序渐进的过程。其实教材的应用性知识的难度、深度是足够的，不需要再跨级、超前掌握，但是，有目的地让孩子去多阅读、多实践、多思考，这是比知识本身更珍贵的。比如在《白鹅》的教学中，我认为教师的方法指导还是过多了一些，有必要给支架，但是支架太多的话，可供思维自由发散的空间也就相对小了。

3. 关于小组合作。纵观许多的语文生本课堂，小组合作学习、展示汇报，是必不可少的方式。只是很多是为了合作而合作，为了交流而交流。合作交流讨论应该是建立在"非合作不能解决，只有合作才能解决得更好"的前提下，比如，问题本身非常具有思辨性，问题解决需要聚合更多人的知识积累，问题解决的各个环节一人不足以完成等，这样才能体现出合作的有效性。此外，在小组交流方面，我想应该是一种生生之间的互相点评、补充、拓展、质疑，是师生互动之间的无痕点拨、提炼、落实目标，应该是生成的、灵动的。纵观这两节课的小组交流，学生似乎都是简单停留在"点评"的层面。只有将独特思考和阅读积累融进交流，交流才会具有灵动的生命力。

图3-13　在东莞市松山湖小学执教
《临死前的严监生》

图3-14　与广东学员及导师桑志军
教授(左六)合影

我想，每篇文章呈现出来的最有价值的方面是不一样的。有的文章完全可以当作写法指导的例文来教，学习写景文移步换景的顺序，学习叙事文条理清晰的表达，学习说明文用词造句的严谨、说明方法的恰当，等等。而有的文章在语用训练上的应用价值并不高，抓一个点的语用价值就可以了，更多的是带给我们的一种思考和感悟，可以让学生内化成自己的人文素养，并且表达出来。

以学生为本是必需的，"文体意识"是需要强调的，但我们的眼睛还应该看到学习内容之间，就如一个个不同的人一样，它们是有差异的。

至于"关注学生的实际获得感"，我认为，以生本的理念和方式，达成语用的目标，学生就能拥有实际获得感。

是的，我忍不住再次感叹：生本与语用真的不是河流的两岸，甚至不需要渡船，因为它们本就同属语文的内核，是两岸之间的河水，彼此融合，奔涌向前。

让生本与语用在课堂上灵动地融合；

让目标与灵性在课堂上美丽地生长；

让学生站在正中央，也让教师站在学生需要的合适的位置；

让生本成为拥有阳光、水分、空气的七彩生本，让语用成为落实着听说读写、蕴含着文化自觉、体现着科学学理、让学生有实际获得感的语用。这是我将一直努力的方向。

总之，北京之行，一年的京苏粤浙之行，收获的不仅仅是教学上的思考。这完全是一次达成了"1＋X"效果的培训，感谢、感恩。

学习，学习，再学习，学而后知不足；思考，思考，再思考，思而后懂谦卑。

(2)国学之思

2012年，作为天河区经典教育核心组的成员，我参加了几项关于国学经典教育的培训，并且承担了经典教育课堂教学模式的展示任务。在面向天河区的校长、教学负责人、骨干教师展示了一堂《水》后，结合以往的学习体会，我写下了《若水——"主题经典教育"之尝试与感悟》。调到华阳小学后，又以"主题经典"为核心申报了相关课题。多年过去，很多区内听过那堂课的老师，还记得那堂课的情形；很多老师都在尝试"主题经典教学"，并在全国的经典课堂教学比赛或展示活动上屡屡获奖。同样是2012年，我也因在经典课堂教学方面的尝试与引领作用，被评为天河区教育风云人物。之后，我在天河区首届经典教育教学设计比赛中获得特等奖的第一名，在第五届全国传统文化进课堂教学比赛中获得特等奖，在市内区内多次承担经典教学公开课。"主题经典"成为了我在经典教育课堂教学上的风格凸显的名片。2015年6月，我应邀在"第五届海峡两岸中华传统文化特色课观摩研讨会"上展示课例，计划安排都已订好，只是因种种原因没有举行，课例后来在广州市教育研究院中学语文科举办的观摩活动上展示。

若 水

——"主题经典教育"之尝试与感悟

（一）

武汉大学欧阳祯人教授的《论语与中国文化》报告中，有一段话在我心中久久萦绕："天地很大，人存在于世间，应该忠于自己的本心，忠于生命的本质，忠于精神世界的澄澈空明，高远无极……要将超越时空、超越地域的精华文化教给学生。要勤奋好学，在精神世界中追求自己的圆满。"乍听之下似乎过于理想化，在这个物质泛滥的时代，浮躁、焦虑、欲望充斥着我们的内心，哪里还有一个角落去盛放我们曾期待过的澄澈空明，哪里还能有真正的精神圆满？

我们可以自嘲，孔子之所以有"发愤忘食，乐以忘忧，不知老之将至"的境界，那是因为他是圣人。然而我们都妄自菲薄了。就如欧阳教授所说，人是具有不可替代性、不断发展的可能性的。我们虽然平凡，但谁又不是独一无二的个体呢？我们拥有的，只是一段时间，我们应该设法在这段时间的记忆里，留下属于自己的、独有的痕迹。

感恩节那天，我引导学生口头表达句子：

感恩父母，因为……

感恩老师，因为……

感恩祖国，因为……

感恩每一棵大树，每一棵小草，每一朵鲜花，因为……

感恩日月星辰，感恩雨雪风霜，因为……

感恩我们拥有一副健康的躯体，因为……

感恩每一本凝结了他人智慧的书，因为……

感恩我们来到了这个世界，因为……

学生说得非常好，但我自己的感触尤其深，我们有那么多拥有的，有那么多值得感恩的。我对他们说，也对自己说："我们都是大富翁，但我们不能只是享有，还要报答父母、祖国和世界……"他们懂了——他们不懂，但也许将来某一天，他们都会懂！

我是一个普通的小学语文教师，但是我期待自己的精神世界趋于圆满，期待颜回"一箪食，一瓢饮，在陋巷。人不堪其忧，回也不改其乐"的境界，期待我的学生们都能拥有一份如水般的澄澈空明……

所以，我期待在经典文化中去寻找憧憬，浸润生命。这目标看起来遥远，然而我们总要迈出第一步。何况，经典从来就不是遥不可及的，它是冰山融化的清流，是江河之源；它一直在我们身边，陪伴了中华儿女几千年。

于是我翻开了以前从未静心读过的《论语》《大学》《孟子》《中庸》，翻开了尘封已久的《老子》《庄子》，翻开了束之高阁的《古文观止》，翻开了给孩子们启蒙的《弟子规》《三字经》《笠翁对韵》《幼学琼林》。且让我尚嫌空洞的经典领域，来一点不求甚解的普及吧！有了了解，才知如何取舍，有了研读，才能悟其精华。

（二）

我开始在班上和学生们一起诵读，利用早晨，利用中午，从启蒙读物开始，再参照区里的要求选读《古文观止》。没有什么花样和手段，就是简简单单地带着读一读、听着读一读，试着解一解、试着背一背。

作为天河区经典教育课堂实施的中心组成员之一，对于"要为区内老师呈现一种经典教育的课堂教学模式"这一要求，我心中是无比忐忑的，头啖汤美味，但何尝没有风险？我的教学对象是小学六年级学生，他们即将小学毕业，我和他们相处的时间已经不多，如何利用这样的机会，为他们准备一场经典教育的饕餮大餐？如何借此让自己的精心准备变成一颗经典的种子，种入他们的心田，让他们在获得深刻的体验后，再留下难忘的印象，因而爱上经典——我万不能草率，绝不能走形式。

我努力在脑海中回味着孩童时偶尔与经典有过的交集，一去经年啊，再也回不到那些年少时光，怪不得孔夫子也会在川上喟叹："逝者如斯夫！不舍昼夜。"如斯，如斯，除了时光，还有什么"如水"呢？

我的脑海中猛地闪过"水"这一意象，思维瞬时有了方向。我已经和学生通读过庄子的《秋水》，他们已经学过许多含"水"的诗文，我决定充分相信他们的接受能力，呈现给他们一个大容量的、能提升他们对经典阅读兴趣的诗意课堂。

于是我开始准备，和学生一起读背了《老子》第八章，《孟子·告子》篇的论水片段，还有《庄子·外篇》的《秋水》，然后将公开课上和学生分享的新内容定为《孔子集语》的论水部分。

目标就此拟定：通过诵读历代文人笔下含"水"的句子和诸子代表关于"水"的言论，体会"水"不仅是生命之源，更是文明之源，精神之源；通过诵读《孔子集语》中孔子论水的片段，进一步体会水之内涵；激发学生阅读经典的兴趣。

公开课上，我和学生导演了一部关于水的"大片"。是大片，就一定会有精彩的起承转合。

【起】文明之源——从甲骨文的"水"字出发，一路经篆书过隶书至楷书的"水"，来到了尼罗河、印度河、黄河及幼发拉底河、底格里斯河边，感受依水而生的文明脚步。在大禹治水、挪亚方舟的传说与神话里，感受人类对水的惧怕与迷茫。

【承】诗人之思——在李白、崔颢、李清照、骆宾王、陆游、李煜、朱熹、白居易等诗人的诗句里，感受着诗人的情感之"水"："抽刀断水水更流"的愁闷、"烟波江上""乡关何处"的苍凉、"花自飘零水自流"的情深意长、"白毛浮绿水"的童趣盎然、"山重水复疑无路"后的豁然开朗、"流水落花春去也"的亡国遗恨、"为有源头活水来"的智慧、"春来江水绿如蓝"的无尽追忆、"蒹葭苍苍""在水一方"的相思、"子在川上曰：逝者如斯夫"的惆怅……

【转】哲人之论——这是"大片"的主体部分，我们先回顾了诸子百家中几位伟大的代表人物关于水的言论：

1. 孟子之"性善若水"。"人性之善也，犹水之就下也。人无有不善，水无有不下。今夫水搏而跃之，可使过颡；激而行之，可使在山。是岂水之性哉？其势则然也。人之可使为不善，其性亦犹是也。"

2. 老子之"上善若水"。"上善若水。水善利万物而不争，处众人之所恶，故几于道。居善地，心善渊，与善仁，言善信，政善治，事善能，动善时。夫唯不争，故无尤。"

3. 庄子之"谦怀若水"。"秋水时至，百川灌河。泾流之大，两涘渚崖之间，不辨牛马。于是焉河伯欣然自喜，以天下之美为尽在己。顺流而东行，至于北海，东面而视，不见水端。于是焉河伯始旋其面目，望洋向若而叹曰：'野语有之曰："闻道百，以为莫己若者。"我之谓也。且夫我尝闻少仲尼之闻，而轻伯夷之义者，始吾弗信。今我睹子之难穷也，吾非至于子之门，则殆矣，吾长见笑于大方之家。'"

4. 孔子之"君子若水"。我们来到了春天的泗水边，那里正涨春潮，阳光普照着大地，桃红柳绿，草色青青，有琴声般优美的习习春风，给翩翩到来的春天伴奏。我们聆听着孔子向弟子们解释他为什么总爱在水边徘徊、沉思："夫水者，君子比德焉。遍予而无私，似德；所及者生，似仁；其流卑下句倨，皆循其理，似义；浅者流行，深者不测，似智；其赴百仞之谷不疑，似勇；绵弱而微达，似察；受恶不让，似包蒙；不清以入，鲜洁以出，似善化；至量必平，似正；盈不求概，似度；其万折必东，似意。是以君子见大水观焉尔也。"

在以现代文《孔子游春》导入后，我们依次完成了"六读"：读通——读懂——读趣——读记——读用——读背。我们读懂了"水乃真君子也"：拥有君子般遍予无私的德行、哺育万物的仁爱、无形和顺的情义、深浅自如的智慧、赴渊不疑的勇敢、绵弱微达的慎察、受恶不让的包容、鲜洁始终的善化、至量必平的正直、盈不求概的分寸以及万折必东的意志。并且，我们学以致用，将拥有各色品质的人物一一对应于水的不同特征，如诸葛亮的"智"、张飞的"勇"、包拯的"正"、雷锋的"德"等。

【合】内省之叹——最后，我们深情地喟叹着：水是有形的，她无处不在；水是无形的，她变化万千；水是刚毅的，可以滴水穿石；水是温柔的，有如母亲的爱抚；水是纯洁的，可以洁净万物；水是浪漫的，不同的笔下，承载着不同的情怀；水，用宽阔温暖的胸怀，包容着人间万物，用豪迈奔放的气概，涤荡着世间污浊。水，是生命之源，是精神之源。

在经典的土壤里，我们把对"水"的理解化成了润泽生命的甘霖和养分。从此，只要立于水畔，我想，学生一定会想起——上善若水，水乃真君子也！

是的，我只是选取了一个意象，然后在一部部经典里截取一点相关的内容进行组合。可是，在时间有限的情况下，这样的选择，无疑是可以让学生更好地接受的，是更有效的。起码他们是有兴趣的，他们是思考了的，他们是的的确确由此对涉及的《庄子》《孟子》《老子》《孔子集语》等产生了阅读期待的——在他们毕业前夕，我想，这样就够了！

而对于我来说，这准备与上课的过程，又何尝不是对自己精神的洗礼？君子若水，上善若水，作为教师的我们，也当有水的品质啊！

（三）

我由此开始了我的"主题诵读"尝试，李清照专题、苏轼专题、辛弃疾专题、"仁"专题、学习态度专题、如何交友专题……这一个个的主题诵读，给学生带去了丰富的精神大餐，也让我自己得到了提升。

于是，在我和学生的共读里，经典不再高不可攀，而是在不经意间变成了我们身边最亲切的部分。不需要郑重其事地花费许多时间，披上隆重的外衣，它就那么淡雅与清浅，带着绕梁的余音，带着回旋的香味，让我们不同的读者，有不同的体会。

是的，我是最平凡的一位老师，我的学生是最平凡的学生，我们无法令人瞩目，无法创造那么多惊喜，那么，就让我们淡淡地，一点点地，慢慢地与经典靠近吧！没有太多硬性的指标，没有太多量的要求，没有太多形式的考核，就这样，让我们带着一颗开放而谦卑的心，走近经典，走进经典。而后，在某个不经意间，我们能看到经典的种子已经发芽，已经悄然绽放出一朵淡雅的花，已经潜移默化地改变了我们生命的质量。

仁者乐山，知者乐水。我们虽远未成"知者"，但让我们亦以水一样的态度和胸怀，去修炼水一样的品质，去汲取水一样的经典养分，在有限的时间之维里，走一段水一样的历程，留下水一样的印记。

若水，若水，"人性之善犹水之就下"，让我们带着"天生性善论的圣贤追求"，以"出世"的情怀，行"入世"的责任。

天下有道，进而行之，让我们以"水"之道，行之！勉之！自省之！

2. 思行：用挑战突破自我

且读且思，且学且思，最后，且思且行。在一路的思考与实践中，我不断挑战与突破着自己：挑战着原本内向的性格，挑战着自己的组织协调能力，挑战着创新能力，挑战着高效完成任务的能力……

（1）比赛中的突破

这些年我参加了从国家级到省市区级的许多项比赛，包括课堂教学比赛、综合教学技能比赛、班主任技能比赛、诗歌创作比赛、文本解读比赛、教学设计比赛、朗诵比赛、辩论比赛、演讲比赛、经典诵读节目比赛等，都获得了很好的成绩。比赛的过程，是一种美丽的煎熬，更是一种加速的成长，各项比赛引领着我的专业素养一次次提升。

（2）教学上的突破

从 2007 年来到广州开始，在课堂教学上，我一直在不断思考。从"情化"的教学，到"情采"的教学；从教材内容的教学，到国学经典的课堂教学，到儿童诗的教学，到课外阅读的指导；从心理活动课，到综合实践课、主题班会课的公开课展示……我的思路越来越宽，视野越来越广，而方向也越来越清晰。

（3）担任科组长的突破

2011 年，时任石牌小学语文科组长的我，准备做一件"了不起的大事"——筹备一次"广州市小学语文素质教育基地学科展示活动"。除了组织开放课例、安排展示内容，更重要的是，准备召集语文老师们出一本书，提炼语文教学的经验与思考。这件事相当不易，我几乎利用了几个月的午休和晚上休息时间，从安排内容、确定人员、跟进进度，到校稿修改、排版设计……当取名为"陌上花开"的科组成果集在展示会上呈现的时候，我心中涌上的是莫大的满足，比自己获奖还要开心。这是一种分享的快乐，一种归属的快乐。我在书的扉页上写了一首诗——《陌上花开》，送给石牌的所有语文老师，感谢他们对年轻的我的支持：

陌上的小花

将阳光一朵一朵插在头上

陪伴着锄禾人的春华秋实

点缀着踏青者的如歌行板

陌上的小花

将风霜一杯一杯饮入胸中

淡望着风吹麦浪云舒云卷

静守着花开花落季节变换

绽放，尽管是在阡陌田野

幽香，不求有人赏闻

怀揣着白色黄色粉色的梦想

那是大自然赋予它们的使命

陌上花开

缤纷了四季的远隔

芬芳了汗水与耕耘

且举杯，且邀月

何不与熠熠星光共饮？

(4)担任学校中层的突破

2016 年，我开始担任学校的中层职务，主要负责学校的课程建设、综合性材料以及语文教学，此外还有很多繁杂的其他工作。我负责的课程建设工作，两年间屡获佳绩，学校课程成果获得了 2018 年国家级教学成果奖二等奖、2017 年广东省教育教学成果奖（基础教育）一等奖、2017 年广东省中小学特色课程建设方案评选一等奖。作为成果申报的核心成员，作为学校课程核心团队的创建者，我备感欣慰！学校也因课程研究项目被评为"广东省基础教育研究实验基地学校"。我还参与主编了《向着太阳　自立远行》一书，2019 年 6 月由暨南大学出版社出版。负责的综合性材料工作，则锻炼了我思维的逻辑性条理性，做事写文的高效性，让我说话、做事、上课都更加目标清晰。负责的语文教学工作，则让我对语文有了更多的思考，在团队建设方面有了更多的经验，在活动组织开展的创新性和有效性方面有了更多的尝试。

以语文教学为例，两年间，我组织了多次"同课会"活动，将外校的教学团队请进来，或让本校的教学团队走出去，两个学校的同年级教学团队进行"同课异构＋辩课解课"，不断思考与优化语文课堂教学"以生

266

为本的样式"。我们与长沙市东方红学校进行了"华红同课会"，与东莞市松山湖小学进行了"华山同课会"，与广州市开发区第二小学进行了"华开同课会"，与天河区天府路小学进行了"华天同课会"等。一次次同课会下来，老师们的思路更开阔了，思考更深入了。

以"华开同课会"为例，在两堂课结束后，我主持了研讨环节。首先上课老师就教学目标和教学策略进行两分钟的陈述，接着是双方团队各提出对方课例的四个优点和三个质疑点，然后分别就质疑点进行回应，最后再自由发言畅谈收获，即对"以生为本课堂样式"的思考。双方达成了以下共识：

1. 以生为本的课堂是"简约而不简单"的。简约的是形式，不简单的是教师的文本解读和课堂驾驭，要智慧地捕捉课堂生发点。

2. 以生为本的课堂，要明确教学目标，在教学目标的制定上要"有舍有得"。

3. 以生为本的课堂，要依据文本特点、学生特点，真正"以学定教"。"以学定教"体现在课前、课中、课后的各个环节。

图 3-15 主持华阳小学与
开发区第二小学的"华开同课会"

4. 以生为本的课堂，要真正关注每个学生，给予学生成长的时间和空间。

5. 以生为本的课堂，要有让生本落地的"抓手"。

6. 以生为本的课堂，更考验教师的教学智慧、知识储备、学科素养。

7. 以生为本的课堂，要能激活学生思维、发展学生思维，要能从浅层思维到深层思维、从低阶思维到高阶思维，要让学生兴致盎然地

"跳一跳摘苹果"。

8. 以生为本的课堂，一要守住根本，在学生方面守住以生为本，在教师方面要不断锻造自我，在语文教学方面要守住语文的核心；二要不断创新，教学形式不能墨守成规、一成不变，要"以学定教"、不断创新。

9. 以生为本的课堂，是语用性与人文性结合的，要用生本的方式达成教学目的。

对"以生为本"的课堂样式的思考，其实也是对"因情施采，情采圆融"的"情采"教学的思考。在一次次的比赛中、思考中、活动中、尝试中，我挣脱了一个又一个束缚自己的壳，见到了越来越广阔的天空。

(二)以"真"为鞋

1. 家国：真挚的情怀

一个有教育情怀的老师，同时也一定是一个有着家国情怀的老师。我们爱自己的学生，爱自己的学校，爱身边的朋友，是爱国；我们爱自己的家庭，爱自己的故乡，爱生活，也是爱国；我们爱为人类、国家、民族发展做出贡献的人，都是爱国。家是最小国，国是最大家，爱国，就是爱自己身边的一切。

回顾这些年，我写了不少爱国题材的诵读节目脚本。在写的时候，真是全身心投入着，真是从内心里震撼着。

2012年，我为石牌社区第四届校园艺术节的朗诵节目写了一首《家》。在这首诗里，从中国到广州、到天河、到石牌，我对自己脚下的土地表达了深深的赞美。这首诗收录在天河区政府组织出版的《风起天河》一书中。

家

（一）

黑眼睛黑头发黄皮肤，

我是21世纪的你的孩子，

我的目光穿越千年，

凝望你五千年长河中的波光闪烁。

你搏动的心脏，跳动着仁爱宽厚的脉搏，

你涌动的血液，奔腾着自强不息的浪波。

当忠诚的信仰与鲜血，洗尽百年的屈辱，

当昂首高吭的雄鸡，唤醒拂晓前的沉默，

你在疮痍之中傲立，以奇迹般的速度，

展现出了一个繁荣富强、朝气蓬勃的、崭新的中国。

我的家，在世界最夺目的东方，

她的名字叫中国。

（二）

这里有珠江绵延，云山苍翠，

这里有五羊含穗，木棉芬芳，

这里沉淀着岭南精华，

这里舒展着南粤气象，

这里洋溢着团结友爱、奋发向上、敢为人先。

折叠起是厚重的文明，

展开来是浩渺的烟波。

这座温暖的古城，

褪尽千年的沧桑后，

年轻依然，动感依旧。

我的家，是中国南部最包容的城市，

她的名字叫广州。

（三）

多少异乡人的脚步在这里停留，

多少梦想的花苞在这里绽放，

在霓虹的光影里，在喧嚣的寂静处，

传统与现代在这里平衡，

繁华与狭仄在这里融洽，

朴实与锐敏在这里交织。

这是广州最大的城中村，

是漂泊的心灵在喧嚣背后的怀抱，

是流浪的脚步在涉过荒凉后的停泊。

我的家，见证了广州二十多年城市化的足迹，

她的名字叫石牌。

（四）

听，晨风中琅琅的读书声，

看，夕阳下我们愉快的归程。

老师的谆谆教导，犹如春风化雨，

同学的友爱互助，恍若璀璨星辰。

"无墙教育"的愿景，

是我们坚定的理想，

家庭和社区的支持，

是我们坚实的后盾。

亲爱的学校啊，

90 年的风雨兼程，

90 岁的年华如锦，

岁月沉淀着上下求索的记忆，

年轮没有给你画上守旧的皱纹，

270

你依然灿如朝霞，健若青春。

我的家，在石牌最呵护的心田，

在你我欢聚一堂的石牌校园里。

（五）

我骄傲，我是中国的孩子，

我自豪，我是广州的孩子，

我欢悦，我是石牌的孩子！

我爱中国，我爱广州，我爱石牌，

我爱我的家！

2015 年 9 月，学校要参加天河区经典美文诵读比赛，我受到梁植的演讲稿——《回家》的震撼和启发，撰写了脚本《千秋家国梦》。这个节目最终获得一等奖，并且在粤港澳交流活动、广州市综合实践现场活动等多个场合演出，给观众带去了极大的震撼！

千秋家国梦

（一）归去来兮，千里还乡路

吟唱：(鼓声)居常土思兮心内伤，愿为黄鹄兮归故乡。(刘细君《悲愤歌》)

旁白：土尔扈特是一个非常古老的蒙古族部落。明朝末年，为躲避战争，族人搬到了伏尔加河下游去游牧。100 多年后，为了摆脱沙皇的奴役，年轻的首领渥巴锡汗，决定带着 17 万族人一直往东走，回到祖国去。

（悲壮的蒙古长调《嘎达梅林》起，舞蹈入。）

生齐：白草牛羊地，黄云雕鹗天。牛羊散漫落日下，野草生香乳酪甜。卷地朔风沙似雪，家家行帐下毡帘。故乡何处是？愁绝晚风前。故乡何处是？愁绝晚风前。(张养浩《上都道中》节选，萨都剌《上京即事》五首)

渥巴锡：不想再做漂泊无根的游子，我们要回家。告别水草肥美的游牧天堂，漫长的回家路上有饥饿、有严寒、有骑兵的追击，还有死亡。但

271

无论多么艰难，我们的目的地只有一个，那就是回国，就是回家！

　　齐诵：我徂东山，慆慆不归。我来自东，零雨其濛。

　　　　　我东日归，我心西悲。制彼裳衣，勿士行枚。

　　　　　蜎蜎者蠋，烝在桑野。敦彼独宿，亦在车下。

　　　　　我徂东山，慆慆不归。我来自东，零雨其濛。

（《诗经》之《国风·豳风·东山》）

（二）归去来兮，拳拳报国心

　　旁白：家国，国家，报国，为家，有国才有家啊！

　　齐诵：一寸丹心图报国，两行清泪为思亲。（于谦《立春日感怀》）

　　　　　苟利国家生死以，岂因祸福避趋之。（林则徐《赴戍登程口占示家人》）

　　　　　民族英雄的拳拳报国心，历史会永远铭记；

　　　　　仁人志士的千秋家国梦，一直在代代传承。

　　旁白：新中国成立之初，百废待兴，无数海外学子，放弃了国外唾手可得的金钱、名誉、地位，克服重重困难回到了祖国，钱学森就是其中的一位。他说——

　　钱学森：我是中国人，我的根在中国。我可以放弃在美国的一切，但不能放弃我的祖国！

　　齐诵：旅馆寒灯独不眠，客心何事转凄然？

　　　　　故乡今夜思千里，愁鬓明朝又一年。（高适《除夜作》）

　　旁白：今天，几乎在全世界各个角落，都有中国人奋斗的身影，但异国的风景再好，那也不是国，不是家！我们的家，在中国！

（三）归去来兮，梦圆人团圆

　　齐诵：阿里山上的盼望，日月潭边的乡愁，是一湾浅浅的海峡，我在这头，大陆在那头。

　　旁白：在一个只有15平方千米的小岛上，有个人叫吴采桑，早上他按妈妈的吩咐，进城去打花生油，谁知一去就到了海峡对岸，过了50年，他才回到家。

272

齐诵：欲归家无人，欲渡河无船。心思不能言，肠中车轮转。（佚名《悲歌》）

吴采桑：50 年啊，妈妈，我终于回来了！我日日盼着与您团圆，可迎接我的却是您的坟墓啊！

齐诵：悲歌可以当泣，远望可以当归。思念故乡，郁郁累累。（佚名《悲歌》）

阿里山上的盼望，日月潭边的乡愁，

是一方矮矮的坟墓，我在外头，母亲在里头。

我在外头，母亲在里头。

领诵：葬我于高山之上兮，望我大陆；

大陆不可见兮，只有痛哭。

齐诵：葬我于高山之上兮，望我故乡；

故乡不可见兮，永不能忘。

领诵：天苍苍，野茫茫，山之上，国有殇。

齐诵：天苍苍，野茫茫，山之上，国有殇。（于右任《望大陆》）

旁白：1997 年 7 月 1 日，香港与祖国团圆，我们热泪盈眶；

1999 年 12 月 20 日，澳门与祖国团圆，我们拍红了手掌。

我们还会等待着，守候着，等待那些近在咫尺，却远在天涯的亲人回家，团圆。

齐诵：我们会等待着、守候着，等你回家！

2016 年 9 月，我再次为学校参加天河区经典美文诵读节目创作了《大漠深处，马兰花开》。这个节目同样获得了天河区经典美文诵读节目的一等奖，并且在粤港澳交流活动上演出。

大漠深处，马兰花开

（一）

（孩子们围着老师画画，一个孩子跑过来。）

童问：你们在画什么呀？

童答：我们在画马兰花。

童问：马兰花，就是童谣里的那个马兰花吗？

童答：是呀，就是那个马兰花。

童齐：马兰花，马兰花，勤劳的人儿在说话；马兰花，马兰花，叫你开花就开花。

童领：我知道，在一望无际的戈壁滩上，在莽莽黄沙中，会有马兰花。

组1：蘘蘘叶如许，丰草名可当。

花开类兰蕙，嗅之却无香。

组2：根长既入土，多种河岸旁。

岸崩始不善，兰蕙亦寻常！（吴宽《马蔺草》）

童领：我知道，在荒凉的山坡，也会有马兰花。

女齐：身在千山顶上头，突岩深缝妙香稠。（郑燮《题画兰》）

童领：我知道，在死亡之海罗布泊的边缘，还会有马兰花。

男齐：为草当作兰，为木当作松。

兰幽香风远，松寒不改容。（李白《于五松山赠南陵常赞府》）

童领：狂风来了——

童齐：昨夜狂风度，吹折江头树。（李白《长干行二首》其二）

童领：沙暴来了——

童齐：回风卷落叶，翙翙带沙尘。（刘基《感怀》）

童齐：马兰花呀，狂风怒吼中，它在欢快地摇曳，沙暴蔽日里，它在从容地唱着歌。

女齐：马兰花，马兰花，勤劳的人儿在说话；马兰花，马兰花，叫你开花就开花。

（二）

（师生退，男女领出列。）

女领：马兰花，看这刺骨严寒，冻伤你了吗？

女齐：严寒动八荒，刺刺无休时。

　　阳乌不自暖，雪压扶桑枝。（刘驾《苦寒行》）

女领：马兰花，看这炎炎烈日，灼痛你了吗？

男齐：上有烈日，下有焦土。

　　上有烈日，下有焦土。（可朋《耕田鼓诗》）

男领：马兰花呀，你就是荒凉大漠中最动人的生命乐章！

男齐：士，不可以不弘毅，任重而道远。仁以为己任，不亦重乎？死而后已，不亦远乎？《论语》

男领：敢问儒行？《礼记》

生齐：苟利国家，不求富贵。《礼记》

（三）

（师生重新上场。）

师领：孩子们，在新疆神秘的大漠深处，那些怒放的马兰花，见证了一段最艰苦的岁月，见证了一大批隐姓埋名的科技工作者，在那里抛洒了青春和热血，乃至付出生命的代价。

组2：常思奋不顾身，以徇国家之急。（司马迁《报任安书》）

师生：路漫漫其修远兮，吾将上下而求索。（屈原《离骚》）

女齐：一腔热血勤珍重，洒去犹能化碧涛。（秋瑾《对酒》）

男齐：一身报国有万死，双鬓向人无再青！（陆游《夜泊水村》）

师领：他们干的是惊天动地的事，做的是隐姓埋名的人！

生齐：干的是惊天动地的事，做的是隐姓埋名的人！

师领：但是英雄不应该无名！历史会永远铭记，年年绽放的马兰花会永远铭记：

（背景画面：大漠，黄沙，马兰花，英雄墓碑……罗布泊上第一颗原子弹爆炸成功，第一颗氢弹爆炸成功……浮现人像及名字：邓稼先、钱三强、程开甲、林俊德、朱光亚、王淦昌、陈能宽、彭恒武、郭永怀、周光召……学生同时诵读。)

男齐：平沙莽莽黄入天，英雄埋名五十年！

男领：苟利国家，不求富贵。

生齐：苟利国家，不求富贵。（《礼记》）

男领：鞠躬尽瘁，死而后已。

生齐：鞠躬尽瘁，死而后已。（诸葛亮《后出师表》）

女领：战士有战士的告别，你们永远不会倒下！

组1：以智殉国，铸就中华民族的铜墙铁壁，

两组：至死攻坚，绽放成死亡之海的马兰花。

生齐：少年智则国智，少年强则国强！（梁启超《中国少年说》）

女领：让我们胸怀报国之志，铭记历史，铭记英雄，为中华民族伟大复兴而努力拼搏，（齐)贡献力量！

男领：大漠深处，马兰花开，让我们以此，向为祖国科学进步殚精竭虑的功臣们，向这些默默奉献的科技工作者们，向我们心中的偶像们——

生齐：致敬！！

图 3-16　经典美文诵读节目

2. 生命：真挚的感悟

四年级下册有一个"热爱生命"主题的单元，几篇课文分别是《触摸

春天》《永生的眼睛》《生命 生命》《花的勇气》。对生命意义的思索，是伴随我们一生的，思考生命，热爱生命，就是生命的一部分。

2008 年 5 月，怀孕在家的我，没有停止对教学的思考，每天在院子里散步，看草木摇落，季节枯荣。它们都成了我思考的对象，都能让我想到我的学生们。我大着肚子写了一篇文章《春语》，后来发表在《天河教育科研》上。现在看来，我还是很欣赏那时候思维没有停滞的自己，时光静美，思想如花。

春　语

蜗居了一个春天，从春分到立夏，没有上班，也不去闲逛，每天最常做的事，就是坐在阳台上，望着院子里的绿肥红瘦，落叶与新芽。没有办法，因为孕期的一些状况，我只好提前休假了。怀着对新生命即将到来的忐忑与喜悦，以及对学生的牵挂，在这段悠闲的时光里，思绪，亦缓慢而悠长……

之一：春叶

这是被评为绿色园林式单位的一个院子，生长着许多高大的乔木，南国的树，鲜有这样傲然的，它们都比较"高龄"了。因其高大，且多为落叶乔木，大半个春天，真是落得繁华。只是辛苦了负责打扫的两位工友，一位都 60 多岁了，每天至少要扫上三四回，且每扫到前面一点，后面又开始"铺地毯"了。

老工友姓罗，一个炎热的下午，我见他扫得汗湿衣襟，禁不住对他说："老罗，这些叶落得烦人，你就辛苦了！"老罗一笑："要是不落叶，就长不了这么高大啰！再落两个星期就差不多了，不辛苦！"

我一怔，这树之于我们而言，"得"，是直入云霄的气势与风景，"失"，则是为清扫它的落叶短时的辛劳，显然是得大于失，有"小失"才有"大得"。那么教育学生呢？是不是也得"有失才有得，有放才有收"？

之二：春草

两个负责园艺的工人是一对夫妻，四五十岁的年龄，却已生华发，每天见他们剪枝、拔草、浇水忙个不停。院子里铺的草皮都是高价购来的"台湾草"，显得整齐而美观，只是在这万物复苏的春季，各种杂草都展示了它们强劲的生命力，从台湾草的缝隙间探出头来，并且拼命扩张着生存的空间。要拔除它们不是一件易事，光办公楼前的那一片，就见他们忙乎了好几天，还有家属区那么多的草坪，真是够累的！当两位工人在我们这栋楼下拔草的时候，我发现他们只是选择性地拔除了一部分杂草，留下了两种圆形小叶的草，其中一种还开了点零星的紫花。问他们为何不像拔办公楼前的杂草一样全部清除，男人回答说，办公区讲究严肃整齐，所以全部拔除；而家属区就可以放松一点，有的杂草具有破坏性，会影响台湾草的生长，必须拔除，而有的不会大肆生长，而且还漂亮，就留着了。

细想一下，还真有道理，只要无伤大雅，且求同存异，也会是别样的风景。就像对待学生，也要一定限度的"求同存异"，才不会僵化他们的思维和创造力，禁锢他们的行动吧！

之三：春花

春分时节，为这个南国花城做最绚丽的点缀的，当属木棉。院子里的五六棵木棉树，都"饱经沧桑"了，树皮斑驳，树干粗壮，直耸云霄，在高空尽情地舒展着庞大的身躯。严寒过后，别的树木都忙着发芽长叶的时候，这木棉树，却是忙着开花，在那光秃秃的繁杂的枝干上，不用一丝绿色做点缀，开满大朵大朵红艳艳的花。花瓣肥厚，花萼结实，花蕊密致，每一朵花都像一个喇叭，向高空吹奏着高昂的曲子，周遭低矮一点的绿树更让它显得"鹤立鸡群"。它热烈地开，又热烈地落，每天树下都不断有捡花回去当花茶的人。但它的花期甚短，一树繁花落尽，也不过半月左右，然后，再从光秃了的枝头，开始长出绿芽。至立夏时分，早已是一树浓绿了。

好奇特的树！好奇特的花！不逐流，不苟同，不犹豫，在这个季节展示着别样的美丽。作为教师，是不是更不应该狭隘地去看待学生表面的那些"叛逆"呢？也许那仅仅是成长、发展的顺序性、阶段性有所不同而已，若会引导，更会欣赏，说不定会发现他们其实是更优秀更有天分的学生。

与木棉花迥然不同的是一种叫"勒杜鹃"的花，广泛地开在花城的各个角落，开在许多包括我家的阳台上。紫红色，五瓣，小小的花，像一把小小的油纸伞，没有香味，也不夺目，静静地，只需一点阳光、空气和土壤，就一年四季常开不败。我喜欢这份不争不闹的沉静，正如那些比较沉静的学生，他们不会吸引老师最关注的目光，在春天的那片姹紫嫣红里，他们的色彩常被忽略。但是，他们不会少一分的勤奋与思考，他们一步步的脚印，也许更踏实。

烂漫的春花，以各种方式绽放着自己的美丽。我的学生们，何尝不是一个个美丽而独特的个体呢？

之四：春树

文人们感叹"一叶知秋"，然而你有过"一叶而悟生命"的体验吗？阳台上有两株"肉树"，说是树，其实很矮小，看上去不过是普通的盆栽植物，但是它的叶肥厚而多汁，生命力极强，只要偶尔飘洒几点雨水，就能生存下去。我想即使是荒漠，也难不倒它吧！开春后，它又新长了许多叶子，而老的叶子又不曾落，我嫌它太密了，于是剪掉一些叶子丢在土里。几日后，出现了让我惊叹的现象：每片叶被剪断的地方，居然在生根发芽！太不可思议了，一片叶居然是一个生命之源。谁言生命脆弱，在这里，是何等顽强！

对于那些未曾经历风雨、尚未形成独立能力的孩子们，要教给他们的最重要的东西究竟是什么？除了知识，什么是迫切需要培养的呢？

之五：春娃

预产期临近了，每一次胎动都会让我增添一份"母亲"的感觉，然而也难免生发出一些担心与焦虑，比如分娩，比如抚养，比如责任等。一个月前，医生检查说胎位不正，于是我试着每天都对肚子里的宝宝说："你是最聪明最乖的宝宝，一定可以自己调整过来的，妈妈相信你。"我想他一定感受到了我在对他说话，因为他每次都会动一动表示对我们的谈话的配合。让我欣喜的是，现在的胎位居然正了，一定是小家伙听懂了，努力了，我真为他骄傲。

呵呵，对待我的学生，我还得更加信任才行。因为爱与信任，会创造无限精彩与奇迹。

多久没有这样悠闲、细致地体会过一个完整的春季了？噢不，是生命中还从未有过这样的体验吧，过得太马虎和匆忙了！春天是万物复苏的季节，美丽、清新，充满勃勃生机。它嘲笑迟暮，杜绝成规；它适合思索，适合改变；它是一颗希望的种子，是生命最有力的交响。

谷雨那天，班上调皮的"小天王"给我打电话："老师，你什么时候回来教我们啊？我们好想你了，等你生了宝宝我就来看你。"我的心让温暖轻轻地拍打着，很想念他们了，想念听话的淘气的所有的那些小家伙。我带着微笑，怀想着他们一张张童真的脸，有许多话想对他们说，许多事想同他们做，许多新的感悟想和他们分享，想让他们感觉到，成为母亲后的老师，和他们更贴近了。

春天的旋律又到了尾声，低吟浅唱，婉转而悠扬。我的宝宝就要出生了，我的那些学生们，他们有没有一些改变呢？

3. 本心：真挚的守护

2018 年 3 月 4 日，春天。在家连续加班两小时后，我感到颈椎、肩膀都疼痛难忍，头昏脑涨。于是去华南农业大学骑车放松，骑行一阵后，欢喜不已，在微信朋友圈发了一通感慨。感慨于不经意间，教书已近 20 年；感慨于走过那些一度认为艰难的岁月后，我还有着"春风在怀，处处缤纷"的心境。从长沙到广州，从"边缘学校"到"生本名校"，

每一个明天

缤纷时节，骑行春风里，看樱花飞舞，紫荆摇曳，温柔如纤。风花当饮，忘肩颈酸痛，看枯荣更替，天地大美，默默不言。（3.4.华农）

2018年3月4日 10:24 删除

图 3-17 春天骑行后有感而发

从懵懂纠结到自信成熟，每一段经历都是岁月的馈赠，赠我以春之嫣红、夏之澄碧、秋之金黄、冬之雪白。

我享受与孩子们度过的每一个 40 分钟，只要走上讲台，我就会忘却其他，一扫疲惫。每一堂课，都可以绽放思想催开的花朵，都可以流淌情怀与情趣铺垫的快乐。我喜欢王小波笔下"有趣的灵魂"，所以我的课堂在民主平等轻松的氛围中、在有趣的问题探讨中、在真实碰撞的合作与对话中，也经常能发出"生动有趣的灵魂"的声音。

我喜欢看孩子们笔端留下的文字，经常指导他们把文字变成报纸杂志上发表的印刷字，变成一张张获奖证书；我喜欢他们童稚与诗意的表达，我鼓励他们用上童年最美的语言——儿童诗；我喜欢通过一次次精心组织的活动，去涵养他们的品行，如演说家活动、义卖活动、大树下的朗诵活动、公园读书会活动、北部山区学校和社会福利院送爱心活动等。我喜欢，是因为孩子们喜欢；我喜欢，是因为懂得，懂得不必功利，不必急切。因为懂得，所以常怀怜爱，常怀感恩，常怀宽容；因为

懂得，所以珍惜与每一个学生的相遇。

我欣慰于教过的孩子们真实的成长，他们是一个个独一无二的生命，都有属于自己的独特的成长轨迹。面对他们，我会等待，静待花开；我会激励，用爱唤醒；我会给予宽容、尊重、理解与体谅；我会不偏袒、不忽视、不放弃。

我想起三年前在长沙时教过的那个学生，多方打听几经周折来广州看我；我想起那个两年前我教过的孩子，在办公室门口探头探脑，拿着自己分到的午餐水果一个劲地说要送给我；我想起那个受到我的鼓励，升中后果然有了全新开始的男孩，一开学就喜滋滋地来告诉我；我想起那天在结束与家长的一通电话长谈前，家长哽咽着说十多年来感觉对孩子的了解还不如我多……我深深觉得，能成为一名教师，何其幸运！用自己的教育情怀与热情，去尽量点燃、激励和唤醒一颗颗童真的心灵，这，就是我守护的"本心"。

我想起上学期做的一个统计，只带了一年的这班学生，一年下来有20多人发表了文章或获奖；我想起几个已读高三的孩子来看我时说，还深深记得当年上过的一些语文课，还能如数家珍地说起哪篇课文的课件播放的是什么乐曲；我想起遇到区内一个语文教师，她拉着我激动地说起八年前听我上的课《凡卡》和《伯牙绝弦》；我想起那天坐在台下，听到广州市教育研究院的黄利教授给老师们做讲座时，又举了我多年前上过的一节班会课《童年》的例子，说对学生的呵护，就体现在不经意的言语间；我想起那次接待美国校长团的单元巩固课例《再回首》，上完后华南师范大学的王红教授流着泪的点评，以及一位美国校长课后激动地找我谈感受；我想起那个端午节小长假，白天和家人看完开平的碉楼，晚上就在客栈备课到深夜——那节作文课《有你，真好》，有幸作为示范课入选了部编新教材教师用书的配套光盘；我想起那次在珠海，为省内老师们上统编新教材示范课《青蛙写诗》，和一年级孩子共度的那节课是那么欢快……我深深觉得，能成为一名语文教师，何其幸福！用心呵护孩子的成长，和孩子一起共享快乐的、有效的、美好的语文课堂，这，就是我守护的"本心"！

我想起这些年的各种参赛经历，参加省市区的阅读教学比赛、青年教师教学技能比赛、教学能手比赛、教师素养比赛，还有演讲赛、辩论赛、书法赛、诗歌创作比赛、论文比赛、征文比赛、名教师选拔等赛事，那些无数挑灯夜战的日子，以及抽屉里满满的奖状证书；我想起申报的课题"基于刘勰'情采论'的小学中高年段语文阅读教学研究"终于获得了广州市教育科学"十二五"规划课题的立项，并且课题得到广东省教育厅教研室吴惟粤主任、广东第二师范学院桑志军教授、华南师范大学陈建伟教授、广州市教育研究院小学语文教研员林玉莹老师的赞赏；我想起经过不断的思考和提炼，我的"因情施采、情采圆融"的"情采"教学主张一步步明晰，教学风格文章入选了闫德明教授主编的《如何形成教学风格——名师典型案例的多元解读》一书……我深深觉得，作为一名教师，最重要的就是要不断学习，不断阅读，在学习、思考中提升自己，同时，要无惧挑战，在一次次挑战中完善自己。走在教学的路上，无惧挑战，不断成长，这，就是我守护的"本心"！

我回望过去，回望那些众多的公开课，比赛课、示范课、研讨课、交流课、指导课……有的课几年后看，我还会为当时的某个环节欣慰，有的课则感觉不忍再睹。更多的时候，我会觉得更精彩的某个环节、某次互动，不是在公开课上，而是在日常的教学课上。我经常否定自己，不断反思自己，常常叩问自己，我知道我始终需要思考的是：我是谁？我从哪里来？要到哪里去？——我的课从哪里来？要到哪里去？怎样去？我的课堂越来越尊重真实、欣赏平实，越来越喜欢删繁就简，懂得简约与留白。我深深觉得，悦纳每一个阶段的自己，不懈怠每一个阶段的努力，不憾于过去，不怅于现在，只在不断思考与行走中，把握好现在。让自己不断成长，让自己和学生一起不断成长，这，就是我守护的"本心"！

2018年3月21日，上完一节语文课后，我写了一段这样的随笔：花了十分钟，让学生看74岁的陈彼得唱《青玉案·元夕》，听他朗诵艾青的《我爱这土地》，听他说诗词是遥远不绝的呼唤。老人的白发与热泪，都化成了最动听的音符。虽然那堂课原先准备的内容没有讲完，但是值得，因为苏格拉底说"教育不是灌输，而是点燃火焰"。

我常常吟唱着《青玉案·元夕》："东风夜放花千树，更吹落，星如雨。宝马雕车香满路。凤箫声动，玉壶光转，一夜鱼龙舞。　　蛾儿雪柳黄金缕，笑语盈盈暗香去。众里寻他千百度，蓦然回首，那人却在灯火阑珊处。"

"众里寻他千百度，蓦然回首，那人却在灯火阑珊处。"永远相信美好，永远拥抱希望。我希望每一个学生与我的遇见，都是最美的相逢。我们会共享最快乐的课堂，共看最美丽的风景，共创最温暖的奇迹。这，就是我守护的"本心"！

第四章

此心安处：
真挚温暖的"情采"表达

　　这是 2013 级 2 班学生睿熙同学送给我的一幅画，题为《岭南果香》。岭南果香，是岭南人故乡的味道。而这里，也是我的第二故乡。2018年 11 月 3 日，听学校五年级(1)班的一堂语文课，王老师带着孩子们学习《珍珠鸟》，课的尾声，是孩子们以"信赖"为内容，用比喻的修辞手法，抒发自己的感受。坐在最后一组最后一排的一个男孩站起来说："信赖就像是黄昏时天边的那抹夕阳，指引着漂泊的人回到故乡。"我一下就像被击中了胸膛，泛起温暖的感动和温柔的疼痛。故乡何处？有的人一直都在背离，而有的人一直都在寻找。李元胜的诗歌《远方》里写道："永远不会到达，永远也不能云淡风轻……它们仍在奔赴，满怀希望，永远不会在途中融化，永远不会蘸满尘世的悲欢。"

　　"此心安处是吾乡。"在那些温暖过、信赖过我的目光里，在那些流淌着、生长着美好的课堂里，在那些默默的、平凡的陪伴里，在迎来送往的一张张纯真童稚的面容里，我找到了我的"此心安处"。

一、美好的遇见

（一）学生：言由心生的美好

2018 年 6 月 1 日，儿童节，我的办公桌上有一份邀请函，粉红色的信笺，考究的措辞，是 2013 级 3 班的家委会会长让我给毕业册写留言的邀请。我望着窗外，迟迟没有动笔，许多回忆涌上心头。又一批孩子们要毕业了，虽然当老师的常常在迎来送往，虽然这个班只教了一年，但我还是非常不舍。因为这一年间，我和学生已经建立了深厚的感情，我们共享了那么多"情采语文"的快乐学习时光。最终，我写下了短短的《致六（3）班的孩子们》：

感叹一年的师生缘，如同最和煦的风，清凉了炎夏；

感叹六月的一天天，都化为音符，奏响了离别。

亲爱的孩子们，我只能将不舍放在心底，然后对自己说：

作为老师，就该习惯一次次目送，目送着祝福。

非常享受和你们共度的每一堂课，课堂上那或精彩或羞涩的回答，那或自信或迷茫的眼神，那或调皮或真诚的笑脸。

非常享受批阅你们的作业，作文本上那或深刻或单纯的观点，那或朴实或华丽的用词，那或诙谐或严肃的文风。

希望你们能从心底里，喜欢语文，并享受学习语文。

希望你们能与阅读为伴，在阅读中且思且行，当你喜欢上阅读，你就会发现：不管在怎样的境遇里，都不会孤独寂寞。

希望你们尽量善待他人，用温暖和爱点亮身边的世界。

希望你们尽量善待自己，用理想和信仰点亮自己的世界。

希望你们阳光自信、坚强勇敢，乐观充实地迎接每一个明天。

最后在这个美好的日子里，祝你们：节日快乐！

童年终将远去，让童真永远留在你们心里。

写完后我依然静静地坐着，回忆着一年来与这个班的孩子在课堂上的一次次互动，回忆着他们一次次精彩的回答。那真挚温暖的话语和文字，是一场场言由心生的美好。

1. 我们感受的"匆匆"

还记得教学朱自清的名篇《匆匆》时，我们尽情分享的感受。"逝者如斯夫！不舍昼夜"，在"匆匆"的时间洪流里，不管是成人，还是孩子，都有着同样的共鸣。

思睿说，人生是一场单程旅行，时间就是人生的单程票，人们只有在时间流逝到尽头的时候，才会埋怨和叹息。

莉筠说，你所浪费的今天，是昨天死去的人所期望的明天；你所厌恶的现在，是未来的你渴望回到的昨天。抓紧时间，就是对自己负责。

承孛说，看看我出生时的照片，再看看现在的模样，我不禁感叹：时间过得真快啊，一下我就快 12 岁了，会不会再一眨眼，我都已经建立自己的家庭了呢？

子腾说，这个世界只是让你去尽情体验，并不会让你挽留。你所有经历的时间，最终都会变成一颗颗不起眼的小石子，飞入时间的洪流中。

承泽说，我们可以争取追赶时间的洪流，哪怕要跨过荒漠、高原和山峰；哪怕要穿过峡谷、沼泽与河流。我不敢虚度，要力求上进，真行动才是硬道理。

逸轩说，我有了和朱自清同病相怜的焦躁，我急啊，我能做些什么呢，谁知道一个现在还没有丝毫学历的小孩有着的伟大抱负呢？

子琪说，有人说，时间会使最亮的刀生锈，岁月会折断最强的弓弩。在无限的时间中，我们都是那样的脆弱与渺小。

梓苒说，就像王尔德说的，没有一个人富有得足以买回他的过去。是啊，让我们珍惜时间，不惜时于今日，必留憾于明天。

炜璇写下小文《"琵琶吟"里谈"匆匆"》：

音乐如水，万千变化；音乐如诗，沁人心脾。音乐，可以抚慰心灵，点亮平凡，可以激发我们的思考，让感悟更深刻。

"燕子去了，有再来的时候，杨柳枯了，有再青的时候……"当我们朗读朱自清的散文《匆匆》时，肖老师播放了《琵琶吟》。那空灵而忧伤的旋律，和朗读声交织在一起，仿佛一张透明的网，笼在每个人的心头。

我的眼前，仿佛出现了一片汪洋，黑沉的天幕上空，一个个小水珠往下滴落，荡起波纹，又转瞬即逝。"像针尖上一滴水滴在大海里，我的日子滴在时间的流里……"我心头莫名烧起一团火，火里有恐惧，有无奈，有迷茫。我赶紧抽出手想从这片汪洋里捞回滴落的水滴，但突然发觉这行为是如此可笑，这世间有谁能阻挡时间的洪流？

我们读完了，乐曲还在继续。前段的如泣如诉感，到了后面，渐强的旋律仿佛朱自清笔下那一声声追问："我们的日子为什么一去不复返呢？去来的中间，又怎样地匆匆呢？我留着些什么痕迹呢？我何曾留着像游丝样的痕迹呢？"

是啊，就如不可能捞回落在大海中的水一般，我们不可能挽回逝去的时间，也不可能阻挡时间的洪流，但我们可以在拥有的短暂时间中留下点什么，让自己走过的生命更有意义。活好每一刻，不枉在这世上走一遭，不负那些关爱我的人的期望。想到这里，我的心中豁然开朗。

一曲终了，余音绕梁，笼在我心头的网似乎也消失了。

望望四周，老师没变，教室没变，同学也没变，而我，似乎变了。

我记得上完这一课后的那个星期，学生的表现都空前地好，班主任老师都说他们好像懂事了很多。我想那是因为感叹时间不可遮挽，更珍惜了吧！

2. 我们融入的大自然

《山中访友》《山雨》《草虫的村落》《索溪峪的"野"》，六年级上册的第一单元为我们展示了一个有声有色、有情有义的大自然。学以致用，单元习作时，我引导学生尽量打开思路，发挥想象，让自己当成大自然的一员。我甚至还举了自己童年时的"荒唐"例子：在池塘边遇到一只小蜻蜓，我把它抓住关进盒子里，每天拿饭粒喂它，观察它，和它说话。一段时间之后，它还是死了。我把它埋在池塘边，用小木牌竖起块碑，写上"小蜻蜓之墓"，带着野花去看它……我告诉他们自己的"糗事"，告诉他们这才是童真。孩子们的思路被打开了，交上来的作文果然是不拘一格。单看他们的作文题目，就让人耳目一新：《草原侠客行》《我的草生》《黑狼蜘蛛的早餐》《一只蚊子的命运》《看着点你的脚下》《鸟瞰世界》《一条思考生命意义的蚕》《草原晨曲》《森林也疯狂》《狩猎狂想曲》《人生需要寂寞啊》……"倾听大自然的声音，与大自然互诉心声、交流感受，细心观察，展开想象和联想，写出独特感受"的单元目标，在这一篇篇独特有创意的作文里，全都达到了。曾子昂同学写的《一只蚊子的命运》，还获得了广东省"粤星杯"小学生作文大赛的一等奖。

一只蚊子的命运

终于，太阳公公结束了它今天的使命，疲倦地爬下了地平线。暮色席卷而来。

它，一只小小的蚊子，早就在此等候多时了。它知道，过一会儿，就会有一个男孩将门打开，拿着一个筐子出来，将那些挂在一根根杆子上的布收下来。他们管这些布叫"衣服"。

果然，不一会儿就有一个人打开门，开始收衣服。它真的很想喝他的血，它在这儿已经等了两天了，饥肠辘辘，都没有抓住机会进到屋子里。它试过几次想咬收衣服的人，可都没有成功。所以，它这次直接飞

290

进了屋里，随便找了个偏僻的角落待着，直到所有人都去睡觉。

它感觉似乎过了一个世纪，他们才一个个上床睡觉。但在另一个房间里，仍然还亮着一盏灯，它慢慢地向那边飞去。

一张凳子上，坐着一个男孩，就是之前收衣服的那个人，似乎正在埋头苦写什么。它想靠近些看，但那个男孩似乎听到了它翅膀的嗡嗡声，感觉到了它的存在。那个男孩猛地转过身，它的反应极快，"嗖"的一下藏到了凳子底下。那个男孩警惕的眼神在四周看了几遍，才放心继续写。它舒了口气。这时，它的肚子又叫了。它心想，刚刚一堆血就在我面前我都没吸，可能是饿得都没食欲了。于是，它飞到一条腿上，贪婪地吮吸着新鲜的血液。它干渴的喉咙得到了滋润。它继续吸着，任由这咸腥的鲜血在口腔里肆意流淌，它好久没有这种畅快淋漓的感觉了。

突然，那个男孩的腿抖了一下，但他似乎没有感觉到自己腿上的瘙痒。它又换了个地方继续吸血。这时的它，已经完全置身世外，仿佛现在这个世界上只有它自己和那个男孩的血。但它没有料到，那个男孩已经感觉到了腿上的瘙痒。

可是，老天爷似乎对它钟爱有加。就在那个男孩准备用手挠痒时，它正好喝够了，一看到一只大手压来，赶紧飞开了。这一次，它暴露了行踪。那个男孩看看自己腿上的两个大大的红肿的蚊包，又看看它鼓鼓的肚子，眼睛里充满了愤怒和仇恨。它打了个冷战，突然有种不祥的预感。那个男孩小心翼翼地走过来，一巴掌扇过来，它快速地往右飞了几厘米，才侥幸逃脱。接着，它一会儿飞高，一会儿俯冲，一会儿左闪，一会儿停住不动，企图让那个男孩眼花缭乱，无心恋战。但它没有得逞。那个男孩似乎知道，现在如果不打死它，今晚就无法睡个好觉。当它停下来时，居然气喘吁吁了，它平时从不这样。它看了看自己圆滚滚的肚子，忽然想起，自己刚刚饱餐一顿，导致现在飞得不如以前灵活了。它后悔极了，这次老天爷再也没有给它机会了，那个男孩瞅准时

291

机，"啪"的一下拍了下去。它躲闪不及，被打掉了一扇翅膀，重重地摔到了地板上。它痛苦地扭动着身体，企图躲过这致命一击。但为时已晚，男孩的拖鞋重重地砸了下来。它还没来得及最后看一眼这个男孩的房间，就悄悄地离开了这个世界。

男孩确定这只蚊子死掉后，就安心地关灯睡觉了。

一切归于寂静……

第二天清晨，当第一束阳光洒进男孩的房间时，我们依然能看见，那个男孩的拖鞋上，仍然粘着那只带着血迹的蚊子的尸体。

朱逸轩同学写的《螳螂大侠的人生意义》，真是让我忍俊不禁。

螳螂大侠的人生意义

一觉醒来，伸个懒腰，春风撩人哪！我这个草原十里八乡都大名鼎鼎的螳螂大侠——起床了！

我的大刀锋利无比，想当年在草原上十步杀一虫的我，现在住在一个小窝里悠然自得地当个老炮儿，每个月靠收一点儿保护费过活。我罩着的这片草地，草肥花美，诸虫安居乐业，我觉得非常欣慰。

一天中午，老蚂蚁在高粱下讲故事，讲到一个地方时引起了我的注意。它说那里是一个仙境，有吃不完的果子青草。我急忙追问那个地方在哪儿，它说："朝着太阳的方向一直走，有着仙乐和圣光的地方就是。"我整理了一下口粮，带着满怀的憧憬，向着圣地出发！

但是我跑得太慢了，突然看见了一只蜻蜓！我立刻隐蔽，说时迟那时快，我一下子跳到它背上，用大刀掐住它，说："不许动！不载我就干掉你！"它说："行，行！你……你要去哪儿？"我说："我说咋走就咋走！往前！"

有了"飞机"真是如虎添翼，走了三天，目的地快到了。蜻蜓趁我不注意，把我甩了下来，我的大刀好像勾住了什么东西，甜甜的，是……

蜂蜜！我一抬头，一群"轰炸机"看着我，咻！一根"箭"飞了过来，我一闪躲过，想：那就打吧！我像火箭一般弹射，蜜蜂一只、两只地倒了下去。

解决完它们的我继续赶路，一路风景平平，我没有看到老蚂蚁所说的仙境。难道我是被忽悠了？路上再没有碰到谁，我只好迈着沉重的步子一步一步朝前走。

夕阳西下时，我走到了一条河边，河水闪着金光，河边有几棵树，有鸟儿在树上歌唱，清风拂过我的脸。我想，这就是圣地了吧！

只是这里没有我的虫小弟们需要我罩着，我也没处收保护费了，鸟儿唱了一会儿歌也飞走了。夜晚来临，我望着满天的星斗，又开始回忆年轻时那些风光的往事。也许，我真是老了！

我的人生，最有意义的是什么呢？是有过高强的武艺？抖过潇洒的威风？罩过弱小的兄弟？还是看过美丽的风景呢？螳螂大侠我，陷入了沉思。

3. 我们思考的春天

每个人都有过对春的思考，不管是文人墨客的伤春惜春，还是垂髫小儿的闹春喜春。"春"之一字，多少美好，多少憧憬，多少希望！六年级下学期的一次单元测试，作文题目是关于对"春"的思考。考前，我做了几分钟的引导，让他们思考，在"美景"之外可以写些什么。交上来的文章很多角度独特、内容真挚，让我欣喜不已。我选了几篇投到《新快报》的"新教育"专栏，没想到有三篇文章以专刊形式同时发表了。

羽彤写的《轮回》：

冬天来了又去，春天去了又来，如此轮回。那么，到底是因为冬天才会有春盛，还是因为有春天才会有严冬？这就跟鸡与蛋的问题一样，谁都无法解答。春天固然是万物生发的美妙时节，但若没有寒冬给生命

293

施下的沉睡魔咒，我们哪还能感受到大地春回的绚烂？

春天的确是美好的，但并不代表其他季节就不美好。相反，正是因为有其他季节周而复始不断轮回，我们才能为春天而震撼，全身心感受春天的美丽，才能触到我们心里的那块最深，同时也是最柔软的地方。

人的心中，也有一处春天。这处春天，或许是对苦难者的悲悯，或许是在绝境中保持的希望，或许是冲破世俗枷锁后获得的自由。在 16世纪，就有一位如春天般的少女，她叫作贞德。正值花朵般年华的她，却义无反顾地拿起本不属于她的刀枪，为了自由，为了信仰，更是为了自己的国家——法兰西。她如胜利女神般带领着希望，将土地一寸寸归还给它原本的所有者。即便是在牢狱中，在法庭上，在病魔与死神面前，贞德依旧不屈不挠。她相信，她所深爱的祖国，总有一天会迎来春天。

她的信仰与勇气，不正是一个让人为之震撼的春天吗？

季节轮回中，拥抱春天的生命，无比美丽！

华师附小高级教师吴彩虹在文末点评："'轮回'是一个深奥的话题，文章开头新颖，具有先声夺人之效，使读者产生了兴趣。语言叙述自然流畅，结构紧凑，衔接自然连贯，选取事例符合主题，中心突出，结尾再次点题，呼应开头。从季节'轮回'联想到了春天，写出了独特之处。"

佩欣写的《春天，话离别》：

人们容易伤春，也容易悲秋。看过春天的繁花似锦，人们就难以接受花朵凋谢的凄凉，总想把如春天般美好的东西长久地留住，不愿离别，对李商隐的"相见时难别亦难，东风无力百花残"感同身受。

但是我认为：人生的离别，无论是还能相见的离别，或是无法再见的离别，从某种意义上来说，都是好的。

没有离别，就不会珍惜相聚的美好；没有离别，就感受不到重逢的喜悦；没有离别，就无法发现曾经拥有过的东西其实是那样美好；没有离别，就不会反衬出那浓浓的幸福的滋味。

从另一个角度来说，离别还是可以弥补创伤，甚至改过自新的良药。比如那些因做坏事而进监狱的人，在狱中体验对亲人朋友的思念，感受离别的痛苦，也感受被隔离的孤独，这使他们终于明辨是非，大彻大悟，改过自新。当长久的离别后再相聚，他们终会明白什么是人生最重要的。

还有一种离别，是不会难过的。这世上总会有些不善待别人的人，他们给别人带去伤害和痛苦。对这样的人，那就选择离别吧，没有必要给自己增添烦恼和痛苦。

所以，人生有离别，也甚好。在离别中，我们会懂得承受，懂得坚定，懂得"人有悲欢离合，月有阴晴圆缺，此事古难全"。

因相聚而离别的，离别甚好，让那些思念的泪化成美丽的冰霜；因相聚而痛苦的，离别甚好，让那些纠葛化作蝴蝶飞入茫茫；因再也无法相见的，离别甚好，让我们细细回味着过去的往事，学会珍惜。让离别，驱散一些迷雾，然后继续对生活微笑。

悲或喜，苦或乐，也许只有一步之遥，假如我们学会正确看待"离别"，就会发现"聚与散""希望与失望"，其实样样都不可缺。

华师附小高级教师吴彩虹在文末点评："人们总以为离别是伤感的，但小作者运用较强的语言驾驭能力，让人懂得了'离别甚好'，笑对生活。文章以感受开头，以感受结尾，前后照应，首尾连贯，同时又使文章主题回环复沓。文中根据自己的生活经验，写出了对离别的理解，语言细腻，感染力极强！小作者是一位才女！"

希睿写的《一路春天》：

老树长芽，枯木逢春，不知不觉中，春天又悄悄地来了！春天是生长的季节，我加大了练习游泳的力度。呵呵，也许趁着春光正好，我的个子也会像笋芽一样使劲蹿吧。

　　游泳毕，回家路上已经是夕阳相伴了，前面有人在发传单。这对我来说已经是司空见惯，每天各种培训班的传单、售楼的传单比比皆是。发传单的人拦住你，不想接，还会"死缠烂打"，跟着一路走，非要达到目的才肯罢休。以前我总是绕道走，基本没有伸手接过，心里是很排斥甚至鄙视他们的行为的。但慢慢地，我渐渐明白，推销是他们工作的一种方式，甚至是一种职业，他们的目的就是让别人购买他们的产品。他们只是为了生活，选择了这样的一种职业。因为还没有打开市场，为了要有更好的业绩，他们只能这样在路边发传单推销，如果不这样做，就更不会有人关注到了。

　　很多了不起的企业家，曾经也是这样在街头发着传单，开始创业的第一步。很多伟大的推销员，都是我们学习的榜样。我们有什么立场和资格，去歧视这些街头的推销者呢！职业不分高低贵贱，人人都是平等的。垃圾桶旁，清洁工在打扫，难道他们就不值得尊重吗？他们清扫城市的垃圾，城市哪一天能离得了他们呢！

　　也许以后的某一天，我也会因为工作需要、锻炼自己的需要，走上街头，迈出推销的第一步吧！

　　想到这里，我欣然收下了他的传单，并告诉他："我会来这家店的。"他会心一笑，我也笑了。

　　继续往前走，路边是一片红艳艳的勒杜鹃，还有叫不出名字的各种花在争奇斗艳，树上也是一片新绿。夕阳正好，心情正好，一路春天！

　　儿童文学作家池沫树在文末点评："这篇文章看到第二段让我吃了一惊，看完变成了惊喜。看标题和第一段，原以为作者会写春游类的景物描写，没想到中间夹叙夹议，呈现了城市中的人文景象和作者的思考，与文章描写的春景前后呼应。这种视觉落差和错位，全靠春景和春天般的心情串起，灵活而有张力。紧贴生活，特别是人物描写的平民视角，我为你点赞！"

4. 我们思考的冬天

季节不会因人的喜好而逆转，有春天就有冬天。还是一次单元考试的作文，内容"与艺术相关的故事"是已经写过的，我想，再让学生写一次意义不大，于是临时定了主题"关于冬天"，要求是最好有独特的视角，写出真实的感受。经过一年的写作互动，我相信他们会写出让我满意的作品。卷子收上来，有以木棉花为主角写广州冬天的，有写严冬看到建筑工人冒着热汗在忙碌的，有写老家湖南冬天的干冷感觉的，还有专门写冬天的风的……虽然考试作文的细节方面还需要斟酌，但是思路还是充分打开了。比如小彤这篇后来发表在《新快报》"新教育"专栏的《羊城之冬》：

11 月 22 日，节气，小雪。

"这么快就小雪了啊！"我把手机关上，自言自语，"也好，寒假也快来了嘛。"

中午站在阳台，我扶着栏杆，向远处眺望。广州的冬天，前段一直是暖和无比，只是这几天忽然降温了，从短袖直接到棉衣，让人猝不及防。都说这里只有夏和冬两个季节，果真如此。真冷起来的时候，虽然看不到一丝雪，也是挺冷的，街上走过的人有些已经穿棉衣了。我下意识地裹紧了衣服，向天空望去——云在笨拙地梳妆，太阳不知在哪儿昏睡。阳台上的勒杜鹃倒是不怕冷，紫红紫红的，开得热烈，与远近的翠色相映成趣，仿佛在嘲笑冬天："你看看你，大冬天的，连个雪都不下，看看，我还在这儿好好地站着呢！"风吹过，冬天没有应答。我想他要是想反驳，该会拿东北的雾凇来展示展示吧，不过勒杜鹃一定会更得意："你在北方的大雪里瑟瑟发抖，我在南方的小寒里惬意微笑。"

我穿好外套，走出门上学去。几片不知名的叶子被风吹着，打着卷飘到我的眼前，公交车，小汽车，共享单车，一辆辆从我身边驶过。街道两边的建筑静默着，没有阳光的时候，一切似乎都失去了生机。我的脑海里浅浅地飘过"萧瑟"啊"凄凉"啊这些属于晚秋和冬天的词语，还未多作感叹，一声"嘟"的鸣笛将我的思绪猛然拉回。学校已经在望，我加快了脚步。

等到下午第一节课上完的时候，一切忽然亮堂起来了。望望天，云好像化好了七彩的妆，太阳也揉了揉蒙眬的睡眼，开始上班了。操场上，跑动的低年级同学更多了。我再抬起头，让阳光照到我的脸上，闭上眼，感受着眼前赤橙黄绿青蓝紫的光晕，冬日暖阳，真舒服！

也许，这就是广州的冬天吧。大都是阳光灿烂的温暖，就算有小寒，也不会大冷。就如同生活在这里的广州人一样，即便会有看似冷漠的外表，但是裹着的，还是一颗包容、热情、温暖的心。

原广州市天河区教研员周卫华老师在文末点评："用一天的时间观察广州的冬天，最终发现广州的冬天就是广州人的真实写照，有意思。这篇写景美文运用了真真假假的细腻感觉、动作、视觉等多种手法，描写了广州的冬景，让人忍俊不禁，浮想联翩。最后的升华精准地表达出对广州人的赞美。好！"

5. 我们思考的哲学

学者周国平在碧姬·拉贝和米歇尔·毕奇合著的《写给孩子的哲学启蒙书》的扉页上写道："在一定的意义上，孩子都是自发的哲学家。他们当然并不知道什么是哲学，但是，活跃在他们小脑瓜里的许多问题是真正具有哲学性质的。我相信，就平均水平而言，孩子们对哲学问题的兴趣要远远超过大多数成人。"他说："如果你希望孩子成为一个真正优秀的人，那么，哲学恰恰是最有用的。"

我推荐六年级的孩子们看哲学方面的书，从引人深思的绘本《獾的礼物》《欧先生的大提琴》，到图文并茂简单易懂的一套《写给孩子们的哲学启蒙书》，到"唤醒每个人内心深处对生命的赞叹与人生终极意义的关怀与好奇"的《苏菲的世界》，以及推荐阅读能力强的孩子阅读《大人物的世界史》，还有胡适《哲学的盛宴》。我想孩子们从不同层面都应该有所收获，透过他们的一篇篇文章、一次次表达，我能感受到这样的收获与成长。

比如他们写下的《苏菲的世界》的读后感：

今天看了《苏菲的世界》，感受颇多。说真的，我希望当你拿到这本书后，立刻开始阅读它，其优先程度应远胜于任何一本其他的书——因为，它真的是一本很优秀的哲学书，而哲学与智慧赋予了我们生活以意义。

我还记得读的第一本哲学书——《不疯魔，不哲学》，我在 11 岁的时候阅读了它，至今依然十分喜欢它。人们总说："哲学家和疯子只有一步之差。"但就是这些"疯疯癫癫"的哲学家们，他们的思想、言论改变了世界格局，改变了整个人类思想方面的进程。

耐心地去研究那些哲学家们，你会发现，这些平常只在课文上见过一两次的、看似高冷孤傲的名字的所有者，其实并不是那么遥不可及，甚至有些可爱："胆小鬼"笛卡尔、"毒蛇"叔本华、死对头卢梭与伏尔泰……他们是人，我们也是人，我们与他们之间的距离，其实并没有那么遥远。

比如说吧，同学们追的偶像是杨洋、鹿晗等，但我最喜欢的偶像却是 18 世纪的一位伟大的哲学家甘地——不要觉得我思想落后，被他"灌输老一辈思想"。事实上，明星的耀眼只是一闪而过，而甘地的思想是不可能被历史长河淹没的——他的哲学和思想超越了年龄、性别、种族与宗教。他拥有钢铁般的意志、非凡的勇气与坚定的决心。不然是什么能让民众自发举行一场长达 100 千米的大游行呢？有人说他的做法"消极、无效"，但就是因为他，印度在 1947 年取得了独立，而这其中，他的"非暴力不合作"哲学，起到了很大的作用。

哲学给了我们思想，而我们需要思想。（羽彤）

他们思考的关于婚姻：

拜伦曾说："可怕的是，男人既不能与女人一起过生活，也不能过没有女人的生活。"那么，要如何才能使男女一起生活得很好呢？法国作家拉伯雷在《巨人传》中借庞大固埃之口做出回答，他的回答可简缩为一句话：如果你认为结婚会给你带来负担和烦恼，那就不结；如果你认为它能带给你幸福和快乐，那就去结。

我个人认为，婚姻与爱情应该如雪莱说的那样："爱情真正的元素只是自由。它与服从、嫉妒、恐惧，都是不两立的。它是最精纯的最完满的。沉浸在爱情中的人，是在互相信赖的而且毫无保留的平等中生活着的。"（羽彤）

他们思考的关于恐惧：

在我小的时候，妈妈带我去看了一部电影。关于电影本身我记得已经不是很清楚，但是有一幕场景，至今还深深地烙印在我的心上。

看电影的时候，有一段有点恐怖，旁边有个孩子就拉住他妈妈的手，小声说："妈妈，我怕。"通常情况下我会听见的回答都是"不要怕，没什么大不了的"之类的鼓励，可这一次，我听见的却是："恭喜你，你已经迈出成为一个有情感的人的第一步了。"

我很惊诧，那个孩子也很惊诧。他问他妈妈："为什么这么说呢？学校里的老师和同学都鼓励我要勇敢，不要害怕——难道怕什么东西不是坏事吗？"

他的妈妈却只是微微一笑，说了一句："等你长大了就知道了。"我想，现在可以由我来回答那个孩子了。

虽说勇敢确实是一件好事，但有时候学会恐惧也是同样重要的。比如如果你被困在野外，这时，有勇无谋是绝对不好的。学会敬畏某些不可抗力，懂得以退为进，在很多时候是比鲁莽的勇敢要好得多的。

有时候，勇敢不一定是好事，恐惧也不一定是坏事。但诚如那位母亲所说，学会恐惧，就是成为一个真正有情感的人的第一步。（羽彤）

6. 我们思考的考试

学生逃不过考试，老师避不开考试。考试，是我和孩子们探讨过许多次的话题。每当发现有孩子因为考试苦恼的时候，因为择校困惑的时候，因为小升初的压力过大而哭泣的时候，我总会在课堂上花一些时间和他们探讨考试的话题，让他们明白，人生处处都是考场，除了分数，考察的还有习惯、品行，还有意志、毅力等。我希望他们明白，分数需要努力去提高，但是只要努力了，就不会有遗憾，因为自我价值的实现是多方面的，分数只是其中一个方面。非常认真的子腾同学在期末考试前写了篇文章《再见，2017》，发表在《新快报》"新教育"专栏。我非常欣慰他将我的话听进了心里，已经不再被分数深深禁锢。当放下不必要的包袱，他将会越走越宽广。在谈及"考试"的部分，他是这样写的：

记得那一天，我迎来了学琴七年来最重要的考试——英皇钢琴8级测试。为此，多少个夜晚我对着钢琴重复着同一首乐曲，不厌其烦，竭尽全力，努力地完善每一个细节，直到那些跳动的音符烂熟于心，直到汗如雨下。测试时，我沉浸在琴声里，弹得行云流水。努力过后，我渐渐明白，其实很多事情坚持坚持也就过来了。坚持坚持，离梦想也就近了。

记得一次有点糟糕的考试后，垂头丧气的我向老师诉说心中的委屈。老师的鼓励娓娓道来："你已经非常努力了，这次略低的分数有客观原因，你不用太在意，不能让分数捆绑了你。人生的考试很多很多，我们重视结果，更要享受学习的过程，体会学习的快乐。"暖心的话，如沐春风，让我那封印在分数下的"洪荒之力"仿佛渐渐复苏了。长路漫且远，享受学习与自我发展的过程，每一天都可以是诗与远方……老师，谢谢！

这一学年，我和孩子们思考了很多，他们课堂上的发言，他们笔下的文字，就是我最大的欣慰。言由心生的美好，情动辞发的真挚，情采圆融的表达，我想孩子们在语文学习中收获的这份快乐，这份思考的张力，会一直让他们受益。

在班级汇编的作文集《逐迹》的序里，孩子们这样写着：

童年如昨，少年如斯……

时光如白驹过隙，在充满幻想的童年里，我们哭着哭着就笑了，笑着笑着就长大了。如果说童年如歌，我想这一路我们一定是踏歌而行了；如果说童年如诗，我想我们一定是字里行间的诗情画意；如果说童年如画，我想我们一定是画里的小桥流水，蓝天白云……

诗人顾城曾经写道："草在结它的种子，风在摇它的叶子。我们站着，不说话，就十分美好。"我常想，童年的时光应该就似这般美好自然吧。最美不过童年时，童年是人世里最美好的春光，纵然时光会老，我们也会渐行渐远，但那春光会一直温润着我们的心田。就如这集子里的文字会永远恣意盛开着，即使时光荏苒，墨迹风干，我们也会因有这些文字，可以永远地拥抱自己的童年生活。

最美童年，因为我们。

他们拥有着最美的童年，而我则参与见证了他们的童年。因为这份参与与见证，我感觉自己也如此美好与年轻。草在结它的种子，风在摇它的叶子，而岁月，在摇曳着我用心付出过的样子。在这摇曳里，有微风吹来季节的芬芳，有飞絮带着种子飘向远方。我想，这就是幸福的模样。

而当看到孩子们给我写的信和文章，这幸福就变得更加甜美绵长。摘录几篇。

我的语文老师

钱子腾

肖老师是六年级才转教我们班的。

初见肖老师，自然是在新学期的第一节语文课上。记得那天上课铃才刚敲响，教室里还是一片混乱。就在这时，肖老师的身影出现在了窗户外面，也不知道是谁叫了一声"老师来啦!"，整个教室瞬间安静下来。每一个人都睁大眼睛看着：肖老师走过窗户，进入教室。她穿着白上衣和一袭绿色的长裙，高高的个子，长长的黑发简单地披在脑后，显得干净利索，手里拿着一本语文书和一支笔。她刚在讲台上站稳，教室里就炸开了锅。每个人心里都有对她的一万种揣测：课讲得怎么样? 作业多吗? 对我们严格吗? ……很快这些疑问就在一周的语文课中找到了答案。

肖老师的语文课和别的老师大有不同。她从来不用有趣的 PPT 来吸引同学们的注意力，她会一手拿书，一手执笔，在教室里穿梭着。清脆而响亮的声音，回荡在教室的每一个角落，成功地吸引每一个同学的注意力，所以每一位同学都成为课堂的参与者。而原本枯燥乏味的课文在她的口中都"活"起来了。肖老师还很喜欢讲故事，她的语调是抑扬顿挫的，声音极富感染力，在她的眼中，每一段文字甚至是每一个标点符号都是无限感情的流露。她喜欢突然给我们来一场"头脑风暴"，直到每一个同学们都争得面红耳赤，一个劲儿地狠狠拍着自己的脑袋，她似乎才满意。我想是因为肖老师喜欢思考吧，所以她更喜欢看我们绞尽脑汁、脸红脖子粗的样子。她就是用这样鲜活的方式，打开我们的心灵，让我们走进语文的世界，感受着语言的魅力。在她之前，我们从来不知道语文还可以这样学。

虽然上过很多老师的语文课，但无疑肖老师的语文课是最令人难忘的。她是亲切的、快乐的，即使面对那些不爱交作业的调皮同学，她也是温柔的。她让我们感觉像一个"教书先生"，是一位真正的文人，一个大作家。在她的身上，你不仅能感受文字的味道，语言的魅力，更多的是爱的力量。

谢谢肖老师，用粉笔为我们书写了一个明媚的四季，足以温暖我们。

我的语文老师

周炜璇

六年的语文学习时间，随时间的洪流消逝在了茫茫大海中。而随着语文知识一同烙印在我脑海中的，是我们的语文老师，肖老师。

肖老师留着一头乌黑的齐腰长发，明亮犀利的眼睛似乎能看透我们的思想。她的打扮显得很干练，在我看来还透露出一种青春的气息。然而，最令我印象深刻的，莫过于她的笑。

肖老师虽然从六年级才开始教我们，她和我们之间却完全没有陌生感，倒像是多年的老相识。我想在这方面，她的笑有很大的功劳。如同冬天末尾，春天伊始的阳光能如一把把利剑般刺破封冻数月的河川、刺破干枯树木的旧皮、刺破城墙般的乌云一样，肖老师的笑轻而易举地穿透了陌生，穿透了隔阂，穿透了不安，将阳光送到了每一个人的心里，甚至让曾经不喜欢语文的同学们拾起了对语文的兴趣。

不过，如果把功劳全推到这"笑"上面，咱们的肖老师可就太"冤"啦！肖老师的语文课，有些"与众不同"。

肖老师的语文课，不用PPT。语文的世界是一个大花园，PPT是一个游园计划。用PPT上课就相当于有计划地参观花园里的一处处景点，而不用PPT就像在这个大花园里走走停停，有一个目标，但随时可能因为发现了更美的东西而停下脚步，甚至改变目标。肖老师不想让我们的思维完全被PPT牵着走，想让我们在学习的过程中自己去发现语文的美丽、语文的有趣，探索大花园里美丽的角落。

304

肖老师的"惩罚"也很特别。一般的惩罚大都为抄书、背课文、检讨这些。肖老师却别出心裁地"罚"我们做类似于演讲的口语表达。"口语表达"对于那些语言表达能力比较强的"童鞋"或许根本不算惩罚，而是一次自我表现的机会；而对于那些表达能力不那么好的"童鞋"就是一次挑战，他们需要在一次次"惩罚"中不断磨炼自己的信心、逻辑思维和口语表达能力。就这样，一些原本腼腆、不爱说话的"童鞋"有时也能吐出几句语惊四座的"名言"来。

有些事只能一个人做，有些关只能一个人过。肖老师只教过我们一年时间，却已成为了我心中的太阳。这颗太阳指引着我，翻过了一座座山。与我同行的旅伴换了又换，而这颗太阳，永远挂在我心灵的天空……

我的语文老师

李承泽

每个人心中都有一个英雄，她不一定做过什么伟大的事情，但她依旧是一位英雄，我心中的英雄就是我的语文老师肖老师。

她每一个眼神，每一个微笑，都像沙漠里的一汪清泉，滋润着我的心田，让我的心中充满安宁；她每一声问候，每一句教导，都好比一双温暖柔软的手，轻轻地抚慰着我的心灵，抚去我心中的疑惑。在我的眼中，她不仅仅是老师，更是一盏明灯，一盏能穿透迷雾、照亮真谛的明灯，如太阳般照耀万里。在我的心里，老师不再是老师，而是我的伙伴，我的朋友。当你面对的是艰难险阻，是困难重重，与你并肩前行共济同舟的始终是她。正因为如此，老师的教诲我一句也没忘。教导我如何面对困难，如何勇往直前的是您；教导我如何调整心态，如何力求上进的是您；教导我问题如何回答完整，如何回答全面的还是您——我亲爱的老师！

您的每一堂语文课，都充满欢乐。每次上课，您总是"转轴拨弦三两声，未成曲调先有情"，三言两语就把我们引入了文学的境界，把那些我们眼中难上加难的知识讲得通俗易懂易于接受。这仿佛不再是语文课，而是一场聚会，一场文学的饕餮盛宴。

您的每一堂语文课，都蕴含深意。通常让我们仔细地寻觅，才能觅到真正的重点；通常让我们走到"山重水复疑无路"的时候，才能发现"柳暗花明又一村"。在一次次的寻觅中，在一次次的探索里，我们不仅学到了知识，还学到了如何发掘知识，这无疑是最重要的。

天长地久有时尽，此"爱"绵绵无绝期，肖老师的语文课会永远永远地留在我的记忆里，融入我的脑海里。知识改变命运，文学改变生活，我想，对文学的热爱会令我今后的学习和生活充满精彩。

（二）家长：缘深缘浅的遇见

2018 年 9 月 21 日，每学期第三周周五的例行家长会。刚接任四年级(8)班语文教学的我，照例要去和家长进行一番交流。我打开 PPT，显示标题"又一场美好的遇见"，然后和他们分享了三周来的语文学习情况、对孩子们的了解以及我和孩子们约定的"动静相宜的快乐课堂"。这个班有眼睛亮亮的"小学霸"，有第一周都不愿意理我的"高冷哥"，有沉迷恐龙的"小动物学家"，有完全不和他人沟通的"小火星人"……总之，一个个鲜活无比，个性毕现。我和家长们分享了三周来如何让课堂上的小手越举越多，如何用鼓励和拥抱让"小动物学家"变成语文发言能手，如何让孩子们的写景作文动静结合、条理分明、生动优美……

十多年来，每学期都要开家长会，对我来说，这既是一次真诚的分享，也是一次平常、例行的分享。因为这一年没有担任班主任，会后我就去了办公室，下午快六点了准备回家时，被两个家长碰见，一定要和我聊聊孩子。我们坐在校园的榕树下，边赶着蚊子边聊，直爽的东北汉子的焦灼,用心良苦的年轻妈妈的眼泪,我都感受了。我将自己身为老师和身为家长的经验做法无保留地告知。看着他们在七点的路灯下离开的身影,我不胜感慨。十多年来,这样的情景,我已经经历了太多太多。当家长不易,而作为老师,平凡的肩上又担着多少期待呢!

晚上,没有参加家长会的昱瑄妈妈发信息对我说:"我错过的不是一场家长会,而是一场爱的课堂!"她接着转发给我几段另一个家长写的文字:

接下来就是语文老师肖老师分享了,老师刚把 PPT 打开,露出亲切的笑容,我就被她打动了——"又一场美好的遇见",心存美好,从她的面相与笑容中就能看出她的真心,不是虚情假意的"标题党"。把与孩子们家长们的相遇定义为美好,相信确实是个美好的开始。老师说,在所有的客套之前,她先说说她在等待过程中和今天负责接待家长的三个孩子沟通的内容,对孩子们接受的情况、学习的困难,全在几句笑谈间细细了解。别开生面的开场,一下子让所有的人心生好感。人说演讲是门艺术,也是一种技术。无论你经历过多少专业技巧训练,都比不上发自内心的分享。开场说是客套,但我一下子感受到了老师的用心与真诚,虽然只相处了三个星期,对孩子们的变化与进步,老师却能在一个个案例中娓娓道来,让我们家长听得激动万分。但对我来说,最大的收益是老师对阅读与写作的教育方式。肖老师希望看到孩子们真实的水平,不希望家长过多地介入孩子们的写作过程。引导式写作究竟怎么做?第一,有效的阅读陪伴;第二,生动有趣的互动;第三,学会在孩子面前示弱,学会激发和鼓励。肖老师讲述了自己和曾经带过的学生之间的故事,谈了自己的亲身经历和体会,真诚地诠释了"引导式教育"。她对孩子们说:"你们对我来说都是一个全新的代表新的起点的数字'0',不管你以前学习好还是不好,这都是一个新的起点。"她说对成绩不好的孩子,她会鼓励他们,只要坚持,一个学期后,相信孩子一定会有所改变。她说起如何对待一个基础不好的孩子,她能拉着孩子的手到校园散步，晒一个中午的太阳，陪他强化记忆，鼓励他一点点进步。对于已经被老师贴了三年标签的孩子们，一直以为自己是"学渣"越来越没有自信的孩子们，遇到如此公平的老师，宛若遇到天使，我听完都不禁泪目。

老师给我们分享了她以前学生的一些表达对自己父母的爱的佳句。没有照本宣科，每一句都有一个故事，每一个故事都能触动我的泪腺。

很感激和感恩遇到这么优秀的老师。她能感同身受我们作为家长的焦虑，因为她也是普通的母亲，但是更难能可贵的是，她一直在总结各种能更好地引导孩子学习的方法，来和我们分享。一个个故事、一个个细节都让我自惭形秽，原来需要学习的不仅是孩子，我们如何压制焦虑，学会引导和鼓励，比给孩子报哪里的补习班重要千百倍。

我想，这次家长会对我来说，不仅是和老师美好的相识，也是一场生动的、深刻的关于教育的培训，让我受益匪浅。虽然思绪凌乱，但还是要记录和分享一下，自省自勉。希望这能是我和孩子一个美好的开始，但愿不算晚。

我没有去问这是班上的哪位家长这么用心写下的文字，这么用心记下了我所有的发言内容，只是非常感动。面对这样的满腔信任与期待，我只有做得更多一点，做得更好一点，只有把孩子教育得更好一点，才不会心有不安。

是啊，老师的确不是万能的，也经常会无奈，但是只要设身处地地去换位思考，去走进孩子的内心，尊重他们的所需所求，大多数情况下，都是会有转机的。"家校共同体"在教育孩子面前是如此重要，取得家长的信任和配合，是教育孩子的重要"法宝"。所以，发现孩子的同时，也发现家长，尊重孩子的同时，也尊重家长，信任能创造奇迹。我会对每一批新的学生和家长说："遇见每一个学生，每一个家长，都是缘分，尤其是家长，有的家长能彼此信任互相配合，甚至志趣相投，这是缘深，有的家长不够配合不够信任，这是缘浅。无论缘深缘浅，都是值得我珍惜的，而这缘分的因由，都是为了孩子。"

十多年来，我要感谢带过的一批批学生的家长，他们信任的目光、满怀的期待、大力的配合，也是鼓舞推动我不断前行的力量。

2014 级 2 班的孩子作为"东篱诗社"的主力成员，四年来每年编印一本诗集。这些诗集都是由家长设计，家长写序。家长们写的序，饱含着殷殷期望、拳拳爱心，令人动容。

君和妈妈为《苹果绿的一年级》写序：

各位大小读者，这一刻，当你翻开这本由 48 位一年级小朋友稚嫩的小诗汇集成的诗集的时候，我真诚地替他们谢谢你！我的内心涌动着久违如清泉般的暖流，那是这些单纯心灵给予我的一份礼物，更是一股力量，让我的心重新焕发童真和青春的力量。

东篱者，"采菊东篱下，悠然见南山"。华阳小学东篱儿童诗社成立两年的时间里，一直在收集各班孩子的诗，之前是以诗报的形式编印，这次收集一年级(2)班的小诗超过一百首，于是我们决定为一年级(2)班的孩子单独编印。指导老师肖彩芳老师认为，孩子们写的儿童诗就如同山野的雏菊，清香淡远，摇曳在蓝天白云下、原野碧草间，是最纯真的语言抒发，是极致的善良、纯粹、简单、美好，所以儿童的诗，自然就是"采菊东篱下"。

感谢华阳小学的生本教育理念，特别感谢肖老师的教学方法和努力，通过大量的阅读，多元的兴趣碰撞，还有家长们丰富的课外课给他们提供知识养分，小朋友们获得了广泛的知识，理解能力增强，兴趣面变广，阅读热情提高，进步神速，难以想象。特别是到了第二个学期，小朋友开始有独立的认知和自我思想的萌芽，这样就给诗的产生提供了足够的营养，他们自觉抒发出的语言，慢慢汇集成了一首首鲜明的小诗，对于这些才读一年级的孩子们来说，真是一个奇迹。

孩子的诗是大人永远无法模仿的，弥足珍贵。每个孩子本身就是一首诗，希望他们在诗的海洋里，以诗的名义，传递诗的力量，获得诗意的成长。

诗意的妈妈，也培养出了诗意的孩子。君和也写了一段有诗意的话，描述他心中的语文课：

语文是什么？是绿苹果，黄柠檬？还是紫葡萄，红西瓜？如果我问您，亲爱的老师，您肯定会莞尔一笑，用银铃般的声音回答："是，也不是!"

语文是什么？语文是苹果绿的快乐童年。那时您带着我们排练戏剧三国，您领着我们义卖诗集，捐助韶关南亩小学，让我们学会爱，付出爱。

语文是什么？语文是柠檬黄的无限魅力。无论是小小演说家的登台亮相，还是大树下的童声朗读、火炉山上的为你读诗，都让我们领略到了诗文之美。

图 4-1　学生小满二年级时画的画，画着我带着她们玩

语文是什么？语文是葡萄紫的酸甜苦。母亲节里《致母亲》，让我们体会到了母爱的伟大；消防队里穿越火线，让我们磨炼了耐心和胆量。

语文是什么？是大千世界万物，是生旦净末丑，是赤橙黄绿青蓝紫，是悠悠大爱……

语文是我的挚友，语文伴我成长，语文让我快乐，我爱你，我的母语学科——语文!

乐天妈妈为《西瓜红的三年级》写序——诗意的成长：

诗养恒！积少成多、集腋成裘！华阳小学东篱诗社的小社员们点点滴滴地写着，汇成了一本本五彩缤纷的华集。他们从苹果绿走来，新绿青翠欲滴，如此生机勃勃；他们从柠檬黄走来，暖黄温馨恬静，如此天然纯粹；他们从西瓜红走来，丹红热烈鲜艳，如此明亮开怀！

诗养情！一首首小诗，情真感深，如画如歌。笔色饱满浓郁，音符灵动跳跃。这里的老师，润物细无声；这里的父母，爱子心无尽；这里的同窗，合意情不厌；这里的友人，相知无远近；这里的早春，景和风复暄；这里的盛夏，麦随风里熟；这里的金秋，稻香说丰年；这里的洁冬，花叶随天意！

诗养境！人生有涯境无涯！在选题中、在语句中、在酝酿中、在斟酌中、在灵感中、在创意中、在学诗读诗写诗的种种过程中，咏物言志之美、见微知著之美、疏密虚实之美、凝练韵律之美、隽永清新之美、宏阔旷达之美、励志冶情之美等诸般美妙诸般意象渐渐入手、入眼、入心，处处韬养着小社员们的诗境，处处见证着小社员们的成长！诗意的栖居是更好的栖居，诗意的成长是更好的成长！诗生生不息，字字珠玉！成长生生不息，枝繁叶茂！

仲元爸爸为《西瓜红的三年级》写序——大树底下的童诗：

童年无忧无虑，无拘无束，童诗更是如此。这里不仅有天性使然的质朴稚嫩，更有天马行空的无限遐想。翻开一本本东篱诗集，虽然知识支撑的根茎还不够硬实，但孩子们懵懂的心灵已如破土而出的嫩芽，那么急切地亲吻着自然，那么恣意地摇曳着双臂，那么自由地放飞着梦想。嫩芽虽短，抬头仰望着的却是浩渺苍穹；根系虽浅，身子拥抱着的却是浩瀚大地。开放的视角、敏锐的触觉仿若隐形的翅膀，帮助他们捕捉伸枝吐绿的每一个瞬间，描绘心灵成长的每一段记忆。不知不觉，苹果绿的青涩，柠檬黄的酸爽，西瓜红的清甜，宛若渐行渐近的翩翩少年，吟唱着心窝里流淌出的歌，这又何尝不是大树们的童年感怀。毕竟在喧嚣尘世、浮华人生中，这显得何其恬静。不妨享受难得的静谧，倾听大树底下的童诗，此刻，诗和田野不再只属于远方。

以下是曾子越爸爸和曾子越同学写给我的一篇文章：

我们的肖老师

子越爸爸和子越

时光啊，总是停留在廊桥的背影里，随着钟表的摆动，跟随时光的河流，不急又不慢地流向远方。我们站在桥上，欣赏和怀念着经历的美好。此时此刻，提笔写孩子的第一位语文老师——肖彩芳老师，不知不觉就泛起忆潮。孩子已经是五年级的学生，一年级至三年级是肖老师任教，我愿意让时光倒流，跟孩子一起追溯最初的遇见。

记得孩子一年级开学不久，有一次回家后"神秘"地跟我说："爸爸，我告诉你啊，肖老师可好了，总是对我们笑眯眯的，既严厉又和蔼。每次上课的时候喜欢先读一遍给我们听，声音可好听了，读的时候还带着不同的表情。"孩子一边说一边在摇头晃脑地模仿着。

孩子的话让我充满了好奇，不久后的第一次家长会，我特意进行了观察。肖老师果然非常亲切，言行自然、充满自信。她口才很好，出口成章，有些东西不用刻意去表现，因为已经深入骨髓，即便有意去隐藏也是满溢出来，比如沉淀在内的才华和情怀。肖老师也非常真诚实在，她说教学十多年，面对教学、面对学生依然不敢马虎和懈怠。我们家长听着，是放心的，是暖心的。

三年间，六次家长会。肖老师的风趣与真诚给大家留下了深刻的印象。每次家长会肖老师都会对每个孩子进行单独评价，每个孩子在她眼里就好像是一颗颗不一样的、闪着光芒的星星，她用心呵护着这些不同个性的孩子，对孩子们的赞赏毫不吝啬、淋漓尽致，对孩子的不足也巧妙地提出自己的建议。我坐在孩子的座位听着，听着肖老师的字字珠玑，此时的我仿佛又做回了小学生，我的回忆也回到了自己的小时候。这样的家长会，充满了诗意的激情，让大家有一股澎湃涌动的力量和怀念。后来每一次的家长会，最期待的不是孩子，而是我们每一位家长，大家都愿意静静聆听。

华阳小学非常重视家校合作，"家长进课堂"的每周一次的特色课程，让我们跟肖老师更加熟悉起来。而后的交往，让我们的交流不只是停留在彼此客气的层面，而是有了更多的欣赏与认可。一年级上学期临近放假，班级组织了一场新年文艺会，孩子和同学刚好是邻居，我让他们俩一起合作一个叫《童年》的节目。里面有唱歌和朗诵，朗诵的那一段文字，是我基于自己的感受写出来的。每当看着他们俩一起上学，就想到了自己的童年，那个一辈子都无法忘怀的画面。我的记忆里一直有这样的画面，所以，我要让这个画面植入孩子的记忆里，让这样的一份阳光岁月可以陪伴他们很久很久。后来，在跟肖老师的谈话中，她说很喜欢这个节目，喜欢这样一份情怀，这让我很开心。有时候，人与人之间的相互理解不需要很多，一句话，一个态度，一个认同就够了。每一个人都有一扇紧闭的心窗，当彼此可以互相打开的时候，就会成为自己生命中距离更近的人，不再是互相客套的陌生人。我跟肖老师的友谊是从那个时候开始的，她既是孩子的老师，也是我的良师益友。

不得不感谢微信朋友圈，让我从中更了解了肖老师。她发的文字，文如其人，显示出她厚实的文字功底，血液里流淌着的对文学的热爱，以及那份没有因为成年而迷失的天然的纯真情怀。她洒脱又超然，入俗又脱俗；她童心未泯，思绪飞扬，诗情画意；她时而兴高采烈，时而又满天哀愁……朋友圈的图文里，她既像个有情怀的老师，又像个单纯的孩子。

孩子后来还和我评价肖老师，他说："肖老师除了读诗和朗诵文章给我们听以外，她还经常讲自己小时候的故事。其中有讲跟着她的妈妈在学校里玩的故事，也讲小时候经常摔跤受伤的事，她受伤了依然像个野孩子那样玩耍，一点都不怕疼。肖老师有时在课堂上读自己写的诗或者找好听的诗读给我们听，比如金子美铃的诗。她说我们都是诗人，我们都能写好诗。"

跟孩子的这次对话后不久，我决定跟肖老师谈谈，因为很欣赏也很高兴肖老师把童诗带到课堂上。跟肖老师的观点一样，我也认为诗对于孩子们的启蒙教育非常重要。从小到大，我也喜欢文学喜欢诗，以前是文学爱好青年，如今升级为文学爱好中年。我一直怕这个"文学"的瘾，因为它随时发作，会让人冬冷夏热，欲罢不能，拿得起放不下，时而痛着乐，又乐着痛。我怕自己控制不住，所以一直把它当成业余的爱好，可我的内心却从来没真的把它放下。这次谈话之后，我有了一个新"头衔"——东篱诗社家长社长，肖老师说这是让我跟孩子们在一起过一过诗瘾，补一补遗憾。四年过去了，孩子们的四本诗集也结了。

在肖老师三年任课期间，除了编撰诗集，班级还组织了很多高质量的活动，如"小小演说家""三国英雄传""语文小达人""为你读诗""朗读者"以及"付出爱·学会爱"义卖等活动。我想，一个内心不爱学生、没有教育情怀的老师，是做不到这些的。

三年的时光不算短，但对于孩子来说，三年的时光也不算很长。我的孩子今年升入五年级了，每提起肖老师，他总是深深地想念，并且长久地望着天空沉默。最近我跟孩子说，要给肖老师写一封信，有什么话可以帮他代传。国庆节之后，孩子交给我作文本，里面有写给肖老师的小文，还叫我一定要把原话传到。我言而有信，就以孩子这段小文作结束语吧。以下是小文内容：

每当响起琅琅的读书声，我都会想起肖老师。她一年都没教我们了，此时，我们已经读四年级。

"就看一下，又不会怎样！"我对苇杭说，眼中充满了期待之情。"好吧！"他回答。

于是，我俩来到肖老师办公室窗外，透过窗户，看到肖老师正对着电脑敲着什么。看到我们"鬼鬼祟祟"的样子，她笑着挥了挥手。我不禁感叹：四年来，她一直没变，还是这么亲切啊！

时光倒流回到一年级，我刚踏入华阳小学校门，见到了许多陌生的面孔。我非常紧张，可刚步入教室，就被班主任肖老师灿烂的笑容

图 4-2　来办公室看我的
子越(左)与苇杭(右)

迷住了，我顿时放松了许多，很快就喜欢上小学，同时很快融入了小学生活。

在我的印象里，肖老师似乎只给我留下阳光的一面，她几乎每次上课都会露出给人温暖感觉的笑容。她会将课文先抑扬顿挫地朗读一遍，然后才让我们朗读，她的表情，随着课文的情感变化而改变着。

那时候，我的作文水平进步不少。我们班上了许多语文公开课，每次公开课我都会举手回答问题。

我望着天空发呆："有多少老师能像肖老师一样呢？"

我不知道为什么每次听到琅琅的读书声，就会想起肖老师。

过了两天，孩子觉得还没说完，又交给我几句话。

每当听到琅琅读书声

就会想起我的肖老师

每当闻到饭菜的香味

就会想起儿时经常去的"山东老家"

每当看见李斯特的照片

就会想到夕阳下"钟"的美妙旋律

啊，突然发现

童年最重要的就剩这些

我非常理解孩子的这份情感，才过去不过一两年，他就已经用上"那时候"来表达。这份情感终会一生陪伴着他，想起来虽有遗憾，但同时也会成为孩子一辈子的财富。

愿肖老师桃李争妍。

愿更多的孩子遇到肖老师。

愿孩子们都能遇到自己的"肖老师"。

2018 年 10 月 12 日

真的非常感动于家长们对我的认可与对我工作的大力支持，因为彼此的信任，我和家长们结成了坚实的"成长共同体"。他们用自己的才华与智慧，和我一起托起孩子们成长的精彩。

情采圆融的课堂，想象飞扬的孩子，诗意盎然的家长，教育教学，如此美好！

二、幸福的同行

（一）校长：一路激励的目光

蔡琴有首老歌，叫作《那些事　那些人》，副歌部分歌词是："感谢那些事，感谢那些人，感谢那一段段奇妙的缘分。啊人生，原来就是，和那些事，那些人，相遇的过程。"

相遇的人里，总有人是更投缘的。一见如故，然后无私地给予你赏识与帮助，关心与指导。周洁校长于我而言就是这样的人。2007 年，我从长沙调到天河区石牌小学，从此，开始了与周校长的缘分。

"让每一个孩子阳光健康成长"，"努力让每个孩子都能享有公平而有质量的教育"，是周校长的初心，鞭策着她11年间从未停止学习、思考和努力。周校长在教育领域硕果累累，石牌小学和华阳小学两所学校在她的带领下，都有了跨越性乃至飞跃性发展，她也当选党的十九大代表、全国优秀校长、广东省名校长工作室主持人等。更重要的是周校长对学校老师们的呵护与关爱，她身上有着强烈的凝聚力和人格魅力，让老师们不敢懈怠，甘愿追随。

2012年，在我参评广州市小学语文优秀青年教师时，周洁校长为我写了如下评语：

肖彩芳老师从教以来，一直坚守在教学第一线，辛勤耕耘、潜心钻研。作为一名骨干教师、学校语文学科的科组长，她始终在教育教学工作中体验创造的乐趣：参与四个省市区级课题的研究，身先士卒带领教师探索课堂教学改革之路，以生为本进行"主题经典教育"的课堂教学探索；作为科组长，她组织教研、协调工作，带领科组不断提升、不断超越，成功策划并组织了"广州市素质教育试点校石牌小学展示会"；作为班主任，她对学生充满爱心、尊重、信任；在全国省市区各类比赛中，她更是捷报频传……

尤为可贵的是在语文教学的探索中，她提出"物化的时代，我们更需要情化的语文"这一教学主张，并在多年的探索中提炼出以"情感、情理、情境、情智、情趣、情怀"贯穿始终的"情化语文"课堂。近年来，在中美教育交流、国家省市区的教学交流活动中，她承担了20多节公开课。在她"情化"的语文课堂上，处处洋溢着情化的语文味，以情引读、以情引悟、以情引说、以情引写……"以情优教，以情优学"的课堂，深深感染着每一个人……美国范德堡大学皮博迪教育学院中小学校长培训中心主任汤姆教授给予她极高的评价：肖老师是一位不可多得具有很高语文素养的优秀教师。

当周校长离开石牌小学时，老师们泪雨滂沱，难舍难分。受大家委托，我代表大伙给周校长写了一封信，汇总了大家对她的评价与祝福，其中有这样几段：

亲爱的周校，您用自己的智慧与魄力，带领老师们将这里发展得繁花似锦，硕果芬芳。我们都看在眼里，敬佩在心里，也自豪在心里！石牌的每一项成就、每一个变化、每一次发展，都饱含着您的心血和汗水。让我们送上最诚挚的谢意：感谢您六年来对我们的指导和关爱，感谢您让石牌小学成为了天河教育一张闪亮的名片。

我们大多是内敛而朴实的，很多人都不擅表达，但是私底下都评价过您：作为教师，您是一名教书育人、为人师表的标兵；作为同事，您是一位严以律己、宽以待人的楷模；作为朋友，您是一位真诚率直、细腻温和的益友；作为校长，您更是一位运筹帷幄、治校有方的行家；同时，您又是一位聪慧、知性与温柔的女性。

六年了，犹记当年您刚来时的样子，您微笑的样子、愤怒的样子、开怀大笑的样子、偶尔苦闷的样子、大型活动上神采飞扬的样子；犹记您对我们怒其不争，又因我们而满怀欣悦；犹记草原上您的襟裙飞舞、日月潭畔您的爽朗笑声；犹记那些朝夕相见的默契，那些促膝相谈的亲切……六年了，您依旧那么美丽优雅，而我们也有了许多的提升和改变，谁说这不是一份难得的缘！

后来，我和周校长的缘分又在华阳小学延续。11年过后，她还是我的校长，我还在不断从她的身上获取着教育的智慧，还在从她身上学习着怎样做事与做人。

当我的教学主张从"情化"转向"情采"时，周校长又给予了大力的支持和鞭策，她给了我一片专业成长的野地，并且呵护着这片野地。这片野地里，有自由的阳光雨露和清风，有自由的土壤，能让我努力迸发所有的潜能，不断挑战与突破。最重要的是，在这片野地里，我能自由地思考，开出有灵性的花。于是，我这样原本平凡的老师，也逐渐拥有了让自己悦纳的美好。

深圳市明德实验学校程红兵校长在第三届中国教育创新年会上说：要精心守护青年教师，守护其从教的初心，守护其原有的书卷气，守护其灵性，守护其已有的研究意识和研究能力。

我觉得，周校长于我，就是这样一位守护者。在专业发展的路上，她守护着我的初心，守护着我的那点书卷气和灵性，守护着我的研究意识和创新能力。这样的守护，是何等可贵和美好！面对这样的守护，我唯有感谢，感恩！

图 4-3　我与周洁校长（左一）及
李梦柳（右一）老师合影

"感谢那些事，感谢那些人，感谢那一段段奇妙的缘分！"

感谢周校长 11 年来对一个普通教师的守护，用一路激励的目光！

而这样的赏识与守护的力量，我也会传递给更多人：我的徒弟，我的工作室老师，我的团队成员，更多的我可以去守护的年轻教师们！

（二）老师：春风拂面的和润

教学上，我第一位正式的师傅叫杨彬，当时任石牌小学的语文科组长。杨老师性格和我很相似，稍显内向的外表下，有一颗感性与火热的心。当我向她请教时，杨老师从不在细节上拘着我，只在总的思路上和我探讨，甚至总的思路也只是稍加提议，她认为主要还是靠我自己感悟，根据自己的特点思考。石牌六年，我的思想是非常自由的，没有人以任何的形式要求我一定要怎么做。那段时间，听过我课的人都说我的

319

个人风格非常鲜明，我想这要得益于石牌为我提供的一个相对宽松、宽容、自由的氛围，让我毫无顾虑地思考与尝试。

师傅从不愿占人一点便宜，"给予"比"获得"一定更让她满足；师傅快人快语，对于她所不喜欢不认可的，也一定不会虚与委蛇；师傅人如其名，有白杨之韧，君子彬彬。

2016年，师傅退休了，从30多年教育岗位上退了下来，用教育余热来尽心培养外孙女。每次见师傅，亲切如旧，有说不完的话题。师傅戴着老花镜，手写了一段对我的评价，然后在手机上一字一字敲出来：

彩芳是精神上气象万千的教师，心向阳光，聪慧善良，娴雅淑静，笑容永远挂在脸上，亲和力强。她为人朴实，谦虚，有才气，凭着对教学的一份热情，一份执着，一路攀登，一路收获。虽在教育教学中获奖众多，但她从不张扬，淡泊宁静，坚守自己的本心。彩芳的专业素质高，教学基本功好，硬笔软笔、主持、朗诵功底过硬，尤其是她为人师表，师德师风高尚，对待学生公平公正，心底无私。她的学生喜欢她，热爱她任教的学科。她从不轻慢课堂，明确课改方

图 4-4　2012 年，我与
师傅杨彬(右)在青海湖畔

向，参与课改，形成了自己的教学风格！她温和的目光让语文有了温度，甜美的微笑让思想变得活泼，她带着孩子们领略着多姿多彩的语文风光！

出彩人生，吐芳华！

有的人，说缘深吧相处的时间实在不长，说缘浅吧虽隔天涯但共鸣不断。比如华阳小学的邓燎老师，现在她已定居遥远的加拿大。当年她发给我的一段评价，我犹自保留，用以激励鞭策自己：

肖老师喜爱阅读，善于学习、研究。她熟习课标，并勇于探索与实践，具有新时代年轻老师的勇于探索的进取精神。她的教学基本功扎实，课堂调控能力强。她的课堂令人着迷，时而是抑扬顿挫的节奏美，时而是诙谐幽默的机智美，时而是声情并茂的情感美。她善于思考与创造。她能创造性地使用教材，用灵活的教学机智，充分的课前准备，来尊重学生的"异想天开"，接受学生的挑战，及时调整思路，使课堂真正地活起来，开放起来，体现了"以学论教，以教促学"的指导思想，让课堂成为学生乐学的"天堂"，使教与学达到了和谐统一。

再谈一位同行。初次相遇是 2009 年我参加天河区的青年教师阅读教学大赛的时候，他是我所在参赛组的评委组长——当时我上的课是《这片土地是神圣的》，获得了这一组的最高分。他就是刘江明老师，当时是市区中心组的老师，十多年过去，他已成为人民教育出版社教材培训专家、广东省教育学会小学语文教学专业委员会理事、天河区教育局小学语文教研员、广州市名教师工作室主持人。刘老师是才子，手不释卷，文思澎湃，诗意盎然；刘老师也有着一颗赤子之心，善良而质朴，简单而真挚，谦和而正直。我的课，他也听了一次又一次，针对我的课堂教学，他写下了这样的评价：

肖老师的课堂，一直努力想做的事情，就是"打开"。为学生打开文学殿堂之门，为学生打开思考与表达之门，为学生打开心灵之门。

她在教学中，特别注重引导学生扎根经典，同时会有意识地引导学生进行思辨练习，让学生在经典中养正，又能不拘于一家之言进行思辨。她的学生能背很多经典。但什么是经典的魅力？对学生来讲，那不仅仅是识字，不仅仅是思想，重要的是激发思考——对重要法则（或说所追寻的真理）的思考。如执教自选经典诵读教材《水》一课，肖老师从百家论水的名句诵读，引入到孔子论水相关文段的学习。读通、读懂、读趣、读用、读记，逻辑层次分明，容量丰富。让人印象最深的就是

"读趣"环节的"论水"部分，她把学生分为子路、公西华等八个小组，以孔夫子问询的方式，让学生阐述对水的理解。学生旁征博引，观点鲜明，论据翔实，向我们展示了积淀的厚实与思维的灵动。

她在教学中，特别重视细化与落实的训练，同时会有意识引导学生更开阔地去思古论今，让学生通过概括把文章读短，通过想象把意味读长，通过比较把思想读深。如执教《纪昌学射》一课，她先让学生用一句话来概括故事的起因、经过、结果，读懂故事。接着和学生品读纪昌训练眼力的句段，引导学生想象：纪昌不是孤立生活的，在练基本功的漫长五年中，他人可能怎样看待纪昌？她让学生模仿纪昌身边各种身份的人，从不同角度去评价主人公；又模仿纪昌，面对不同人的不同态度，想想怎么应对。角色不停更替，学生兴趣盎然，笑声不断的同时，生成更多的思考。如何对人？如何对己？如何选择自己的方向？从古到今，由纪昌到自己，学生读的是课文，也是自己的生活。

她在教学中，特别重视共情与移情的训练，同时会有意识地引导学生表达作为读者的"我"的存在，让学生既能在文字里徜徉，又能跳出文字来思考，来感悟。她的课堂常常充满诗意。如执教《触摸春天》一课，肖老师选的切入点是"我和你"，设计了"你的故事我来概括；你的动作我来解读；你的心情我来体会；你的生命我来共鸣"四个环节，以读入情，以情悟行，以行拓思，层层深入。老师用诗化的语言，饱含的激情，引领学生围绕关键词句进行朗读与表达的练习，从行为到心灵，逐步与盲女孩安静产生共鸣，进而重新审视对生命、对生活的态度。课堂如诗如画，如春风拂面，又静水流深。

她是个文学青年，经常和学生、家长一起举行读诗会，努力建构自己的"情采语文"课堂；她也是理论践行者，在众多潮流中坚守自己的追求，务求课堂扎实、简明。她执教的公开课，个人特点比较鲜明。她经常会把人文素养的培养放到学科能力的提升之前考虑。课堂有润化之美、有落实之功、有开放之态。

最后说说带过的年轻人。我非常用心地指导着团队中的年轻教师，每当看到我指导过的年轻老师在课堂教学上有非常好的效果，看到跟过我的实习生能以高分考入心仪的岗位，我都觉得非常欣慰与幸福，那是一种给予和交流的快乐，那是一种因他人的快乐而获得的满足。跟了我一个学期的广东第二师范学院的李倩乔同学实习结束时，写了一篇小文，令我感动于她每一次认真的记录与聆听：

美，在诗意的语文课堂中流淌

金秋九月，在这个充满收获和希望的季节里，我来到了华阳小学，开启实习生活的新篇章。可三个月的时间转瞬即逝，在不知不觉中，实习已进入尾声，回想起当初肖老师牵着我的手把我介绍给孩子们的画面，仍仿如昨日。俗话说：阅人无数，不如恩师指路。感恩自己有机会遇到肖老师，让我常常沐浴在诗意般的语文课堂中，心中从始至终充满着如坐春风的感觉。如果要用一个字形容我这三个月的听课感受，那就是"美"。

一、情感美——真挚的感情浇灌幼小的心灵

"以教师之诚，换学生之心"，肖老师总是真诚地关心着班上的每一位同学，耐心地用爱与他们进行一次又一次的心灵间的交流。而令我印象尤为深刻的一件事是，班上有一个学生因为父母离异而变得沉默寡言，常躲在自己小小的躯壳里，独自面对内心的悲伤，他太久没有敞怀大笑了，或许已经忘了幸福是什么感觉……肖老师察觉出他的变化，百忙中抽出时间，课后主动找他聊天，希望尽己所能帮助他早日走出阴霾。信任和爱的能量满溢着整个办公室，这美好的师生间有温度的情感对话，连我这个旁人都无法不感动落泪，更何况此刻十分渴望得到爱的孩子呢？渐渐地，他打开心扉，用孩童的纯真告诉老师，他的幸福是哥哥不再欺负和嫌弃他。于是，肖老师立刻找来跟他同校正就读六年级的

哥哥沟通。或许是感受到了彼此的真诚，哥哥也坦然地道出自己的想法，表示愿意加速成长，协调父母，帮助弟弟找回从前活泼开朗的模样。在之后的课堂上，肖老师继续毫不吝啬地给予关心和爱，让孩子知道，他并非只是一个人去面对那无法承受的伤痛。我祈愿每个孩子都能在一个幸福美满的家庭里成长，但成长的道路上往往不尽如人意，而当他们遇到突如其来的家庭变故时，十分需要一个值得信赖的人成为他们的依靠。而肖老师用她真诚的心呵护学生，用宽厚的双手搀扶学生，用爱填补学生心中的缺口。我想，这就是教师"教书育人"的真谛所在，不仅需要教会他知识，更重要的是让他在爱中成长。肖老师正是用她自己的行动和无私的情感投入，诠释着何为教师的爱。

二、互动美——由衷的赞美输送成功的快乐

我记得肖老师曾说过："除了知识，学生更希望从老师这里获取成就感。"肖老师的课堂评价语非常丰富，她也很享受课上与学生互动的过程，发自内心地欣赏学生点点滴滴的成长。课堂上，同学们能感受到老师对自己的肯定，因此总是热情满满，勇于发言，积极思考。对于四年级的学生而言，学习的成就感是很容易得到满足的，自己一次次的正确回答，一次次被表扬，一次次被欣赏，都会让他们产生发自内心的喜悦。

肖老师希望孩子们能快乐地学语文，因此在课堂上，她总给机会让学生畅所欲言，培养他们的自主能动性。每当听到孩子精彩的发现，她便由衷地赞美孩子："哇！这么隐蔽的话你都能找到！""非常厉害的火眼金睛！你是今天的超级自学王！""超级聪明！来，我们握握手！"而很多时候，学生对一门学科的热爱往往是从一个吸引他的老师开始的。孩子一次又一次在肖老师的课堂上得到成就感，能不喜欢上语文课吗？他们总是期待着下一节课，能与老师继续探讨语文的奥妙，兴趣和信心就在这样一次次对成功的向往中慢慢累积起来。

三、语言美——活跃的肢体萌发智慧的火花

肖老师说话干脆利落，语言生动形象、抑扬顿挫，自然且充满情与

意。她能用语言的感染力带领学生走进课文，感受其中的情境。让我最敬佩的一点是，肖老师的课堂总是充满着活力。不管有多疲倦，只要一站上讲台，她就能马上调整好状态，饱含情感地为学生授课，从不把自己任何的负面情绪带到教室里。她用活跃的肢体动作调动学生的学习兴趣，用诗情画意般的语言吸引学生的注意力。每次旁听，我总能自然而然地融入其中，非常享受如此别开生面的课堂。

教师的激情朗读如同兴奋剂，又像是魔法棒。例如，《秦兵马俑》的教学目标是让学生通过朗读感受和想象秦兵马俑的气势，可当时班上的孩子处于比较疲惫的状态，且就算有同学已经去过此地，也未能把秦兵马俑的气势在朗读中体现出来。肖老师引导学生先画出能表现出秦兵马俑气势雄伟的词语，然后亲自示范如何更好地带入情感朗读，以此带动学生积极的情绪。通过模仿，学生对文章内容有了更深的领悟，对祖国遗产的自豪感油然而生。

四、内容美——巧妙的问题引燃思维的碰撞

肖老师具有很强的教育机智。不仅能做到课堂高效、主题清晰明了、简约而不简单，还能根据学生的情况随机应变，以学定教，紧扣单元主题和课时目标，同时激活学生的思维。如上《白公鹅》这一课，原本的教学主旨是解决"写了什么（特点）"和"哪些写法妙"两个问题。当完成第一个问题后，肖老师问："你们觉得作者是喜欢白公鹅还是不喜欢呢？"结果班上大多数学生都认为"作者不喜欢白公鹅"。肖老师捕捉到了这一思维的生发点，马上调整教学内容，让孩子们到文中寻找能支撑自己观点的证据，并在小组内讨论交流。学生在讨论交流中不断碰撞出思维的火花。这一内容的调整既激发了学生学习的主动性，还让他们在自主的学习中感受到作者的语言风格，可谓一举两得。

肖老师常对学生说，语文不只是"讲课文"，生活中的听、说、读、

写都是语文。她总能贴近孩子们的生活，适当地引导学生发挥想象力，通过对生活体验的表达，把在书本上所学到的知识落实到具体的运用中，感受语文之美和生活之美。如在《火烧云》这一课，学生学到了作者通过想象，运用排比、比喻和拟人等多种修辞手法描写火烧云各种奇妙的形态。在第二天的早读课上，肖老师就让学生仔细观察窗外的花朵，鼓励他们"开开脑洞"，尝试有趣地描绘眼前的小花。又如中秋节假后的第一节课，肖老师跟学生分享她的中秋夜晚——和家人惬意地躺在草地上赏月，风轻轻地吹过耳畔，肆意地让金黄的月光洒在脸颊上，让心静静地感受当下天地间的美好。在此情此景下，请学生猜猜老师当时有可能想到什么。这个问题一抛出，便触发了学生的思考积极性。大家你一言我一语地争抢发言，甚是热闹。此举不仅巧妙地锻炼了学生的口头表达能力，还解决了学生在小长假后久久不能较好地进入学习状态的问题。再如体育节篮球赛后，肖老师利用课前的几分钟进行头脑风暴，让学生回忆篮球赛场上班上几个运动员飒爽的英姿，并用四字词语描述他们的表现。大家纷纷从学到的词汇中搜寻合适的形容词，不经意间帮助学生积累了词语，又从中学会感谢运动员为班集体的付出，加强了班级的凝聚力。而针对班上出现同学间互相指责的现象，肖老师先是让学生思考这一行为的坏处，严肃指出应该用放大镜放大他人的优点，懂得欣赏并学习，要恰当地给予真诚的鼓励和夸奖，同时需要明白人无完人，要学会包容别人的缺点。随后让学生欣赏一个自己曾经指责过的人，认真思考，回忆总结。肖老师的语文课堂教育与教学紧密结合，在向学生传递正确价值观的同时，不忘锻炼学生的语言表达能力和总结概括能力，这样的课堂总是让人感到温馨有趣，百听不厌。

肖老师的每一节语文课，都真真切切地关注到学生的情况，以学生发展为本。她善于相信学生，用爱心、恒心和细心与学生搭建起了一座沟通心灵的桥梁，课堂上的情感美、互动美、语言美和内容美无不给我留下深刻的思考和启示。感谢肖老师这三个月以来的春风般的教诲，让我在迷茫的大海中找到前进的方向！

（三）家人：一场幸福的缘分

　　这张照片（图 4-5）是 2015 年暑假在内蒙古旅游时，我父亲和我先生在前面踩着沙漠自行车，我和儿子坐在后面，拍到的他们的背影。每次回家，坐在父亲的摩托车后面，他也总是留给我一个这样宽阔的、将前面风雨都挡住的背影。

图 4-5　先生（左）和父亲（右）的背影

　　他善良而宽厚，虽然有点固执，但他无疑是一位最好的父亲。我的学生时代，他是我和同学的家长中来看孩子次数最多的。他会在下着大雪的黄昏，穿过几个城市来学校给我送生日礼物；他会在我实习的两个月中，不嫌麻烦到处打听去看我；他会在将一堆吃的用的交给我后，水也不喝一口就匆匆赶路；他会尽他所能，将一切好的东西都给我们……

　　现在，他 60 多了，头发如果不染，已经白了一半，开始长出老人斑，眼袋深而长。在我每一次回家时，深夜他都会送我去车站，他会将我手里的袋子全部接过，让我空着手跟在他后面走，如果火车晚点了，他就陪着我一直等，也不多说话；他会在母亲走后，还是觅一些绿色环保土产品给我寄来；他会一个人忙着买菜、做饭、洗碗、搞卫生，总是说不用帮忙；他总是提醒我，不用太忙于工作，身体最重要；他总是还把自己当成壮年，能承担的，都想为我们承担。

父亲非常孝顺，照顾年迈卧床的奶奶，耐心细致。父亲非常勤劳，岁月让他沉默而坚忍。

这张照片(图4-6)是2015年我与父亲在呼和浩特机场的合影。我与父亲，如同很多中国家庭的子女与父亲一样，没有很多亲密的举动，也不会像朋友般无话不谈。但是，我能体会那深沉的父爱，如海，如山。

祝父亲健康长寿！

祝父亲幸福平安！

图4-6　2015年，我与父亲合影
于呼和浩特机场

图4-7　2017年，我们仨
合影于云南石卡雪山

这张照片(图4-7)是2017年暑假我们一家三口在云南香格里拉的石卡雪山山顶照的。石卡雪山海拔4500米，当时9岁的儿子在山顶蹦蹦跳跳，比气喘吁吁的我们强多了。又一次证明在孩子的教育上，"放"比"牵"更智慧。儿子从上小学起，学习从未让我操过心，我没有陪写过一次作业。他非常自律，内心温暖、体贴而聪慧，他是生命赐予我的最珍贵的礼物。

而先生则在十多年的婚姻里，充当了我的丈夫、朋友、兄长，甚至"闺密"的角色，我们志同道合，无话不谈。作为一个"理工男"，加上十多年军校和部队生活的经历，让他善良而充满正义感。

一路走来，我非常感谢"大李和小李"。他们给了我太多的关心、理解和宽容，当然更多的是幸福和快乐。

2017 年，儿子 9 岁，在广州市第十四届书信节"夸夸我的好爸妈"书信活动中，他写了篇文章《致 20 年后的我》，他表现出来的这份懂事与暖心，让我感动：

致 20 年后的我

亲爱的肖同：

你好！

我是 9 岁时的你，正在读小学四年级。虽然我还小，要学习的东西还有很多很多，但是我想给 20 年后的自己，也就是给你写封信。

20 年后，将近 30 岁的你是什么样子呢？是不是很英俊潇洒？是不是已经成家立业？也许你也已经当了爸爸了吧！不管怎样，我觉得你一定会非常出色，因为你有一个好爸爸和一个好妈妈，他们一直陪伴着你成长。

现在我觉得自己真是无比的幸福，不管是生活上的"吃喝玩乐"，还是学习上遇到的各种困难，都有爸爸妈妈尽心尽力关爱着，他们为我的成长提供了非常好的环境。今天啊，我就来夸夸他们吧！

爸爸妈妈都非常敬业和善良。先说说爸爸吧，爸爸是一位公务员，现在从事的是劳动监察、信访维稳工作，他经常会接触到很多社会底层的人，大多都是农村出来打工的人，他们有的费心费力工作却没有按时拿到工资，有的在工作中受了伤需要得到赔偿，有的是家庭成员遭到不幸，生活非常贫困，等等。当他们去爸爸那里倾诉时，爸爸总是耐心倾听，到处协调，帮他们想办法。爸爸总说，他们都生活不容易，能多帮一点就帮一点。有时候爸爸回到家，连嗓子都是哑的。爸爸好多次被评为"优秀党员"，还被评为"天河好人"呢！

妈妈呢，她是一位语文教师。她对待工作非常负责任，家里有一个大抽屉，里面全是她的获奖证书，国家级的、省级的、市级的、区级的都有。她的课堂非常有趣，她说每次到课堂上和学生上课都是一种享受。她的学生也都非常喜欢她。每次学校里要写各种材料，只要是她负责的，她都会尽力去写好，哪怕是加班到晚上一两点她都要写完。妈妈也非常善良，每次看到路边有乞讨的人，她总是准备好钱让我去交给他们，并且让我蹲下身轻轻放进去，说这是对他们的尊重。

除了敬业与善良，爸爸妈妈身上还有好多的优点。比如爸爸从小就非常自立，还要为家里分担很多家务，爷爷奶奶基本没有管过他的学习，爸爸上大学都没有要过家里一分钱。他还非常幽默乐观，遇到任何事情，总是会冷静分析然后思考解决问题的方案。他总是告诉我，男孩子要坚强乐观地面对生活中的一切，因为生活不可能是一帆风顺的。他说强大的内心，胜过任何物质的条件，而幽默乐观和坚强，就是内心强大的体现。比如妈妈非常勤劳，家里没有请过钟点工，家务卫生都是她自己做，她把家里打扫得干干净净，温馨舒适。

家里的书柜上放着两本荣誉证书，一本是"广州市书香家庭"，一本是"广州市文明家庭"。我的爸爸妈妈为我营造了这样幸福的环境，我怎能不感到幸福呢？

所以，20 年后的肖同，在爸爸妈妈的教导和影响下，我相信你也会是个敬业善良、幽默乐观、坚强自立、勤劳朴实的人。并且如果你当了爸

图 4-8　2016 年，我们仨合影于
洛阳龙门石窟

爸，你也会将这些优秀的品质传递给你的孩子。

20 年后，爸爸妈妈一个 61 岁了，一个 56 岁了，他们年纪都大啦！希望他们那时身体还很健康，更希望你能多孝敬他们。就算没有生活在一起，也要每天打电话问候他们，有空就多陪陪他们。

我们都要爱我们的爸爸妈妈，他们陪伴着我长大，请你陪伴着他们慢慢老去。因为有他们，我们都是最幸福的人。

祝你身体健康，万事如意！

9 岁时的你

2017 年 10 月 22 日

家人，是一场幸福的缘分，我感恩而珍惜。

最后，还是以儿子在二年级时写的一首儿童诗结束吧！他看完绘本《猜猜我有多爱你》后，也写了一首《猜猜我有多爱你》，说这是他送给妈妈的诗，稚嫩的话语饱含深情：

猜猜我有多爱你
越过江河湖海
越过山川平原
直到遥远星际

猜猜我有多爱你
高过花草树木
高过高楼大厦
高过蓝天白云
直到遥远太空

猜猜我有多爱你
长过一尺一寸
长过千米万米
长过亿万光年
直到无尽天际

人间有味是清欢

当书稿终于完成的时候，我似乎松了一口气，又似乎有了更多的忐忑，总觉得很多地方还没有表达好，又担心这些文字会让阅读的人觉得浪费时光。最终让我平静的，是苏轼的那首《浣溪沙》："细雨斜风作晓寒，淡烟疏柳媚晴滩。入淮清洛渐漫漫。 雪沫乳花浮午盏，蓼茸蒿笋试春盘。人间有味是清欢。"如果这些文字，能够给偶然看到的老师们带去一点点思考、一点点启发、一点点"清欢"，我想就是我莫大的荣幸了！

文中的每一个课例、每一个教学片段、每一个与学生互动的场景，我都记忆犹新，因为那都是我"用心、用爱"去和学生一起创造的一个个瞬间。

我在整理资料的时候看到一首叫《有爱》的诗，这是 2011 年，我任教的石牌小学六年级（3）班的孩子冼钰恩，在学完主题单元"人间真情"后写的。我觉得孩子写得真好，同时，也觉得 12 岁的孩子已经有了很深刻的思想：

爱是每个人的出发点，

也是一生的终点，

中间走过的千山万水，

叫作爱的旅程。

旅途中，

我们会遇到许多的冷漠、残忍，

于是也开始为自己寻找理由，

让心变得坚硬。

可在我们心底，

最柔软的那个地方，

爱，依然闪着光彩，

晶莹无尘。

原来，

爱是一颗种子，

从出生时开始种下，

就会伴随一生。

成为，

抹不去的信念，

忘不掉的记忆，

永不消失的灵魂。

细细读之，《有爱》，几乎可以成为"情采"的另一种表达。

有爱，于是我爱自己，爱生活，爱生命。

333

有爱，于是我爱梦想，爱给予，爱追寻。

有爱，于是我爱孩子，爱教学，爱语文。

有爱，于是我越觉得自己匮乏，越需要学习和思考。

有爱，于是我不断修正自己的观点，不断打磨自己的课堂。

有爱，于是我懂拥有，懂珍惜，懂感恩。

感谢广州市天河区这片让我自由生长的教育热土。

感谢华阳小学，感谢石牌小学，也感谢曾经的长沙市第四十三中学，感谢每一段生命的历程。

感谢周洁校长，感谢教学路上每一位给予我赏识与帮助的人。

感谢吴惟粤主任，感谢丛书编委会的老师们，是你们的认可，让我有机会有动力，来梳理我的教学轨迹。

感谢我从事着的工作，让我与我的理想甚至信仰同行。

感谢每一个昨天，每一个今天，每一个明天。

最后，感谢我的家人，尤其是深深感谢我的母亲！

在教学的路上，我将一直心怀感恩，努力地，以谦卑的姿态前行！

在人生的路上，我将一直心怀感恩，努力地，以坚韧的姿态前行！